DROGAS: CRIMINALIZAÇÃO SIMBÓLICA

OLAVO HAMILTON
Avogado, Professor (UERN), Mestre em Direito (UFRN), Doutor em Direito (UnB).

DROGAS: CRIMINALIZAÇÃO SIMBÓLICA

Copyright © 2019 by Olavo Hamilton
All rights reserved.

OWL – EDITORA JURÍDICA
Rua Princesa Isabel, 888, Cidade Alta
Natal-RN
Brasil
CEP 59.025-400.
editora@owl.etc.br • www.owl.etc.br

CONSELHO EDITORIAL
Bruno Ernesto Clemente
Carlos Wagner Dias Ferreira
Edilson Pereira Nobre Júnior
Francisco Barros Dias
Francisco de Queiroz Bezerra Cavalcanti
Francisco Marcos de Araújo
Hallyson Rêgo Bezerra
Humberto Henrique Costa Fernandes do Rêgo
Marcelo Alves Dias de Souza
Marcelo Navarro Ribeiro Dantas
Marcelo Neves
Marco Bruno Miranda Clementino
Maria dos Remédios Fontes Silva
Olavo Hamilton
Paulo Afonso Linhares
Walter Nunes da Silva Júnior

Hamilton, Olavo. 1976-
Drogas: criminalização simbólica / Olavo Hamilton – Natal : OWL, 2019.
300p.

ISBN: 978-1090832061

1. Drogas. 2. Criminalização simbólica.

Para Pedro Hamilton.

SUMÁRIO

PREFÁCIO 9
INTRODUÇÃO 13
1. DIREITO PENAL SIMBÓLICO 27
    1.1. Legislação simbólica 27
        1.1.1. Por uma delimitação conceitual 29
        1.1.2. Tipologia da legislação simbólica 40
            1.1.2.1. A lei enquanto confirmação de valores sociais 40
            1.1.2.2. A lei como demonstração da capacidade de ação do Estado 43
            1.1.2.3. A lei enquanto adiamento da solução de conflitos sociais por meio de compromissos dilatórios 48
        1.1.3. Efeitos positivos da legislação não instrumental 49
    1.2. Direito penal enquanto símbolo 51
        1.2.1. Bem jurídico e legitimação do direito penal 52
        1.2.2. Conceito de direito penal simbólico 65
        1.2.3. Consequências do direito penal simbólico 73
        1.2.4. Tipos de direito penal simbólico 75
        1.2.5. Criminalização simbólica enquanto processo latente de produção e estabilização do direito penal 79

2. CRIMINALIZANDO AS DROGAS 85
    2.1. Criminalização das drogas enquanto princípio 88
    2.2. Criminalização das drogas como meio 110
    2.3. Criminalização das drogas enquanto fim 113
        2.3.1. A estratégia de militarização 114
        2.3.2. As políticas de redução de danos 122

3. CRÍTICA ÀS FUNÇÕES MANIFESTAS DA INTERVENÇÃO PENAL PARA O PROBLEMA DAS DROGAS 143
    3.1. O inimigo como fundamento do direito penal das drogas 149
    3.2. O déficit de instrumentalidade quanto a tutela do bem jurídico 152

3.3. Inidoneidade da criminalização das drogas 161
3.4. Desnecessidade da intervenção penal na questão das drogas 170
3.5. A desproporcional criminalização das drogas 179
3.6. Quando as consequências da criminalização são mais danosas que o males que se quis evitar 191

4. CRIMINALIZAÇÃO SIMBÓLICA DAS DROGAS........................ 201
4.1. A criminalização das drogas enquanto confirmação de valores sociais 213
4.2. A guerra às drogas: criminalização-álibi 232
4.3. O recrudescimento da criminalização e as políticas de redução de danos: um compromisso dilatório 243

CONCLUSÃO 259

BIBLIOGRAFIA 273

PREFÁCIO

Olavo Hamilton oferece ao público brasileiro seu excelente trabalho intitulado "Drogas: criminalização simbólica". Esta obra conjuga com competência e esmero duas frentes de problemas altamente complexos. Por um lado, o autor discute o tema delicado e controverso da criminalização ou descriminalização das drogas, sobre o qual já havia se debruçado em trabalho anterior, no qual sustentou, com argumentos sólidos baseados no critério da proporcionalidade, a tese de que a proibição das drogas é inconstitucional (Hamilton, Olavo. *Princípio da Proporcionalidade e Guerra contra as Drogas*. Mossoró: Hamilton & Hamilton, 2014), posteriormente traduzido para o inglês (Hamilton, Olavo. *Proportionality and the War on Drugs*: Why Banning Drugs is Unconstitutional. Natal: OWL, 2019), com repercussão internacional (cf., por exemplo, o voto do Ministro da *Suprema Corte de Justicia de la Nación* do México, Arturo Zaldívar Lelo de Larrea, no julgamento *Amparo en Revisión 237/2014*). Por outro lado, Olavo Hamilton enfrenta a questão teórica relevante da legislação simbólica, discutindo uma ampla variedade de concepções e classificações desse fenômeno político e jurídico, mas sem se restringir à descrição de doutrinas, senão seguindo o seu próprio caminho. Além disso, cabe advertir que não se trata de uma mera junção de duas problemáticas distintas. Pelo contrário, o autor apresenta uma síntese convincente de suas críticas à criminalização das drogas e da sua concepção teórica da legislação simbólica. Neste novo trabalho, reflete-se criticamente sobre a criminalização das drogas à luz de um modelo bem elaborado a respeito da produção de textos normativos simbólicos.

No capítulo I do presente livro, Olavo Hamilton trata tanto do conceito e da classificação da legislação simbólica em geral quanto do direito penal como símbolo em especial. Adota o conceito de legislação simbólica para cobrir todas aquelas situações em que a função hipertroficamente simbólica da lei é aliada não apenas à sua altíssima ineficácia social (inobservância e inexecução generalizadas), mas também à sua marcante inefetividade (não realização de seus fins). No que diz respeito à classificação, embora mencione e discuta outras propostas, assume o modelo de Harald Kindermann (1988; 1989), que também adotei como ponto de partida no meu trabalho sobre constitucionalização simbólica (Neves 2011, 31-42): legislação destinada à confirmação de valores sociais, legislação-álibi e legislação como fórmula de compromisso dilatório. Mas o autor não se limita a seguir essa tipologia, pois a utiliza, no seu trabalho, de forma singular, como veremos ainda neste prefácio.

No capítulo II deste trabalho, Olavo Hamilton delineia um esquema sobre o desenvolvimento de formas da criminalização das drogas do início do século XX até os dias atuais, em três fases: criminalização das drogas como princípio (1ª), meio (2ª) e fim (3ª), considerando em relação a essa terceira fase a "estratégia de militarização" e as "políticas de redução de danos". Aqui, ele já prepara o modelo de sua tipologia da criminalização das drogas em três fases.

No capítulo III, o autor enfatiza o desastre de todas essas formas de combate ao uso e tráfico de drogas mediante sua criminalização, nas três fases de seu desenvolvimento desde o início do século XX. Ele destaca a inefetividade gritante das medidas legislativas de natureza penal (meios) para a redução ou a idealizada eliminação do uso, da produção e do comércio de drogas ilícitas (fim), considerando inclusive a possibilidade de tais medidas serem antiefetivas em certas situações, ou seja, estarem relacionadas ao aumento do uso, da produção e do tráfico das drogas criminalizadas.

No capítulo IV, pressuposta a inefetividade da criminalização das drogas, a originalidade do trabalho vem à tona. O autor relaciona a classificação tricotômica da legislação simbólica, que apresenta no primeiro capítulo com base em Harald Kinderman, às três formas inefetivas de criminalização das drogas, que expõe no capítulo II. Assim, quanto à criminalização das drogas como *princípio* a partir do início do século XX, ele se refere à função simbólica da respectiva legislação na forma de *confirmação de valores sociais*. Em seguida, ele relaciona a criminalização das drogas como *meio*, na segunda fase, à *legislação-álibi*. Por fim, no que concerne à última fase, o autor vincula a criminalização das drogas como *fim*, nas suas duas modalidades, a saber, "estratégia de militarização" e "políticas de redução de danos", à *legislação simbólica como compromisso dilatório*. Essa conexão de modelos de criminalização das drogas e tipos de legislação simbólica, além de original, é apresentada de maneira convincente e clara no presente livro.

Olavo Hamilton conclui o seu trabalho corroborando a sua tese crítica a respeito do caráter inócuo e, ao mesmo tempo, perverso da criminalização das drogas. Ele sugere um modelo de descriminalização que considere a questão das drogas um problema de saúde pública, que depende sem dúvida da orientação preventiva da população, a contar também com o apoio do sistema educacional.

O presente livro é uma versão revista de tese de doutorado apresentada ao Programa de Pós-Graduação em Direito da Faculdade de Direito da Universidade de Brasília (UnB) em dezembro de 2018, no âmbito do Programa DINTER, em convênio com a Universidade Federal Rural do Semi-Árido (UFERSA). O trabalho enaltece ambas as instituições.

Espero que esta contribuição de Olavo Hamilton seja devidamente recepcionada pelos especialistas no tema e pelo público interessado no problema em geral. Temos muito o que aprender com o presente livro, que nos afasta de preconceitos difundidos em torno dos assuntos relacionados às drogas.

Colina, Brasília, 15 de abril de 2019

Marcelo Neves

INTRODUÇÃO

Ao longo de sua história, a humanidade tornou o uso de substâncias psicoativas um hábito. Seja para fins medicinais, religiosos, recreativos ou pela simples curiosidade, as drogas se fizeram presentes nas mais diversas sociedades. As substâncias continuamente estiveram a serviço da espécie humana, inclusive como forma de ampliar ou inebriar as percepções e, principalmente, enquanto meio de fuga à, muitas vezes opressora, realidade.

No entanto, várias drogas foram gradualmente tornadas proscritas, ilícitas quanto ao consumo e comercialização, sobretudo por razões éticas. Esse movimento tornou-se mais acentuado a partir do início do século XX, inclusive com a criminalização das atividades relacionadas à demanda e oferta das substâncias psicotrópicas. Segundo o discurso oficial, aquele que se extrai da teoria do crime e da pena, construído com alicerce na legislação penal do Estado, a proibição das drogas encontra fundamento na necessidade de enfrentar e resolver o problema de saúde pública decorrente de sua utilização abusiva.

Não obstante o argumento manifesto na proibição de certas substâncias, bem como sua consequente ilicitude e posterior criminalização, encontre substrato discursivo e alicerce jurídico na proteção da saúde pública, o critério para seleção de quais drogas deveriam ser proscritas, assim também quais permaneceriam lícitas, nunca atendeu rigorosamente a esse desiderato. As condutas relacionadas com o comércio e uso de determinados psicoativos foram rotuladas como criminosas mais em razão da percepção social a respeito dessas substâncias e, principalmente, em consideração aos grupos associados à sua cultura, do que propriamente ao intrínseco potencial lesivo de cada psicotrópico.

O discurso oficial que se extrai do comando normativo, então, torna-se injustificável. Se é verdade que a intervenção penal se legitima pela proteção de determinado bem jurídico, de índole fundamental, inclusive com a restrição de se configurar como *ultima ratio* do direito, a catalogação das drogas em quadros e graus de licitude e ilicitude somente se justificaria a partir da imanente lesividade, própria a cada uma delas. Tratar-se-ia, portanto, de critérios objetivos, pragmáticos, de base empírica, dirigidos a uma finalidade específica, a proteção da saúde pública.

Se a criminalização das substâncias psicoativas não segue a essa lógica inerente ao direito penal, esvazia-se o próprio conteúdo deste, cujo desempenho deve se dirigir às consequências enunciadas em seu texto. Se o programa finalístico do direito penal, como continuamente proclama o discurso cogente da teoria do crime e da pena, é a tutela do bem jurídico (assim considerado, em última análise, enquanto a proteção do próprio ser humano), sua razão de ser e seu elemento de legitimidade, somente seria possível admitir a criminalização de determinada droga a par de dados empíricos sobre sua real capacidade de causar danos à terceiros, além da idoneidade, necessidade e consequências sociais da intervenção. Aparentemente, não é isso o que se verifica.

Como resultado, a criminalização das drogas parece se mostrar inábil a mitigar os danos à saúde pública, decorrentes do uso abusivo de substâncias psicoativas. Esse suposto déficit de instrumentalidade pode revelar o caso típico das leis que não mais estão, ou nunca foram, aptas a transformar a realidade social, desempenhando funções ocultas, em uma manifestação própria do direito penal simbólico, cujas funções declaradas não se realizam a contento, mas suas implicações colaterais, as consequências próprias da norma incriminadora, cumprem o encargo de dissimular a carência de implementação e encobrir os efeitos latentes, diversos daqueles enunciados no comando normativo.

Ocorre que as consequências da criminalização das drogas são graves demais para que se a aceite normalmente como um mero símbolo. Os muitos recursos financeiros dirigidos à estratégia de guerra que lhe é consequente, os milhões de encarceramentos em decorrência de sua implementação e as centenas de milhares de mortes ínsitas à atividade criminosa e ao seu combate configuram um custo social e humano excessivamente elevado, absolutamente desproporcional a qualquer que seja o símbolo subjacente à proibição, por mais relevante que se possa reputá-lo.

Em casos tais, ainda que se credite, de forma geral, alguma racionalidade ao direito penal, a ingerência da norma criminal resta destituída de qualquer resquício de legitimidade. Importa, então, identificar se a criminalização das drogas cumpre sua função manifesta de proteger o bem juridicamente tutelado, a saúde pública, como reiteradamente promulga o poder, ou se desempenha preponderantemente funções simbólicas, em detrimento do programa finalístico que enuncia.

Para tanto, o que se desenvolverá no primeiro capítulo, a investigação científica necessita partir do significado em torno da expressão "legislação simbólica". Nesse sentido, deve-se delimitar seu conceito desde a compreensão das funções desempenhadas pela norma jurídica, em seus aspectos instrumentais, expressivos e simbólicos. Assim, a tarefa inicial é identificar se a instrumentalidade da lei se traduz em um problema relacionado à eficácia ou à efetividade.

A eficácia, enquanto concretização normativa do comando legal, pode ser aferida tanto em sua dimensão jurídica, quanto em seu aspecto sociológico. A primeira diz respeito à possibilidade jurídica de realização da norma, no sentido de sua aplicabilidade, exigibilidade ou executoriedade – as condições intrasistêmicas que a torna apta à produção de seus efeitos jurídicos específicos. A segunda, a do sentido empírico, real ou sociológico, relaciona-se com a conformidade das condutas ao imperativo legal – a adequação dos comportamentos ao conteúdo normativo.

A efetividade, por seu turno, estabelece-se com a racionalidade teleológica da norma, vinculando-se à realização dos fins sociais almejados. Diz respeito à concreção do programa finalístico enunciado pela lei, consubstanciada na realização de sua função manifesta, na aptidão inata em transformar a realidade social – o fim a que se destina.

Tanto a eficácia quanto a efetividade são critérios hábeis, a depender do ângulo pelo qual se observa a aplicação da lei, a funcionar como indicadores da instrumentalidade normativa. Assim, preenchidas as condições intrasistêmicas que a torna apta à produção dos seus efeitos jurídicos específicos, tais como aplicabilidade, exigibilidade ou executoriedade, ter-se-ia reconhecida a função instrumental da norma, em sua delimitação jurídica. Conferindo sua observação, aplicação, imposição ou utilização, revelado estaria seu caráter instrumental, no que concerne à sua dimensão sociológica. Demonstrada a transformação da realidade social, a implementação do seu programa finalístico, o cumprimento dos fins enunciados, reconhece-se a instrumentalidade da norma a partir do critério da efetividade.

Necessário, portanto, uma delimitação conceitual quanto à função instrumental da norma jurídica. É dizer, impõe-se verificar se o critério identificador terá como ponto focal a eficácia e, neste caso, se em sua dimensão jurídica ou sociológica, ou a efetividade. Trata-se de um corte que influenciará toda a pesquisa a ser desenvolvida em seguida. Portanto, a opção deve ser consentânea com a teoria do direito penal simbólico, que tem na efetividade um elemento chave e um ponto de partida para própria identificação. Assim, embora reconhecendo a possibilidade teórica de se restringir o debate ao conteúdo da eficácia, para os fins da presente pesquisa, a efetividade será o critério identificador da instrumentalidade normativa que, portanto, se observará com o cumprimento do programa finalístico, a realização dos efeitos pretendidos a partir do desempenho da lei.

Delimitada a investigação sobre a função instrumental da norma jurídica, faz-se necessário identificar, ainda no primeiro capítulo, o caráter simbólico da norma, consistente em sua capacidade de comunicar à coletividade os valores representados em seu texto. Essa tarefa não se mostra fácil, sobretudo por não haver consenso em torno do real significado da legislação simbólica, principalmente quando se tem por observação seus efeitos positivos e negativos.

Assim, para fins didáticos, será importante reservar a expressão "legislação simbólica" enquanto signo distintivo daquelas leis que apresentam déficit de implementação, servindo a escopos distintos da enunciação oficial, e "legislação expressiva" àquelas que desempenham a função de transmitir mensagens e conteúdos valorativos vinculados ao programa finalístico que se extrai do comando normativo.

Feitos esses recortes, no que é pertinente às funções instrumentais, expressivas e ocultas da norma, será possível emitir um conceito de legislação simbólica e, consequentemente, delimitar o objeto da investigação científica, no sentido de aferir o caráter latente da criminalização das drogas, identificando-se a ocorrência de efeitos distintos daqueles por si manifestos, eventualmente decorrentes de sua implementação.

No entanto, mesmo com a delimitação pretendida, a legislação simbólica não se apresenta de maneira uniforme, sobretudo quando se observam as específicas funções encobertas no curso de seu desempenho. Assim, necessário se faz categorizá-la a partir dos efeitos decorrentes de sua aplicação. A tipologia resultante dessa diferenciação, também será fator delimitador quando da investigação acerca do caráter simbólico da criminalização das drogas.

Realizadas essas ponderações sobre a legislação simbólica, sua delimitação conceitual, tipologia e efeitos positivos do texto normativo não instrumental, deve-se dirigir observação ao direito penal simbólico. Somente faz sentido apreender o caráter simbólico da intervenção punitiva criminal quando se considera estar o direito penal orientado às consequências, à proteção do bem jurídico que lhe confere legitimidade, como expressa o discurso cogente e reproduz massivamente a teoria do crime e da pena. Se ao direito penal não se impõe essa missão, inclusive como fator justificador de sua aplicação, não haveria razão para explorar possíveis funções e efeitos latentes decorrentes de seu desempenho, pois restaria prejudicada a própria diferenciação entre funções manifestas e funções simbólicas – se não há um propósito específico para o direito penal, qualquer desígnio se torna legítimo.

Assim, considerando ser o direito penal orientado às consequências, consubstanciadas na efetiva proteção dos bens mais caros ao pleno desenvolvimento do indivíduo, concretizada pela transformação da realidade social, torna-se importante compreender o bem juridicamente tutelado, enquanto condição de legitimação da norma penal incriminadora, de forma a construir um conceito prático, capaz de produzir resultados tangíveis.

A construção desse conceito, no entanto, encontra embaraço em dois obstáculos, tendentes que são a ampliar seu conteúdo: o interesse político-criminal de uma criminalização abrangente e o empenho da ciência penal em conceber o bem jurídico de forma a sistematizar todo o plexo de tipos penais ora existentes. A chave, tanto para evitar esses dois riscos, quanto para realizar uma delimitação prática e funcional, é compreender o bem jurídico como elemento crítico do próprio direito penal – na medida em que deslegitima a criminalização de condutas não lesivas, atua como fator de legitimação naquelas situações em que sua ingerência se mostre absolutamente necessária.

A par do conceito de direito penal simbólico, ainda como preparação teórica à investigação das eventuais funções latentes desempenhadas pela criminalização das drogas, insta entender quais são suas consequências políticas e sociais que, configurando um sistema cíclico, fundamentam sua própria existência, não obstante o déficit de instrumentalidade que lhe é característico. A resposta pode estar relacionada com as funções que a sociedade moderna credita ao direito penal, ao qual se impõe as mais árduas missões e se cobra os mais improváveis resultados, não obstante ser um instrumento flagrantemente inadequado para tutelar objetivos políticos, enfrentar situações problemáticas ou promover e garantir a segurança – ao menos em um estado constitucional de direito.

E a partir das funções gerais desempenhadas pelo direito penal simbólico, torna-se possível identificar uma tipologia básica, coincidente com a clássica categorização de legislação simbólica, que será apropriada à investigação dos possíveis efeitos ocultos da criminalização das drogas. Sendo assim, considerar-se-á simbólico se, descurando-se de sua função instrumental, a tutela do bem jurídico que enuncia proteger, cumpre a função latente de confirmar valores sociais, demonstrar a capacidade de ação do Estado ou adiar a solução de conflitos por meio de compromissos dilatórios.

Uma vez que à caracterização do direito penal simbólico se faz importante observar o bem jurídico, de índole fundamental, posto sob proteção pela norma penal incriminadora, cujo conteúdo e significado exercerá primordial função crítica do próprio processo de criminalização, as consequências de seu desempenho e as funções ocultas decorrentes de sua aplicação, torna-se premente identificar na criminalização das drogas esses específicos elementos.

Para tanto, no segundo capítulo, o processo de criminalização que se materializa no direito penal das drogas será compartimentado em três fases distintas: a fase eminentemente moral, em que o combate aos psicotrópicos é tomado como "princípio"; a fase objetiva, na qual a criminalização das drogas é tida como "meio" para solucionar os problemas relacionados às substâncias psicoativas; e a fase bélica, quando a criminalização passa a ser um "fim" em si. Nesta, dois aspectos devem ser evidenciados: o recrudescimento contra o narcotráfico e as políticas de descriminalização ou despenalização consubstanciadas nas estratégias de redução de danos dirigidas às pessoas usuárias de drogas.

A partir de então, será possível realizar, já no terceiro capítulo, uma crítica às funções manifestas da intervenção penal para o problema das drogas, identificando seu fundamento teórico, aferindo a instrumentalidade de seu comando normativo, a idoneidade e necessidade da ingerência punitiva que dele se extrai, a estrita proporcionalidade no que diz respeito à sistemática de criminalização das drogas e a avaliação sobre ofensividade social dela decorrente. Todos esses aspectos devem ser observados em acordo com a teoria do bem jurídico e seus limites constitucionais.

Essa análise crítica se faz premente, posto que, evidenciando-se a inidoneidade, desnecessidade, desproporcionalidade ou maior ofensividade social quanto às funções manifestas do direito penal das drogas, indica-se o possível desempenho de funções simbólicas a explicar sua manutenção.

Isso porque, sempre que o bem jurídico, apresentado como fundamento da criminalização da atividade que lhe põe em risco, a justificar a operação do direito penal, não for satisfatoriamente tutelado, mostrando-se inadequada a intervenção punitiva, ter-se-á forte indicativo que a *ultima ratio* jurídico-normativa pode estar desempenhando função simbólica, latente, simulando instrumentalidade, ocultando seu déficit, em uma relação de dissimulação e ilusão que em tudo se contrapõe à mais básica noção da política criminal. No caso específico da criminalização das drogas, eventual insistência em medida inadequada aos fins enunciados, a tutela da saúde pública, somente tem sentido quando a função normativa for cumprir fins não enunciados.

O mesmo pode ocorrer quando a atuação do direito penal se mostre idônea, mas, ante seu caráter subsidiário, apresente-se desnecessária. Se de todos os métodos possíveis, opta-se pela criminalização de determinada atividade, a despeito da existência de alternativas menos danosas à liberdade individual e ao pleno desenvolvimento da personalidade, mais uma vez torna-se plausível que se suspeite do desempenho de funções simbólicas, encobrindo a realidade e realizando controle social, cujo imperativo não foi expresso na lei. Optar por método menos eficiente (se assim for o caso da criminalização das atividades relacionadas a procura e oferta de substâncias psicoativas), mais nocivo que é ao indivíduo, somente teria sentido se a função for outra, estranha ao programa finalístico enunciado, a demandar o meio mais gravoso para realização de seu efeito oculto.

Ainda que adequado e necessário, lançar mão da norma criminal para fins de proteção do bem jurídico de índole fundamental, estabelecer abstratamente cominação penal em relação de desproporção com o ato lesivo previamente definido e, sobretudo, insistir nessa estratégia ainda que a evidência demonstre a exasperação, pode indicar que a finalidade da punição está oculta, latente, não prevista expressamente no comando legal. O mesmo se pode afirmar quando a desproporção é apontada pela análise dos demais tipos penais e bens jurídicos por si tutelados, inseridos que estão em um mesmo sistema ou, também, por meio da ponderação acerca da isonomia, cotejando o tratamento penal dado em situações absolutamente similares. Punir para além do razoável ou violando a isonomia é realizar função não autorizada na sistemática do direito penal. O estabelecimento de penas desproporcionais, sem observar o potencial lesivo de cada droga específica e, principalmente, manter essa estratégia punitiva, poderia ocultar fins não enunciados no comando normativo.

Embora idônea, subsidiária e estritamente proporcional a intervenção realizada pela lei incriminadora na tutela do bem jurídico, se dela decorre para a sociedade dano maior do que o representado pela própria violação do comando normativo, sendo socialmente mais ofensiva, sua persistência também pode indicar a satisfação da necessidade de cumprir programa finalístico não previsto oficialmente e, até mesmo, incoerente com os preceitos do direito penal. Se a proibição das drogas, por exemplo, causar à coletividade mal maior do que aquele que se quis ou quer evitar, o problema de saúde pública, indica-se que o desempenho da norma criminal é irracional e pode encobrir a realização de efeitos ocultos que explicariam a manutenção da estratégia de criminalização.

A idoneidade ou inadequação da criminalização das drogas deve ser aferida a partir de pesquisas já consolidadas sobre o cumprimento de seus objetivos declarados, expressos a partir da efetiva redução da demanda e oferta das substâncias psicotrópicas e da mitigação dos danos à saúde pública decorrentes de seu uso abusivo. A necessidade da intervenção punitiva, por sua vez, deve ser investigada a partir da existência de outros meios, alternativos à criminalização, que se mostrem tão eficientes quanto o desempenho do direito penal para o enfrentamento do problema de saúde pública que suscitam as drogas. A proporcionalidade em sentido estrito pode ser identificada a partir da verificação se é equânime a ingerência do direito penal no específico contexto de cada droga, a partir de seu potencial lesivo à saúde pública. E a menor ofensividade social deve ser aferida em uma análise comparativa com os benefícios almejados pela norma penal, a tutela da saúde pública, e os efeitos colaterais decorrentes da criminalização das drogas. Esses serão os critérios avaliativos às funções manifestas da intervenção penal para o problema das drogas, cujo análise se dará no terceiro capítulo.

No entanto, eventual deslegitimação do direito penal das drogas não é suficiente à caracterização de sua criminalização simbólica. Se for possível identificar marcas significativas de inidoneidade, desnecessidade, desproporcionalidade ou maior ofensividade social quanto às suas funções manifestas, ter-se-ão meros indícios do desempenho e encobrimento de funções latentes. Tais formas de indícios podem ser confirmadas ou refutadas pela existência ou não de efeitos simbólicos, ocultos pelas funções manifestas, abordagem que será realizada no quarto capítulo.

Para tanto, cumpre investigar, nas três fases da criminalização das drogas, abstraindo-se questões relativas à intencionalidade, a existência de funções simbólicas, encobertas por suas próprias consequências e simulação de instrumentalidade, de forma a ser identificada como confirmação de valores sociais, demonstração da capacidade de ação do Estado ou adiamento da solução de conflitos por meio de compromissos dilatórios. Confirmando-se o déficit de implementação do programa finalístico, além do desempenho de qualquer uma dessas três funções latentes e a relação de simulação e dissimulação entre funções simbólicas e manifestas, poder-se-á afirmar que a criminalização das drogas é simbólica, posto que não se prestaria a realizar aquilo que seu comando normativo enuncia, senão efeitos outros, alheios ou díspares ao que oficialmente proclama.

Por outro lado, ficando evidenciado o cumprimento das funções manifestas enunciadas pelo direito penal das drogas, consubstanciado na efetiva tutela da saúde pública, ou não se demonstrando o desempenho das funções latentes ora delimitadas, não se poderá reconhecer como simbólica a criminalização das substâncias psicotrópicas, ao menos quanto aos aspectos então investigados.

Nesse sentido, a criminalização das drogas poderá ser classificada como simbólica, na modalidade de confirmação de valores sociais, demonstrando-se que a ingerência do direito penal nas atividades relacionadas com determinadas substâncias psicoativas funcionaria mais como uma marca distintiva de *status* e atribuição de prestígio para determinados grupos e de estigmatização para outros do que, propriamente, como instrumento para efetiva redução do uso e comercialização dos psicotrópicos considerados ilícitos, o que determinaria resultados positivos para a proteção da saúde pública.

Deverá ser identificada como simbólica, enquanto demonstração da capacidade de ação do Estado, por sua vez, se restar evidenciado que a criminalização das drogas se apresenta como um álibi, desempenhando o papel de obter, confirmar ou reforçar a confiança da sociedade no governo, quanto a sua habilidade de enfrentar e resolver os problemas decorrentes do uso abusivo de substâncias psicoativas, não obstante sua real incapacidade de cumprir a promessa que enuncia.

Por fim, será categorizada como simbólica, servindo como instrumento para o adiamento da solução de conflitos sociais por meio de compromissos dilatórios, se ficar evidenciado que a criminalização das drogas não se presta a resolver as disputas em torno do texto normativo sobre proscrição e legalização das substâncias psicotrópicas, enquanto estratégias supostamente hábeis a mitigar os danos à saúde pública, representando, porém, um certo consenso social em torno da abordagem legislativa, ainda que inexequível ou inefetiva quanto à proteção do bem juridicamente tutelado. Esse fenômeno ocorre quando nenhum dos grupos envolvidos reúne as condições políticas necessárias para impor sua posição por meio do direito penal. Assim, como efeito direto, posterga-se a solução do problema para um futuro incerto e indeterminado.

Não se ignoram as possibilidades de funções e efeitos simbólicos decorrentes do desempenho do direito penal das drogas não enfrentados na presente investigação científica. Em razão do seu progressivo aparato repressor e sua natural propensão a se reproduzir na comunidade internacional e nos mais diversos Estados, a criminalização das substâncias psicoativas pode funcionar, por exemplo, como instrumento de exercício do poder hegemônico e interferência na política interna das nações, à disposição dos Estados Unidos da América – o precursor e idealizador da estratégia de proscrição e guerra às drogas. Mas esse aspecto não será investigado quanto à sua implicação para a criminalização simbólica.

Também não se pode ignorar que o direito penal das drogas tem o condão de promover a massiva criminalização da pobreza, sobretudo nos países subdesenvolvidos, bem como a marginalização dos negros e latinos nos Estados Unidos da América e dos imigrantes pobres na Europa. Embora muito importante, esse aspecto não se emoldura na delimitação ora proposta.

É possível que o sistema criminal de proibição das drogas, em que se incluem, além dos institutos jurídicos, as agências estatais de controle, tenha sido largamente utilizado pelos Estados soberanos como importante técnica de gestão da população em geral. No entanto, essa análise passa, necessariamente, pela intenção do legislador, ou mesmo do legislativo, tarefa difícil de ser executada em uma pesquisa científica.

O que se buscará apreender, para aferição do caráter simbólico da criminalização das drogas, são suas qualidades objetivas, sobretudo quanto às funções por si desempenhadas a em cada uma de suas fases, especificamente no que toca à clássica categorização da legislação simbólica.

Importante destacar que a investigação acerca da racionalidade da criminalização das drogas, a partir da ideia de proteção de bem jurídico, de forma a afirmá-la como instrumental ou simbólica, qualquer que seja o resultado, não significa reconhecer no direito penal o exercício de alguma atividade racional, nem mesmo de lhe creditar a capacidade de ação transformadora.

A estratégia de abordagem se realizará em acordo com a concepção do direito penal que se legitima com a proteção do bem jurídico, correspondente ao discurso oficial da teoria do crime e da pena, mas isso não significa aderência a esse "consenso" teórico. Significa, isso sim, submeter o desempenho da criminalização drogas à teoria que ela própria enuncia e pela qual pretende legitimação, qual seja o cumprimento de suas funções manifestas, consubstanciadas na efetiva tutela da saúde pública.

1. DIREITO PENAL SIMBÓLICO

Para que se compreenda o alcance da expressão "direito penal simbólico", aquele cujas funções latentes se sobrepõem às enunciadas, na perspectiva que seu emprego e efeito concretizarão uma situação diversa daquela que foi expressa, faz-se necessário, primeiro, delimitar o significado e conteúdo da legislação simbólica, confirmar seu vínculo com a noção de eficácia e efetividade da norma, bem como determinar suas funções, manifestações e implicações.

Demarcados os limites conceituais da legislação simbólica (gênero), importa, então, dirigir observação ao direito penal simbólico (espécie), sobretudo no que é pertinente à sua relação com a tutela de bens jurídicos, ao elemento crítico peculiar à sua definição, às suas consequências e tipologia, além de seu processo de produção e estabilização, a criminalização simbólica.

1.1. LEGISLAÇÃO SIMBÓLICA

São muitas as acepções que o termo "simbólico" pode assumir nas mais diversas áreas do conhecimento e da produção científica. Assim, faz-se importante advertir que tal adjetivação, quando dirigida à legislação, não se confunde com o sentido filosófico abrangente, no qual, segundo Ernst Cassirer (2012), sugere os mecanismos de intermediação entre o sujeito e a realidade. Também não guarda relação direta com a concepção simbólica da estrutura social, apresentada como móvel ideológico e legitimador do sistema político, de onde se extraem expressões como "poder simbólico" e "violência simbólica", conforme Pierre Bourdieu e Jean-Claude Passeron (2011). Nem mesmo se coaduna ao sentido de "meios de comunicação simbolicamente generalizados", típico da teoria dos sistemas, enquanto mecanismo de diferenciação e formação de unidade de cada sistema social (Luhmann 2007). Da mesma forma, não se refere ao simbólico na perspectiva da lógica, qual seja a distinção entre linguagem artificial e ordinária. O simbólico que se associa à legislação é um problema de distinção entre suas variáveis instrumentais, expressivas e simbólicas, de forma a identificar seu significado latente e manifesto, bem como a relação de preponderância e sobreposição desempenhada entre ambos (Neves 2011).

Assim, por legislação simbólica se compreende aquela que, carecendo de condições objetivas à realização de seu programa finalístico, exerce o papel de concretizar realidade distinta da enunciada pela própria norma ou, ainda, de mero veículo transmissor de determinados padrões valorativos à coletividade, simulando desempenhar função instrumental. Enquanto símbolo, cumpre o encargo de confirmar valores coletivos, demonstrar a capacidade de ação do Estado ou de adiar a solução de conflitos sociais por meio de compromissos dilatórios – a clássica tipologia proposta por Harald Kindermann (1988).

Em sentido negativo, refere-se à legislação não efetiva; em sentido positivo, serve para alcançar seus objetivos manifestos, ainda que de forma expressiva e de modo comunicativo. Assim, em ambas acepções, a legislação simbólica tem na efetividade um componente avaliativo, crítico.

1.1.1. Por uma delimitação conceitual

Para uma correta concepção do que significa a expressão "legislação simbólica", faz-se necessário compreender as funções desempenhadas pela norma jurídica, sobretudo a partir de seus convencionais aspectos instrumentais, expressivos (ou comunicativos; ou expressivos-integradores) e simbólicos.

Antes, entretanto, importante delimitar o que seria a função instrumental da norma jurídica. Nessa perspectiva, dentre as muitas definições possíveis, interessam aquelas vinculadas à noção de eficácia e efetividade, cujo déficit indicaria o caráter simbólico da norma, que ora se busca demarcar. Desde logo, é importante "advertir que tanto 'eficácia' quanto 'efetividade' são conceitos relativos, graduais" (Neves 2011, 47).

Sendo compreendida, em termos gerais, como a concretização normativa do comando legal, a eficácia de uma determinada norma pode ser sopesada tanto em uma dimensão jurídica, quanto em uma magnitude sociológica (Costa Júnior 2011). A primeira concerne à possibilidade jurídica de realização da norma, no sentido de sua aplicabilidade, exigibilidade ou executoriedade. Nesse caso, busca-se verificar se a lei preenche as condições intrasistêmicas que a torna apta à produção dos seus efeitos jurídicos específicos. A segunda, a do sentido empírico, real ou sociológico, diz respeito à conformidade das condutas à mesma norma. O que se pretende aferir, nessa linha, é se foi realmente observada, aplicada, imposta ou utilizada – ou seja, a conformidade dos comportamentos ao conteúdo normativo (Neves 2011).

A efetividade, por sua vez, relaciona-se com a "racionalidade teleológica" da norma, vinculando-se à realização dos fins sociais perseguidos (Atienza Rodríguez 1989a, 386). Assim, enquanto a eficácia "diz respeito à realização do 'programa condicional', ou seja, à concreção do vínculo 'se-então' abstrata e hipoteticamente previsto na norma legal [...] a efetividade se refere à implementação do 'programa finalístico' que orientou a atividade legislativa, isto é, à concretização do vínculo 'meio-fim' que decorre abstratamente do texto legal" (Neves 2011, 47-48).

Portanto, cumpre-se a racionalidade teleológica quando a norma se apresenta efetiva, realizando os fins sociais a que se destina. Disso resulta que, no aspecto da efetividade, a norma pode ser efetiva, nos moldes citados; inefetiva, se dela não deriva a implementação do programa finalístico; ou, ainda, antiefetiva, se o efeito da norma é o oposto à sua razão de ser – se de sua aplicação decorre o avesso do que se pretendia: quando, por exemplo, visa combater o crime, mas tem efeito criminógeno; pretende coibir condutas, porém tem o condão de fomentar tais ações; criada no sentido de tutelar a saúde pública, provoca-lhe danos.

A eficácia ou a efetividade são critérios que servem, a depender do prisma pelo qual se observe a aplicação da lei, como indicadores da instrumentalidade normativa. Assim, preenchidas as condições intrasistêmicas que a torna apta à produção dos seus efeitos jurídicos específicos (aplicabilidade, exigibilidade ou executoriedade), revelar-se-ia a função instrumental da norma, em sua delimitação jurídica. Aferindo-se sua observação, aplicação, imposição ou utilização, é dizer, a conformidade dos comportamentos ao conteúdo normativo, ter-se-ia revelado, mais uma vez, seu caráter instrumental – dessa feita no que concerne à dimensão sociológica. Por outro lado, partindo-se da exigência de efetividade como critério de distinção e condição para caracterização da função instrumental da norma, é imperativo que se demonstre a transformação da realidade social, a implementação de seu programa finalístico, o cumprimento dos fins enunciados.

Portanto, a função instrumental da norma se manifestaria, na mais estrita concepção, com a demonstração da respectiva eficácia, em sua dimensão jurídica, estando presentes as condições intrasistêmicas que lhes são peculiares. Em uma análise um pouco mais ampla, não bastaria a produção de seus efeitos jurídicos específicos para a caracterização de instrumentalidade, condicionada que estaria à conformidade dos comportamentos ao conteúdo normativo (quanto a observação, aplicação, imposição ou utilização) – parte-se da eficácia em sua noção sociológica. Noutra abordagem, ainda mais ampla, não é suficiente que a lei seja observada, aplicada, imposta ou utilizada, pois a função instrumental somente se satisfaria pela aptidão de realizar a finalidade da norma – tem-se a efetividade como balizamento.

O caráter simbólico da norma, por sua vez, tem a função de transmitir à sociedade certas mensagens e conteúdos valorativos, cuja capacidade de influência seria apta a atingir mentes e consciências, nas quais produziriam emoções e representações intelectivas (Díez Ripollés 2002). A função simbólica da norma corresponderia à sua capacidade de comunicar à coletividade os valores representados em seu texto.

No entanto, na construção histórica de sua definição, a função simbólica da norma adquiriu vários significados, nem sempre compatíveis. Nos estudos da sociologia jurídica, geralmente se refere a instâncias de legislação que são inefetivas e servem a outros objetivos políticos e sociais, díspares ou antagônicos, não os oficialmente declarados (Poort, Van Beers e Van Klink 2016). Tem-se, comumente, diferenciado as acepções atribuídas à expressão "função simbólica" da norma, ou mesmo "legislação simbólica", como "positiva" ou "negativa"[1]. Em sentido positivo, legislação simbólica não pode ser vista meramente como contraponto à legislação instrumental, senão enquanto alternativa à direção normativo-geral da conduta (Kindermann 1989), enquanto transmissora de valores à sociedade; em sentido negativo, serve para identificar as que "não têm o condão de reforçar as regras de comportamento, ou seja, não se prestam a atingir os objetivos declarados oficialmente" (Poort, Van Beers e Van Klink 2016, 1), funcionando como veículo de simulação e engano. Obviamente, "negativo" e "positivo" não são termos neutros, mas

---

[1] Lenio Streck (2001), por exemplo, no plano da aplicação do direito, trata esse aspecto negativo como violência simbólica do *establishment* jurídico.

avaliativos, posto que expressam a postura normativa que o investigador toma em relação ao objeto investigado (Van Klink 2016).

Aliás, essas duas acepções distintivas da função simbólica da norma podem estar presentes, concomitantemente, em um único tipo legal, o que lhe confere um caráter ambivalente, conforme se pode inferir da reflexão proposta por Marcelo Neves (2005) acerca da força simbólica dos direitos humanos:

> É verdade que, no âmbito do normativo, quando enfatizamos a força simbólica, sugerimos um certo grau de falta, pelo menos no momento, da força normativa dos correspondentes atos, discursos, declarações ou textos. Mas o caráter conotativo de declarações, discursos, atos e textos simbólicos nem sempre serve à manutenção do *status quo* de carência dos respectivos direitos. A dimensão simbólica do normativo pode exatamente servir à superação de situações concretas de negação dos direitos. A referência simbólica a determinado instituto jurídico caracterizado por um alto grau de ineficácia normativo-jurídica serve tanto ao encobrimento dessa realidade e mesmo à manipulação política para usos contrários à concretização e efetivação das respectivas normas, quanto a uma ampla realização do modelo normativo no futuro. A força simbólica de atos, textos, declarações e discursos de caráter normativo serve tanto à manutenção da falta de direitos quanto à mobilização pela construção e realização dos mesmos. Esta ambivalência significa que o simbólico não se reduz ao "ideológico" no sentido de ilusão negadora de outras alternativas ou ao "retórico" no sentido de uma mera persuasão descomprometida com o acesso aos direitos, pois também, paradoxalmente, incorpora o espaço da crítica ao modelo normativo de fachada.

Por isso, costuma-se reservar as expressões "função simbólica" e "legislação simbólica" à análise crítica da norma (sentido negativo), sobretudo como signo distintivo daquelas que apresentam déficit de instrumentalidade e servem a propósitos distintos da declaração oficial, preferindo-se nominar a função de transmissão de mensagens e conteúdos valorativos (sentido positivo) como expressiva (Sunstein 1996), expressiva-integradora (Díez Ripollés 2002), comunicativa (Van Klink 1998), interativa (Poort 2013, Van der Burg e Brom 2000), dentre outras.

  Nesse sentido, Díez Ripollés (2002, 70) propõe que toda ação legislativa e, por extensão, toda ação judicial, contém ou pode conter fins ou funções e efeitos: instrumentais, os que supõem certa modificação da realidade social e, de forma mais concreta, dos comportamentos humanos; expressivos, os que suscitam emoções ou sentimentos na consciência; e integradores, que geram determinadas representações valorativas na coletividade. Como se percebe, a denominada função simbólica, sempre que utilizada em sentido positivo, guarda íntima relação com o conteúdo das funções expressivas e integradoras, pelo que o autor passa a adotar, para casos tais, a expressão "função expressiva-integradora".

  Denominando essa característica da norma por "função expressiva", Cass R. Sunstein (1996, 2025), no mesmo viés, qualifica-a como aquela largamente utilizada para administrar as regras e condutas sociais, a partir dos valores que imprime, mas ressalva que mesmo esse caráter simbólico há de estar vinculado à um programa finalístico, de forma que somente se torna legítimo alcançando os propósitos legislativos e se não produzem consequências negativas.

  Inclusive, importante observar, muito do debate social sobre a legitimidade da norma ocorre no campo de sua função expressiva, desvinculado da conotação instrumental. Pessoas que se opõem à pena de morte, por exemplo, em sua maioria, não mudariam de posição, mesmo que dados empíricos demonstrassem ter a pena capital um efeito dissuasor. Isso indica que sua preocupação se dirige ao conteúdo expressivo de referida cominação, não com o controle social dela decorrente (Tyler e Weber 1982). Da mesma forma, ainda exemplificando, muitos dos que endossam a pena de morte não mudariam de opinião em razão de evidências de sua inefetividade, que sua aplicação não dissuade pessoas ao cometimento de crimes graves (Sunstein 1996). A principal preocupação, assim como na questão anterior, é o conteúdo simbólico ou expressivo da lei, não as consequências práticas da norma aplicada, enquanto vetor de transformação social.

A chamada "função comunicativa" da norma também se relaciona com o sentido simbólico que dela se extrai, em sua acepção positiva. A lei não é meramente um conjunto de regras, mas também um símbolo de algo mais elevado, mais valioso. Exprime valores que são fundamentais para a comunidade, como a dignidade humana, a igualdade ou a proteção do meio-ambiente (Van Klink 2016).

Conforme evidenciado, os termos "expressiva", "comunicativa", "expressiva-integradora", enquanto função da norma jurídica, designam o caráter positivo da função simbólica, distinguindo-a de seu aspecto negativo. Para fins didáticos, a diferenciação se mostra eficiente, razão pela qual adotar-se-á tal terminologia, preferindo-se utilizar a fórmula "função expressiva" em referência à transmissão de valores e a expressão "função simbólica" em sentido crítico. O mesmo quanto à "legislação expressiva" e "legislação simbólica".

Sabendo ser inerente à norma jurídica tanto o caráter instrumental quanto o expressivo (simbólico, em sentido positivo), "pode-se definir a legislação simbólica como produção de textos cuja referência manifesta à realidade é normativo-jurídica, mas que serve, primária e hipertroficamente, a finalidades políticas de caráter não especificamente normativo-jurídico" (Neves 2011, 30). Na legislação simbólica há, portanto, um sobredimensionamento de sua função oculta em prejuízo ao aspecto instrumental.

Delimitando a definição de legislação simbólica ao critério da eficácia em sua dimensão sociológica e alertando para o uso desse "sentido estrito e diferenciado", Marcelo Neves (2011, 32) a caracteriza como "hipertrofia da sua função simbólica em detrimento da concretização normativa do respectivo texto legal". Ou seja,

> [a] legislação simbólica é caracterizada por ser normativamente ineficaz, significando isso que a relação hipotético-abstrata "se-então" da "norma primária" e da "norma secundária" (programação condicional) não se concretiza regularmente. Não é suficiente a não-realização do vínculo instrumental "meio-fim" que resulta abstratamente do texto legal (programa finalístico) para que venha a discutir-se sobre a função hipertroficamente simbólica de uma lei. Sendo eficaz, ou seja, regularmente observada, aplicada, executada ou usada (concretização normativa do texto legal), embora inefetiva (não-realização dos fins), não cabe falar de legislação simbólica. (Neves 2011, 51)

Portanto, nessa concepção, fundada no critério da eficácia em sua acepção sociológica, o que distinguiria a legislação instrumental da legislação simbólica seria a contraposição dos efeitos latentes (ocultos) desta aos efeitos manifestos daquela, não os efeitos tencionados e não-tencionados, respectivamente (Neves 2011). Um indício de legislação simbólica se tem, por exemplo, quando o legislador se restringe a formular uma pretensão de produzir normas, sem tomar qualquer providência no sentido de criar os pressupostos para sua eficácia, apesar de estar em condições de fazê-lo (Kindermann 1988).

Por outro lado, em um sentido mais amplo, tomando-se por ponto de partida o critério da efetividade, o déficit de instrumentalidade se revela pela ausência de implementação do programa finalístico da norma, de forma a sobrelevar hipertroficamente seu caráter simbólico. Nesse sentir, a função instrumental da norma diz respeito à sua "capacidade de modificar a realidade social" (Díez Ripollés 2002, 68), sua aptidão para enfrentar o problema que lhe deu origem e motivou sua aplicação. Ou seja, a racionalidade instrumental (ou teleológica) da norma depende da adequação do binômio meio-fim (Atienza Rodríguez 1989a).

Assim, embora não exista na literatura jurídica um conceito preciso e adequado de "simbólico" na expressão "legislação simbólica", há um consenso universal a respeito da direção na qual se busca tal fenômeno. Trata-se, pois, de uma oposição entre realidade e aparência, entre manifesto e latente, entre o verdadeiramente pretendido e o realmente realizado. Simbólico se associa com o engano, o ilusório, tanto em sentido transitivo, como no reflexivo (Hassemer 1995). Refere-se às "leis feitas para não serem cumpridas ou, também, para não produzir os efeitos declarados" (Atienza Rodríguez 1989a, 389), tratando-se de "legislação não efetiva, promulgada predominantemente para fins políticos" (Poort, Van Beers e Van Klink 2016, 2), "sem qualquer eficácia social no sentido da resolução dos problemas aos quais, em princípio, se dirigia" (Hommerding e Lyra 2014, 18). Ou, ainda, àquelas que não têm o propósito de se fazerem faticamente eficazes, porque editadas para atingir, precipuamente, outros efeitos sociais que não os decorrentes de sua observância (Noll 1973). Nesse sentido, a promulgação de legislação simbólica reflete uma ruptura do mecanismo de elaboração de políticas legislativas, numa sistemática que, com demasiada frequência, aborda problemas sociais reais de forma irrealista (Dwyer 1990), postulando pretensão normativa de regramento, cujas condições objetivas à sua observância não estão presentes (Hassemer 1995).

As duas concepções de função instrumental da norma e, consequentemente, de legislação simbólica (quanto ao problema ser de eficácia ou efetividade) não são incompatíveis (Hommerding e Lyra 2014) – representam observações sob perspectivas diferentes. Na verdade, não raro, os dois sentidos são utilizados concomitantemente para avaliar um mesmo fenômeno. Recentemente, por exemplo, o governo holandês propôs penalizar os estrangeiros que não têm autorização legal para residir nos Países Baixos (Van Klink 2016). Segundo Theo de Roos (2013, 9), essa proposta é um exemplo de legislação simbólica "no pior sentido da palavra". O autor considera que a penalização da residência não autorizada é meramente simbólica, porque seria muito difícil aplicá-la e, além disso, não iria dissuadir os migrantes a morar naquele país. Percebe-se que na análise se ponderou, respectivamente, sobre as duas concepções de legislação simbólica ora tratadas: a estrita, quanto à eficácia da lei e a ampla, no que é pertinente à sua efetividade.

A comunidade científica tem se esforçado em elaborar critérios objetivos para identificação da legislação simbólica. Nesse contexto, bastante interessante a acidental confluência entre as pesquisas de Atienza Rodríguez (1989b) e Van Klink (2016). Atienza Rodríguez (1989b) considera a legislação como uma série de interações que têm lugar entre elementos distintos: editores, destinatários, sistema jurídico, fins e valores. Ao mesmo tempo, propõe cinco modelos, ideias ou níveis de racionalidade, a partir dos quais se pode avaliar a legislação: 1) racionalidade linguística, sobre a capacidade do emissor (editor) de transmitir com fluidez uma mensagem (a própria lei) ao receptor (o destinatário); 2) racionalidade jurídico-formal, quanto à harmoniosa inserção da norma ao sistema jurídico; 3) racionalidade pragmática, a respeito da adequação dos destinatários ao conteúdo prescritivo da lei; 4) racionalidade teleológica, no que toca a efetividade da norma em alcançar os fins sociais perseguidos; e 5) racionalidade ética, no sentido de vinculação dos valores pressupostos nas condutas prescritas aos seus fins.

No sentido de determinar se dado tipo de legislação é simbólica, Van Klink (2016) recorre a critérios bastante semelhantes, quer a partir das qualidades textuais da lei em questão (critérios semânticos), quer do contexto em que se desenvolve o processo legislativo (critérios pragmáticos, segundo o autor). Quanto aos critérios semânticos: 1) numa lei simbólica, as disposições substantivas não seriam aptas à aplicabilidade e essa discrepância careceria de justificativa racional (critério da discrepância); 2) o texto da lei é incompreensível para os cidadãos que devem cumpri-la, bem como para os atores jurídicos e políticos que têm de aplicá-la (critério da obscuridade); 3) as regras que se extraem na norma são por demais imprecisas, vagas (critério da imprecisão). Acerca dos critérios pragmáticos: 1) no processo legislativo, dois ou mais grupos com interesses conflitantes ou incompatíveis lutam entre si (critério de conflito de interesses); 2) um dos grupos envolvidos considera a promulgação da lei como uma vitória moral sobre o outro grupo (ou grupos) e uma confirmação de seus valores (critério de politização); 3) a sociedade se encontra em tal estado de emergência que exige uma ação governamental imediata (critério de criação). Ainda segundo o autor, se dois ou mais desses critérios são atendidos, é provável que a lei em questão sirva a objetivos simbólicos (em senso crítico) e não instrumentais. Enquanto os três primeiros critérios coincidem com a racionalidade normativa proposta por Atienza Rodríguez (1989b), os três últimos nitidamente se inspiram na tipologia da legislação simbólica proposta por Harald Kindermann (1988).

No entanto, o conceito de legislação simbólica e, consequentemente, o critério de identificação, podem ser formulados com contornos mais diretos. Assim, legislação simbólica é aquela que, carecendo de condições objetivas à realização de seu programa finalístico, cumpre o papel de concretizar realidade distinta da enunciada pela própria norma ou de, simplesmente, transmitir à coletividade determinados padrões valorativos, simulando desempenhar função instrumental.

A carência de condições objetivas, aquelas conducentes à concretização instrumental, revela-se pelo déficit de efetividade – enquanto legislação simbólica, a norma não se orienta às consequências. Há uma dissimulada prevalência das funções latentes, aquelas ocultas, voltadas à satisfação de uma necessidade de ação, conformação de demandas sociais ou demonstração de um Estado forte, por exemplo, sobre as manifestas, dirigidas à concretização da formulação anunciada pela norma.

E não importa que a ilusão ou dissimulação decorrente da aplicação da lei seja ou não intencional – o fator distintivo será a função que a norma exerce. Até porque "é extremamente difícil determinar [a intenção do legislador] de forma confiável. O processo legislativo contemporâneo é complexo, geralmente duradouro, e tem diversos atores que muitas vezes escondem suas reais intenções" (Kindermann

1988, 225). Independente da intenção do legislador, se a lei apresenta a probabilidade de concretizar efeitos diversos daqueles insculpidos em sua enunciação, iludindo instrumentalidade e efetividade, dissimulando efeitos latentes e manifestos, possivelmente se enquadra como simbólica. Assim, dissimulação e ilusão, orientação à inefetividade, prevalência dos efeitos latentes sobre os manifestos, são elementos a serem observados enquanto qualidades objetivas da norma.

Portanto, "não se trata da vontade da legislatura, da proclamação política, mas da vontade da lei" (Kindermann 1988, 226). Em outros termos, "a expressão legislação simbólica só é cabível quando a própria lei for um símbolo" (Kindermann 1989, 265). Dessa forma, somente faz sentido referir-se a legislação simbólica como "leis feitas para não serem cumpridas ou, também, para não produzir os efeitos declarados" (Atienza Rodríguez 1989a, 389), ou por "legislação não efetiva, promulgada predominantemente para fins políticos" (Poort, Van Beers e Van Klink 2016, 2), "sem qualquer eficácia social no sentido da resolução dos problemas aos quais, em princípio, se dirigia" (Hommerding e Lyra 2014, 18), aquelas que não têm o propósito de se fazerem faticamente eficazes, porque editadas para atingir, precipuamente, outros efeitos sociais que não os decorrentes de sua observância (Noll 1973), abordando problemas sociais reais de forma irrealista (Dwyer 1990), quando, abstraindo-se a vontade do legislador, seja a própria norma o sujeito da oração – sempre que "intenção", "finalidade", "direção" sejam referências às suas qualidades objetivas, não ao aspecto subjetivo do processo legislativo.

Nada obsta que determinada lei, feita para não ser cumprida, tenha plena eficácia e efetividade e outra, promulgada na melhor das intenções, destinada a ser cumprida, realize predominantemente função simbólica. Enfim, na investigação da legislação simbólica, sempre que se tratar do aspecto volitivo, estar-se-á referindo-se não à vontade do legislador, senão ao significado prático que emana da lei.

1.1.2. Tipologia da legislação simbólica

A par das pesquisas sobre o tema, Harald Kindermann (1988) o sistematizou a partir de três perspectivas, apresentando a legislação simbólica como: a) confirmação de valores sociais; b) demonstração da capacidade de ação do Estado; e c) adiamento da solução de conflitos sociais por meio de compromissos dilatórios.

Desde logo, importante pontuar o aspecto distintivo de cada uma. Assim, o que marca a legislação simbólica, na acepção de confirmação de valores sociais, é sua função predominante de impor padrões culturais representativos de um peculiar grupo, em detrimento dos demais, não obstante às dificuldades de tornar concreto, efetivo, o cumprimento do arquétipo reconhecido pela norma, a concreção de seu programa finalístico.

Caracteriza-se como legislação-álibi, por sua vez, se cumpre precipuamente a função de demonstrar a capacidade de ação do Estado (produção de efeitos latentes), apresentando insuperável déficit de instrumentalidade em relação ao programa que ela, a norma, propõe-se a cumprir (função manifesta).

Por outro lado, será simbólica, enquanto compromisso dilatório, a norma que desempenha predominantemente a função de adiar a solução de conflitos sociais (efeitos latentes), ainda que inexequível ou inefetiva quanto ao programa finalístico que anuncia (função manifesta), numa relação de sobreposição dessa em detrimento desta.

1.1.2.1. A lei enquanto confirmação de valores sociais

A marca da legislação simbólica "destinada primariamente à afirmação de valores sociais" é a sua função de "diferenciar grupos e os respectivos valores e interesses" (Neves 2011, 35). Quando esses grupos sociais disputam a certificação de determinados símbolos que lhes são relevantes e levam esse debate para o campo legislativo, a luta se torna "feroz e amarga" (Kindermann 1988, 230). Muito frequentemente, o que se impõe ao Estado, enquanto ente legiferante, é um marco a respeito de conflitos sociais em torno de valores. Nessas circunstâncias, os grupos envolvidos nos debates ou lutas pela prevalência de determinados padrões veem na vitória legislativa um reconhecimento da superioridade ou predominância social de sua concepção de mundo, sendo-lhes (ainda que inconscientemente) secundária a eficácia normativa da lei em referência (Neves 2011), ou mesmo sua efetividade.

Em casos tais, a legislação pode ser entendida como um procedimento cerimonial e ritualístico, a fim de sancionar as normas sociais. A lei simbólica é um gesto no sentido de glorificar o valor de um grupo em detrimento dos outros, transmitindo a mensagem que sua cultura é dominante e a outra, subalterna. A lei, obviamente, influencia o comportamento social. O grupo vitorioso que impôs a legislação simbólica é, então, fortalecido pela norma. Seus componentes estão livres para seguirem sua cultura sem a interferência estatal. A cultura do grupo subordinado, por outro lado, é estigmatizada. Essa estigmatização é relevante para o comportamento social. Alguns assumirão o estigma e se sujeitarão à cultura dominante, enquanto outros manterão seu comportamento, inserindo-se, assim, em subculturas (Kindermann 1989) transgressoras.

Dessa forma, a direção a ser tomada no processo legiferante é determinada pela "moral dos atores" (Kindermann 1988, 230), que influenciam a atividade legislativa no sentido de tornar formalmente proibidas aquelas condutas que não se coadunam com seus preceitos, assim como permitidos, ou mesmo obrigatórios, os comportamentos concordes, atendendo suas expectativas basicamente com a expedição do ato legislativo (Neves 2011).

Nessa "modalidade de legislação simbólica, faz-se a diferenciação entre grupos sociais e seus respectivos valores, prestigiando-se mais uns que aos outros" (Costa Júnior 2011, 142). A "luta contra todos os vícios", por exemplo, integra a "moralidade dos puritanos", de forma que eles estão ordinariamente "lutando pela proibição jurídica da prostituição [...] do livre mercado da pornografia, álcool e drogas" (Kindermann 1988, 230), como meio de afirmar seus valores sociais e sobrepujar aqueles que lhes são antagônicos ou incompatíveis.

 Aliás, um clássico exemplo no estudo da legislação simbólica é, justamente, a *National Prohibition Act of 1919*, nos Estados Unidos da América, que se convencionou chamar de "lei seca". À época, os defensores da criminalização do álcool não estavam propriamente interessados em sua efetividade, senão, principalmente, em adquirir maior respeito social, constituindo-se a respectiva legislação como símbolo de *status*. É que, nos conflitos entre protestantes (pretensamente nativos), defensores do Proibicionismo, e católicos (imigrantes), contrários à proibição, a vitória legislativa teria funcionado simbolicamente, a um só tempo, como ato de deferência para os vitoriosos e de degradação para os perdedores, sendo menos relevantes os seus efeitos práticos (Gusfield 1986). Aos que defendiam a criminalização do álcool "bastava a produção de um único efeito latente: a confirmação de sua crença de que as práticas nele descritas eram erradas. Pouco importa que tal ato normativo não tenha produzido o efeito instrumental declarado – interromper o uso e comercialização de bebidas alcoólicas" (Costa Júnior 2011, 142).

 Nessa instância de legislação simbólica, em que as normas são utilizadas como marcadores de posição, os efeitos reais do direito serão ainda menos relevantes para os grupos em disputa (Sunstein 1996). Isso se verifica, inclusive, nos debates sobre as disposições que se quer enunciar na lei. Nesse sentido, Rob Schwitters (2016, 55) exemplifica que as "preferências por punições mais severas não serão afetadas por evidências empíricas que indiquem sua ineficácia" e, no que é especificamente pertinente ao debate sobre a legalização/proscrição da eutanásia, assevera que os grupos conservadores, apoiados em argumentos éticos, não mudarão sua posição se as evidências mostrarem que a proibição incrementa a prática (clandestina) da eutanásia. O contrário também pode se afirmar como verdadeiro – grupos progressistas também não mudariam rapidamente de opinião a partir de dados empíricos que demonstrassem ser a proibição da eutanásia conducente à humanização do paciente.

Referido atributo simbólico da lei, enquanto confirmação de valores sociais, não significa o total esvaziamento de seu predicado instrumental, mas evidencia a hipertrofia do aspecto latente. À caracterização, prescinde-se de intencionalidade quanto ao déficit instrumental, sendo despicienda até mesmo a subjetiva previsibilidade do fracasso quanto aos objetivos declarados. A produção de efeitos colaterais também é irrelevante. O que marca a legislação simbólica, na acepção de confirmação de valores sociais, é sua função de impor padrões culturais representativos de um peculiar grupo, em detrimento dos demais, não obstante as dificuldades de tornar concreto, efetivo, o cumprimento do arquétipo reconhecido pela norma, a concreção de seu programa finalístico.

1.1.2.2. A lei como demonstração da capacidade de ação do Estado

Denominada legislação-álibi (Kindermann 1988), enquanto demonstração da capacidade de ação do Estado, o objetivo da lei simbólica é obter, confirmar ou reforçar a confiança da sociedade no governo ou, de um modo geral, no próprio Estado e seu sistema jurídico-político. Muitas vezes, sob pressão direta, o Estado cria normas para satisfazer as expectativas dos cidadãos, ainda que sem o mínimo de condições de efetivação das respectivas leis. Busca-se alijar as pressões políticas, apresentando o Estado como sensível às exigências e expectativas do público (Neves 2011).

O álibi do Estado consiste, justamente, em apresentar um diploma legal como meio de resolução do problema que incomoda a coletividade, motivo de pressões sociais, confirmando a ideia de comprometimento estatal com a causa e, sobretudo, reforçando a confiança no governo. Situações desse tipo são corriqueiras nos períodos eleitorais, por exemplo, em que

> [...] os políticos prestam conta do seu desempenho, muito comumente, com referências à iniciativa e à participação no processo de elaboração de leis que correspondem às expectativas do eleitorado. É secundário, então, se a lei surtiu os efeitos socialmente "desejados", principalmente porque o período da legislatura é muito curto para que se comprove o sucesso das leis então aprovadas. Importante é que os membros do parlamento e do governo apresentem-se como atuantes e, portanto, que o Estado-Legislador mantenha-se merecedor da confiança do cidadão. (Neves 2011, 37)

Segundo Harald Kindermann (1988, 234), há uma série de motivos para a criação de um álibi na forma de lei. Um dado importante é desempenhado pelo "horizonte temporal" diferenciado que se aplica à atividade dos políticos responsáveis pela estrutura da democracia representativa. Leis que significam "mais do que meras correções superficiais, precisam de maior tempo antes de estarem aptas a serem classificadas como bem ou malsucedidas". No entanto, o "sucesso ou o insucesso na política são avaliados em outro ciclo temporal, bem mais curto". Promulgada a lei, "governo e maioria parlamentar devem provar o seu sucesso dentro de um período legislativo. Essa prova é, muitas vezes, difícil de fornecer". Nesse breve período avaliativo, tanto é complicado demonstrar a ocorrência de êxitos tangíveis como, demonstrando-se, que podem ser reivindicados pelo governo em questão. Ainda segundo o autor, é bem mais fácil e rápido convencer o público sobre as "boas intenções" governamentais, sendo grande a tentação de agir nesse sentido. A prova da boa intenção é justamente a promulgação de leis que prometem enfrentar o problema. Até mesmo a oposição participa dessa "encenação" quando, embora discordando da medida, adere ao debate, questionando, justamente, a capacidade e boa intenção do governo. Assim, a discussão fica situada menos na solução empírica, bem-sucedida ou definitiva dos problemas, e mais na opinião se o governo tem ou não boa intenção na edição da lei. Esse é o mecanismo pelo qual "a legislação se torna um álibi" (Kindermann 1988, 234).

É nesse sentido que afirma Marcelo Neves (2011, 39) ser a legislação-álibi decorrente "da tentativa de dar a aparência de uma solução dos respectivos problemas sociais ou, no mínimo, da pretensão de convencer o público das boas intenções do legislador". O legislativo é impelido a "editar um ato normativo para, simbolicamente, responder a uma pressão que é exercida sobre ele" (Costa Júnior 2011, 144).

Essa pressão sobre o processo legislativo, referida também por Harald Kindermann (1988), é externada, no mais das vezes, pelos meios de comunicação social como denúncia de inadequação do ordenamento jurídico, a qual a classe política não se atentou ou, para atender a interesses diversos, prefere permanecer inerte. Com a intensificação do clamor público por mudança, apresenta-se como resposta a promulgação de lei, mesmo que suas normas sejam inexequíveis (Costa Júnior 2011) ou inefetivas, o que "não apenas deixa os problemas sem solução, mas além disso obstrui o caminho para que eles sejam resolvidos" (Neves 2011, 39).

Nessa encenação, conforme Harald Kindermann (1988, 237), participam todos, "numa alienação que parece ser equivalente a uma performance teatral. Como no teatro, têm-se também o auditório. Enquanto os políticos, mais ou menos talentosos, encenam um drama impressionante", o público se envolve atentamente na audiência. Nesse palco, "os juristas parecem ser os menos importantes", desempenhando um melancólico papel coadjuvante, mas, ao mesmo tempo, conveniente – "triste, porque parecem ser as vítimas mais lamentáveis dos intercâmbios políticos; conveniente, pois, enquanto espectadores passivos, não podem ser responsabilizados quanto ao conteúdo e qualidade do desempenho".

Em casos tais, a política se converte em espetáculo (Baratta 2004), no qual é possível, então, conceber o Estado como imbuído de uma dimensão teatral, cerimonial e simbólica, cuja representação fica a cargo de seus próprios agentes, enquanto personagens. Existe, portanto, uma perspectiva significante e semiótica no desempenho da atividade estatal (Gusfield 1986). Esse conteúdo simbólico, por óbvio, também é reivindicado pelo sistema de justiça. É o que se pretende, na visão de Clifford Geertz (1973, 13), segundo o qual "pelo simples ato de fornecer um modelo, um parâmetro, uma imagem irretorquível da existência civilizada, o tribunal molda o mundo ao seu redor a, pelo menos, uma aproximação de sua própria excelência. A vida ritual do tribunal geralmente é paradigmática, não meramente reflexiva, da ordem social".

Tratando-se especificamente de política criminal, por exemplo, a "grande parte das intervenções penais punitivas da contemporaneidade, antes de buscar responder ao problema da criminalidade em si, presta-se precipuamente a diminuir as inquietações populares diante da insegurança" (Callegari e Wermuth 2010, 75). Aliás, as "simples ampliações dos limites penais máximos e mínimos são uma medida de política penal simbólica que não contribui muito para seu objetivo" (Hassemer 2007, 149), senão para exibir vigor e ideias à opinião pública.

No entanto, convém esclarecer, essa forma de manipulação ou de ilusão que resguarda o sistema político contra outras opções, não raro, é engodo que ludibria o próprio ator legiferante nessa função predominantemente ideológica. A complexidade do problema e da dinâmica social pode produzir nos líderes políticos, como habitualmente produz, o engano de que a tarefa legislativa se presta eficazmente ao enfrentamento da questão. A representação simbólica pode ou não ser consciente – e, na verdade, tanto mais inconsciente, mais eficaz será como símbolo, ao passo que menos prática como instrumento.

Os atores políticos não são apenas produtores, mas também vítimas das interpretações simbólicas produzidas na sociedade. Isso porque a sociedade moderna se caracteriza pela alta complexidade e por uma crescente taxa de mudança e contínua transformação. A implicação disso é que os indivíduos perdem o senso de orientação, o ponto referencial, incrementando a dificuldade na avaliação de símbolos e rituais. Como resultado, os atores políticos e a classe dominante não estão imunes à consequente perda de realidade. A legislação se torna uma fábrica de ilusão, não só para as pessoas que nela devem acreditar (Kindermann 1988), mas também em quem as produz.

Nesse sentido, o engano é a expressão do prejuízo em que se encontra o sistema decisional público, decorrentes das disfunções que envolvem a estrutura política e comunicativa da sociedade. O déficit da tutela real dos bens jurídicos, a transparecer sua carência instrumental, é compensado pela criação, dirigida ao público, de uma ilusão de segurança e de um sentimento de crença no ordenamento e confiança nas instituições, cuja base concreta se torna cada vez mais fragilizada (Baratta 1994). É a perda da realidade manifesta da legislação denunciando seu caráter simbólico.

Desse engano resulta a inaptidão da norma para cumprir o programa finalístico que enuncia, de cuja inefetividade cria-se o perfeito ambiente para que se produza outra norma, também em caráter simbólico, substituindo a anterior na missão de enfrentar o problema, com a promessa de fechar as lacunas instrumentais, descurando-se de seu próprio déficit, em um círculo vicioso difícil de ser quebrado.

Mais uma vez, importante grifar que, por mais evidentes os aspectos subjetivos produtores do engano e da ilusão no processo legislativo, para distinção da legislação simbólica, enquanto legislação-álibi, o que se deve ter em conta são as qualidades objetivas da norma. Importa a função, não a intenção. Portanto, caracteriza-se como tal, se cumpre predominantemente a função de demonstrar a capacidade de ação do Estado (produção de efeitos latentes), não obstante apresentar insuperável déficit de instrumentalidade em relação ao programa que ela, a norma, propõe-se a cumprir (função manifesta).

1.1.2.3. A lei enquanto adiamento da solução de conflitos sociais por meio de compromissos dilatórios

Na legislação simbólica, enquanto compromisso dilatório, os conflitos entre grupos sociais não são resolvidos por meio do ato normativo, que, porém, será aprovado em certo consenso entre os interessados, exatamente em razão da perspectiva da ineficácia da respectiva lei. O acordo, portanto, não se funda precipuamente no conteúdo do diploma normativo, senão no adiamento da solução do dissenso para um futuro indeterminado (Neves 2011). Ou seja, "o compromisso consiste numa fórmula dilatória, que satisfaz todas as exigências contraditórias e, de forma ambígua, torna não decididas as controvérsias" (Kindermann 1988, 239).

Ainda não munidos da força necessária para fazerem prevalecer seus interesses, os grupos, em disputa por determinado direito ou categoria jurídica, optam por adiar a resolução do conflito, pactuando diploma normativo de pouca instrumentalidade, cujo conteúdo será, em momento posterior incerto, objeto de nova disputa, seja pela elaboração de outro comando legal ou por meio da interpretação do texto posto, que lhe constitua mais favorável e exequível.

A legislação simbólica, enquanto fórmula de compromisso dilatório, tem o efeito básico de adiar conflitos políticos, sem resolver realmente os problemas sociais subjacentes. A conciliação em torno do texto legal implica a manutenção do *status quo* por meio de encenação dos grupos divergentes, dirigida ao público espectador (Neves 2011).

Esse pacto em torno do texto simbólico, no mais das vezes, ocorre de forma velada, em que as partes interessadas não admitem ou revelam às contrapartes estarem postergando a resolução do conflito social, mas assim o fazem na perspectiva de solução futura.

No entanto, não obstante os dados subjetivos envolvidos, tais como interesses de grupos sociais em conflito, compromisso dilatório, consenso, dentre outros, o que caracteriza este tipo de legislação simbólica, mais uma vez, são suas qualidades objetivas. Ou seja, o elemento identificador não é a vontade do legislador e das congregações envolvidas, senão a função que a norma desempenha. Portanto, será simbólica, enquanto compromisso dilatório, se desempenha predominantemente o papel de adiar a solução de conflitos sociais (efeitos latentes), ainda que inexequível ou inefetiva quanto ao programa finalístico que anuncia (função manifesta), numa relação de sobreposição daquela em detrimento desta, tenha ou não sido elaborada com essa finalidade.

1.1.3. Efeitos positivos da legislação não instrumental

Conforme já pronunciado, existem aspectos positivos na função simbólica da norma que, para fins didáticos, enquanto categoria, tratar-se-á por função expressiva, reservando aquela denominação ao sentido crítico. Assim, tem-se por expressiva a norma cuja função corresponda a obter determinado fim a partir de mensagens e valores que transmite à sociedade. O veículo de transformação, nessa categoria, não se reduz à instrumentalidade, senão à representação de ideias capazes de influenciar a conduta humana e social.

Essa abordagem positiva, segundo Poort, Van Beers e Van Klink (2016), passou a ser reconhecida durante os anos 90 do século passado, com especial destaque às pesquisas de Willem Witteveen (1991) e Van Klink (1998), sendo concebida como alternativa legislativa, distinta da abordagem tradicional *top-down*. O Legislativo deixou de se limitar a emitir ordens apoiadas por sanções severas, como na legislação instrumental. Em vez disso, os legisladores fornecem normas abertas e aspiracionais que se destinam a mudar o comportamento não por meio da coação, mas indiretamente, por intermédio do debate e da interação social (Poort, Van Beers e Van Klink 2016). Por exemplo, em muitos países, a aplicação e a promoção dos direitos humanos são atribuídas a comissões que não podem tomar decisões juridicamente vinculativas, como o *Netherlands Institute for Human Rights*, que desempenha papel meramente consultivo nos conflitos em matéria de violações aos direitos humanos nos Países Baixos (Van Klink 1998). Dentre outras tantas, algumas expressões utilizadas como referência a esse tipo de abordagem legislativa são a "regulação responsiva" (Ayres e Braithwaite 1992), a "legislação comunicativa" (Van Klink 1998) e a "abordagem interativa" (Poort 2013, Van der Burg e Brom 2000).

Para Marcelo Neves (2011), esse aspecto positivo traduz-se na produção de efeitos, não especificamente jurídicos, relevantes para o sistema político. E, embora exerça controle sobre a conduta humana, distingue-se da legislação instrumental justamente pela forma como desempenha essa influência e pelo modelo de comportamento que entusiasma.

O que marca a diferença da legislação expressiva para legislação simbólica (em sentido negativo) é a função de produzir os efeitos enunciados, embora que por meios não instrumentais. Na legislação simbólica há uma sobreposição das funções latentes sobre as manifestas, evidenciando a contradição entre idealizado e realizado, em nítido prejuízo ao programa finalístico, de forma que a norma cumpre plano diverso, ou mesmo antagônico, ao que proclama. A legislação expressiva, por sua vez, caracteriza-se por uma confluência finalística entre suas funções, dirigidas a cumprir o desiderato normativo, a concretização do vínculo "meio-fim" que decorre abstratamente do texto legal.

A legislação simbólica, no sentido negativo, refere-se à legislação não efetiva, enquanto que em sentido positivo dirige-se a alcançar seus objetivos manifestos, "ainda que de forma comunicativa e modo interativo" (Poort, Van Beers e Van Klink 2016, 2). Disso resulta que a mera declaração e transmissão de valores morais à sociedade não se pode afirmar como função expressiva, pois tal "somente faz sentido em conexão com os esforços para mudar comportamentos" (Sunstein 1996, 2025). A legislação expressiva deve se apoiar, portanto, não apenas no valor intrínseco de seu enunciado, senão sobre a probabilidade de produção de seus efeitos desejáveis nas normas sociais, sobre suas consequências positivas (Sunstein 1996). Assim, tanto a legislação instrumental quanto a expressiva (simbólica, em sentido positivo), têm na efetividade um componente avaliativo, crítico.

1.2. DIREITO PENAL ENQUANTO SÍMBOLO

O direito penal simbólico, cujas funções latentes se sobrepõem às manifestas, projetando a perspectiva que seu emprego e efeito concretizarão uma situação diversa da enunciada, apresenta-se de várias formas. Tem como característica marcante uma legislação penal que se inspira mais na produção de efeitos políticos de alcance abrangente, como a imediata satisfação de uma necessidade de ação, e menos na proteção de bens jurídicos, aqueles de índole fundamental e difícil proteção por outros ramos do direito, cuja violação ou ameaça lesa o livre desenvolvimento do indivíduo, a realização de seus direitos humanos ou as estruturas sociais que lhes garantem (Hassemer 1995).

Trata-se de um fenômeno de crise da política criminal atual, considerando estar o direito penal orientado às consequências (tutela de bens jurídicos), que tende a transfigurar-lhe em instrumento de proteção à política, produzindo bens jurídicos universais e delitos de perigo abstrato. Essa categoria simbólica de direito penal ajusta-se às concepções de insegurança global numa sociedade de risco. O direito penal simbólico, com função ilusória, fracassa em sua tarefa político-criminal e mina a confiança da população na disciplina penal (Hassemer 1995).

1.2.1. Bem jurídico e legitimação do direito penal

Não obstante seja "praticamente impossível conceituar exaustivamente bem jurídico" (Tavares 2002, 181), considerando todas as variedades com que se apresenta, importa dirigir esforço nesse sentido para emitir um conceito apto a produzir resultados práticos, na tarefa de verificar e criticar a legitimidade das incriminações que se realizam a partir do discurso de sua proteção.

A elaboração do conceito se dará a partir do "discurso oficial" sobre a legitimação do direito penal, qual seja o discurso jurídico em relação ao crime (teoria jurídica do crime), construído a partir da legislação penal emitida pelo Estado, cujo objetivo é imputar penas aos autores de fatos definidos como ilícitos penais, de acordo com os princípios de interpretação e de aplicação concreta da norma penal, no intuito declarado de promover, segundo teoria da pena (discurso jurídico da pena), a chamada prevenção geral (Cirino dos Santos 2014). Em outros termos, o discurso segundo o qual os objetivos do direito penal consistem "na proteção de valores relevantes para a vida humana individual ou coletiva, sob ameaça de pena" (Cirino dos Santos 2017, 5).

Nessa delimitação, para construir o conceito de bem jurídico, devem ser postos quatro problemas: se a função do direito penal, em princípio, é a proteção de bens jurídicos[2] ou apenas a confirmação da vigência da própria norma; sendo a tutela desses bens o objeto do direito penal, como então se determina seu conceito, de forma que se possa oferecer resultados concretos; se a teoria do bem jurídico é refutada pela existência de crimes de mera conduta; e se o postulado de que o direito

---

[2] Divergindo pontualmente da ideia que apresenta a proteção de bem jurídico enquanto fundamento do direito penal, Juarez Tavares (2002) o postula como critério delimitador do poder de punir. Considerando que "os limites da faculdade estatal de punir só podem resultar da finalidade que tem o direito penal no âmbito do ordenamento estatal" (Roxin 2008, 32), essa concepção defendida por Juarez Tavares (2002) não se afasta da linha em que se desenvolverá o tema.

penal deve limitar-se à proteção de bens jurídicos somente tem relevância político-criminal ou se impõe sua avaliação, ainda, a partir de parâmetros constitucionais que lhe confiram validade (Roxin 2016) – no quarto aspecto, equivale a indagar quais são os limites impostos ao "legislador infraconstitucional na escolha dos bens jurídico-penais" (Cavalcanti 2005, 233).

Para Gunther Jakobs (2012), o direito penal não protege bens jurídicos, senão a vigência da própria norma. Assim, por exemplo, o relevante em um homicídio para a legislação criminal não seria a lesão provocada na vítima, de forma a lhe extinguir a vida, mas violação ao comando legal elaborado no sentido de que integridade física e vida devem ser respeitadas. O delito, portanto, é desafiar a norma. Em consequência, não se protege um bem, a vida como fato empírico, senão exclusivamente a proibição de matar – a vigência da norma. A pena, em síntese, dirige-se à proteção da norma. Nesse contexto, conforme critica Juarez Tavares (2002), o bem jurídico é convertido em mero pressuposto formal de incriminação.

Com efeito, essa visão se apoia em um normativismo exacerbado. Se é verdade que a pena contribui à estabilização da norma, esse não é o seu único propósito – nem mesmo o principal. E a vigência desta não é um fim em si mesmo, servindo antes a prevenir lesões reais, individuais ou sociais – justamente as violações aos bens jurídicos. Em consequência, a afirmação da lei serve, em última instância, à proteção desses bens, carecendo de sentido não fosse esse o seu fim (Roxin 2016).

Embora a noção político-criminal de bem jurídico não dependa da legítima existência de uma norma penal que lhe sirva de resguardo, a concepção de Gunther Jakobs (2012) inverte este ponto de partida e converte a norma, por si só, em um objeto de proteção. De instrumento, que há de ser legitimado por uma finalidade, a norma passa a ser um fim legitimador de si mesma (Mir Puig 2002).

Não obstante apresente concepções próximas às de Gunther Jakobs (2012), nesse ponto divergindo, Polaino Navarrete (2005) afirma que a finalidade do direito penal é a proteção de bens jurídicos, precisamente daqueles pelos quais confirma a autoridade da norma enquanto elemento da estrutura social. Ainda segundo referido autor, é quase lugar comum, na dogmática atual, afirmar que a pena se legitima por seus fins preventivos e se fundamenta, ou se justifica, por sua necessidade. Ainda segundo o autor, se sanciona penalmente para tutelar determinados bens, prevenir futuros delitos e promover ordem e segurança. A norma, nesse sentido, não pretende proteger a si mesma, senão aos bens e valores nela representados.

Assim, a resposta mais antiga, simples e direta à questão de quando o direito penal cumpre satisfatoriamente sua tarefa preventiva seria: no momento em que, realmente, tutela os bens jurídicos cuja proteção lhe é confiada (Hassemer 1995), pois esta é, em síntese, a sua única tarefa (Toledo 1994) e sua razão de ser (Bruno 1984). O bem jurídico tem, portanto, função decisiva de legitimação (Bacigalupo 2005) e, por isso, apresenta-se como o ponto de confluência entre o direito penal e a política criminal (Liszt 2003), o que denota a importância e capacidade de ser interpretado como chave política (Terradillos Basoco 1995), sobretudo de forma crítica.

Quando se expressa ser a missão da norma penal a tutela de determinado bem jurídico, deve-se compreender como tal a "proteção, não dele próprio, senão da pessoa humana, que é o objeto final de proteção da ordem jurídica. Isto significa que o bem jurídico só vale na medida em que se insira como objeto referencial de proteção da pessoa, pois só nesta condição é que se insere na norma como valor" (Tavares 2002, 199). Assim, no contexto da presente pesquisa, sempre que se mencionar a "tutela do bem jurídico", estar-se-á por referir-se, em última instância, à proteção do próprio ser humano ao qual se vincula o direito violado ou posto em perigo.

A ideia central das teorias do bem jurídico sempre foi e ainda é, não obstante as diferenças em suas origens e formulações, aprovisionar um parâmetro negativo da norma, que se constitui, por esse aspecto, ao mesmo tempo, numa condição para sua aptidão crítica. Ou seja, a norma penal somente se legitima em relação aos comportamentos que ameacem ou causem lesão aos bens por si tutelados. Condutas que acometem, unicamente, concepções morais, valores socialmente compartilhados ou interesses soberanos, devem ficar excluídas do espectro criminal. Para tanto, o objeto de proteção necessita ser definido com a maior precisão possível, a fim de que seu emprego realmente sirva para selecionar o tipo de conduta que possa, legitimamente, sofrer cominação penal (Hassemer 1995).

Partindo desse desafio, a missão do direito penal está em assegurar a seus cidadãos uma convivência livre e pacífica, garantindo todos os direitos estabelecidos jurídico-constitucionalmente. Se esta missão é denominada, de forma sintética, proteção de bens jurídicos, por tais hão de entender-se todas as circunstâncias e finalidades que são necessárias para o livre desenvolvimento do indivíduo, a realização de seus direitos fundamentais e o funcionamento do sistema estatal edificado sobre tal finalidade (Roxin 2016). Nesse sentido, tanto os bens jurídicos individuais, como os coletivos, servem, em última análise, às possibilidades de desenvolvimento individual (Frister 2015).

Sendo esse o objeto de proteção do direito penal, importante conceituá-lo de forma que dele se produzam resultados palpáveis. Buscando um parâmetro prático para o bem jurídico, Winfried Hassemer (1995) adverte ao problema central das teorias que procuram evidenciá-lo, segundo o qual, desde sempre, mostrava-se previsível que seu conceito pouco avançaria contra dois grandes obstáculos a ele vinculados: o interesse político-criminal numa criminalização abrangente e o empenho da ciência penal em lhe conceber não para criticar, senão para sistematizar. Nos dois casos, tratava-se de ampliar o conceito, a fim de que pudesse abranger todo o direito penal posto, prejudicando sua função crítica, justamente a de deslegitimar a criminalização de condutas não lesivas.

Decorrência disso, o atual campo do direito penal compreende, em especial, as áreas do meio ambiente, economia, tributação, processamento de dados, terrorismo, drogas, exportação de materiais perigosos, dentre outras. Os bens jurídicos envoltos nesse âmbito, a que estes objetos se referem, satisfazem qualquer desejo de generalização. Trata-se, então, de uma criminalização antecipada de sua lesão (Hassemer 1995). Enfrentando esse problema, juristas e criminólogos críticos têm proposto circunscrever o conceito de bem jurídico aos direitos e garantias individuais, excluindo a criminalização da vontade do poder, de papéis sistêmicos, do risco abstrato, ou dos interesses difusos típicos de complexos funcionais como a economia, a ecologia e o sistema tributário (Cirino dos Santos 2017).

Assim, partindo-se do pressuposto que "a proteção de interesses é a essência do direito, a ideia finalística, a força que o produz" (Liszt 2003, 139), cumpre saber, então, quais deles podem ser elevados à categoria de bem jurídico protegido pelo direito penal. A concreção do princípio da proteção de bens jurídicos, nesse desiderato, pode ser facilitada pela formulação de, ao menos, nove diretrizes: 1) as leis penais arbitrárias, motivadas exclusivamente pela ideologia ou que violam direitos penais fundamentais não protegem bens jurídicos; 2) uma conduta imoral ou reprovável não se caracteriza uma lesão a bem jurídico; 3) a violação da própria dignidade humana não é uma lesão de bem jurídico[3]; 4) a previsão de delitos de mera conduta somente pode ser reconhecida como legítima tutela de bem jurídico quando da ação decorram riscos efetivos, reais; 5) a autolesão consciente, torná-la possível ou auxiliá-la não vulnera bens jurídicos de terceiros; 6) as normas jurídico-penais predominantemente simbólicas não tem função de proteção de bens jurídicos; 7) os tabus não são bens jurídicos; 8) os objetos de proteção de tal abstração que resultem inapreensíveis não podem ser reconhecidos como bens jurídicos; e 9) não é permitido postular um bem jurídico coletivo, como objeto de proteção de um determinado preceito, quando sua vulneração não implique, necessária e simultaneamente, na violação efetiva de um bem jurídico individual

---

[3] Evidentemente, a lesão à dignidade humana alheia pode se configurar bem jurídico passível de tutela penal. Sobre a impossibilidade de se considerar suscetível de proteção pela norma incriminadora a dignidade humana quando a hipótese lesiva for atribuível ao próprio lesionado, conferir Claus Roxin (2008).

(Roxin 2016), razão pela qual se faz "preciso demonstrar, para tornar válida a eleição desta categoria de bem jurídico, que sua lesão signifique um dano igualmente à pessoa e às suas condições sociais" (Tavares 2002, 204).

O que se infere a partir desses parâmetros, coincide com a ideia segundo a qual "o conceito de bem jurídico, como critério de criminalização e como objeto de proteção, parece constituir garantia política irrenunciável do Direito Penal do Estado Democrático de Direito" (Cirino dos Santos 2017, 19). Seu conceito, então, surgido do aprofundamento da ideia de antijuridicidade material ante à antijuridicidade formal, própria do mais estrito positivismo jurídico, se há configurado nos últimos tempos como um instrumento técnico-jurídico de primordial importância na determinação dos pressupostos penais essenciais para a convivência social. Por meio desse conceito e critério, dotar-se-ia o direito de um catálogo de bens com as qualidades necessárias para acomodar-se aos princípios estruturais da intervenção penal, especialmente a lesividade, e capazes, por outro lado, de configurar preceitos que descrevam condutas que os lesionem ou os ponham em perigo (Díez Ripollés 1997).

Há, portanto, uma evidente função limitadora no conceito de bem jurídico, posto que, catalogados a partir de rígidos critérios, restringem o espectro de atuação da norma penal, enquanto conformadoras de condutas, à sua estrita e efetiva proteção. Não fosse esse papel, o de oferecer nítidos contornos à esfera de atuação penal a partir da necessidade de sua proteção, esvaziada estaria sua função dogmática, transformando a estrutura do delito em construção meramente espiritualizada, a permitir aplicação desmedida e abusiva do direito penal (Bechara 2014).

Assim, o bem jurídico se apresenta como critério de criminalização por constituir o próprio objeto de tutela penal. Em seu conteúdo, há um núcleo mínimo de proteção relacionado aos direitos individuais, como a vida, ao corpo, a liberdade e a sexualidade, que configuram a base de um direito penal racional, do qual dependem de anteparo penal, assim também aqueles dimensionados no âmbito da coletividade (Cirino dos Santos 2017).

Sua dimensão encontra limitação, ainda, no princípio da subsidiariedade. A utilização do direito penal, enquanto instrumento de sanção mais rigorosa, somente deverá ser cogitada quando as regulações menos gravosas se apresentem como insuficientes. O princípio da subsidiariedade que se estabelece, desse modo, apresenta-se como categoria comparativamente equivalente ao princípio de proteção de bens jurídicos e concorre com este numa relação de igualdade quanto à relevância político-criminal. Portanto, deve-se caracterizar a tarefa de direito penal como proteção subsidiária de bens jurídicos (Roxin 2016).

Somente os bens mais caros à convivência humana e ao pleno desenvolvimento do indivíduo podem, então, ser alçados à condição de objeto jurídico do direito penal. Assim, segundo Juarez Cirino dos Santos (2017, 17), "admitir a proteção de bens jurídicos pela criminalização não exclui a necessidade de relevância do bem jurídico para constituir objeto de proteção penal – sempre subsidiária e fragmentária" e, além disso, o que também é muito importante, ainda conforme o autor, "nem implica incluir todos os bens jurídicos como objeto de proteção penal", limitando-se às situações em que a paz social não possa ser alcançada senão "por uma forma de sanção particularmente preventiva ou particularmente reparadora, que se distinga da prevenção e reparação ordinárias" (Zaffaroni e Pierangeli 1997, 101). São, portanto, selecionados por critérios político-criminais fundados na Constituição, relacionados à realidade ou potencialidade "necessárias ou úteis para a existência e desenvolvimento individual e social do ser humano" (Cirino dos Santos 2017, 5).

Pode-se, então, abstraindo-se qualquer inspiração meramente moral ou sentimental, objetivar o conceito de bem jurídico passível de tutela penal, como aqueles de índole fundamental e difícil proteção por outros ramos do direito, cuja violação ou ameaça lesa o livre desenvolvimento do indivíduo, a realização de seus direitos humanos ou as estruturas sociais que lhes garantem.

Os delitos de mera conduta, dos quais não decorrem resultado naturalístico, senão eminentemente jurídico, portanto, somente se legitimam com a efetiva demonstração de risco real ao bem concreto que se habilitam a tutelar, posto que a política criminal deve ser orientada, sempre, à sua proteção, sendo inadmissível a norma penal que nada proteja. Os crimes de mera conduta não podem se dirigir à simples proteção de sentimentos ou de uma moral pretensamente consensual, muito menos dominante.

Tal seria o caso daqueles tipos penais por meio dos quais se aspira regular comportamentos sob a justificativa de uma transcendência moral, ou mesmo daqueles que criminalizam condutas cujos efeitos negativos na realidade social não sejam facilmente apreciáveis ou individualizáveis (Díez Ripollés 1997). Ou seja, ainda que se admita a existência de delitos de mera conduta no ordenamento jurídico, restringe-se às hipóteses em que se presta ao efetivo desempenho da função normativa, a estrita proteção de bem jurídico.

Também se deve ter cuidado ao se incluir no catálogo de bens jurídicos, passíveis de tutela penal, aqueles de caráter coletivo, que se refiram às estruturas sociais garantes dos direitos fundamentais. O perigo, nesse caso, é a generalização, conducente, quase sempre, ao desvirtuamento.

Nesse sentido, um dos problemas fundamentais que afronta a noção até aqui desenvolvida é, justamente, sua concepção no âmbito dos indistintamente denominados bens jurídicos coletivos, difusos ou universais. A proliferação de reformas legislativas que introduzem, nos códigos penais, preceitos protetores de tais bens, tem dado origem a uma intensa polêmica sobre sua justificação (Díez Ripollés 1997).

Esse movimento, no sentido de tomar como bens jurídicos os interesses sociais difusos, reflete a passagem do Estado liberal, preocupado fundamentalmente em assegurar a ordem social em um contexto de garantias formais da convivência, para um Estado social, que aspira em lograr essa convivência pacífica garantindo-se, a todos os cidadãos, determinados pressupostos materiais (Díez Ripollés 1997).

A massiva integração desses tipos penais no ordenamento jurídico, porém, criou disfunções importantes, entre as quais poderiam destacar-se a extrema vagueza de algumas de suas formulações, a tendência, provavelmente derivada do déficit anterior, de acomodar-se em estruturas típicas de perigo, com riscos para a segurança jurídica, e seu fácil manejo (e consequente abuso) por um legislativo que pode, então, se utilizar do direito penal para obras de transformação social que lhes são estranhas ou, tanto pior, para produzir efeitos predominantemente simbólicos (Díez Ripollés 1997).

A resignada admissão de que se vive em uma sociedade de risco, que tem de assumir construções conceituais tão pouco precisas como as que atualmente oferecem muitos bens jurídicos coletivos, parece mais uma armadilha pronta a substituir o próprio conceito de bem jurídico por outros instrumentos técnicos-jurídicos, mais harmônicos com uma visão expansiva do sistema de controle criminal, discordes, portanto, com os princípios gerais do direito penal (Díez Ripollés 1997) e com a real noção de proteção.

Necessário, então, uma delimitação. Assim, somente se pode aceitar como bem jurídico coletivo, difuso ou universal, a ser protegido pela norma penal, aquele em que a violação implique, simultânea e necessariamente, vulneração direta e efetiva aos bens jurídicos individuais. Isso porque,

> [a]inda que se possa reconhecer a existência de um bem jurídico estatal ou coletivo, sua inserção como tal não desnatura o conteúdo estritamente pessoal desses bens. O interesse fiscal do Estado, por exemplo, não pode ser erigido em bem jurídico unicamente por causa dos interesses do poder público, mas sempre como condição de sobrevivência ou de melhoria da vida da pessoa humana, o que induz constantemente à discussão em torno da legitimidade de todas as incriminações daí derivadas. Isto significa que todo bem que se possa reconhecer como coletivo, em face da impossibilidade

fática de identificação da pessoa de seu titular, é no fundo um bem do indivíduo. (Tavares 2002, 203)

As considerações ora realizadas sobre o bem tutelado têm delimitação jurídico-penal e relevância para a política criminal. No entanto, a dimensão do bem jurídico protegido pela norma incriminadora encontra limites também na Constituição. A criminalização, portanto, "há de fazer-se tendo por fonte principal os bens constitucionais, [...] postos como base e estrutura jurídica da comunidade" (Luisi 1998, 94-95) e sempre de forma subsidiária. É verdade que "uma Constituição democrática consagra uma série de direitos que podem ser objeto de tutela jurídico-penal, mas, antes de tudo, obriga a que esse recurso se limite ao mínimo indispensável e seja progressivamente decrescente" (Terradillos Basoco 1995, 17). O ponto de conexão jurídico-constitucional do bem protegido pela norma penal é a proibição de excesso, deduzida pelo princípio da proporcionalidade[4].

Há, portanto, uma relação de complementariedade entre os preceitos jurídico-penais e o princípio da proporcionalidade (Silva Júnior 2015), para a formulação do objeto jurídico tutelável pelo direito penal. As finalidades que podem ser perseguidas por meio da legislação penal, a teoria do bem jurídico e os requisitos jurídico-constitucionais se entrelaçam; o princípio da proporcionalidade enquanto ponto de referência, por sua vez, pressupõe um bem a proteger, para o qual a teoria do bem jurídico oferece o ponto de partida (Schönke e Schröder 2014). Nesse campo, considerações podem ser feitas sobre a adequação da norma penal, a necessidade de sua aplicação, a proporcionalidade da cominação e, também, quanto às consequências sociais de sua concretização.

---

[4] Essa dedução, por óbvio, não deve se afastar do texto constitucional até porque, de uma forma geral, os princípios derivados do processo de concretização da Constituição e sua respectiva enunciação de normas precisam ser, no mínimo, compatíveis com a conexão de disposições constitucionais (Neves 2014).

A investigação é exercida, portanto, tendo em um dos lados da balança o bem jurídico: se a incriminação é idônea a lhe proteger; se outros meios legais são tão eficientes quanto o penal para essa mesma proteção; se a pena é proporcional ao bem violado; e se os danos que a sociedade suporta em razão da aplicação da norma penal são mais ou menos graves do que aqueles que se quis evitar.

O juízo de idoneidade, a adequação da norma, deve ser compreendido como o meio certo para levar a cabo um fim baseado no interesse público (Bonavides 2004). Impõe que a medida legislativa adotada para a realização do interesse coletivo deva ser apropriada à consecução dos fins propostos. Assim, a exigência de conformidade pressupõe a investigação e a prova de que o ato do poder público guarda aptidão e conformidade aos fins justificados na sua adoção (Canotilho 1998).

Em se tratando de matéria criminal, verifica-se a adequação da norma quando capaz de tutelar o bem jurídico de índole constitucional (identificável quanto à pessoa) ao qual se propôs a tanto, uma vez que o direito penal deve ser entendido como mais um meio, embora o último, para consecução dos bens garantidos constitucionalmente, não como um fim em si próprio.

Esta análise consiste na avaliação quanto às possibilidades de que a incriminação venha a desempenhar o papel ao qual se propôs (Gomes 2003) – a proteção do bem juridicamente tutelado. E o ônus da precisão do propósito incumbe ao Estado, que intervém na liberdade individual e não ao cidadão, titular do direito fundamental (Dimoulis e Martins 2011) contraposto pelo bem tutelado pela norma penal.

O princípio da subsidiariedade, por sua vez, consubstancia-se na análise da necessidade da intervenção legislativa, pela qual a medida não há de exceder os limites indispensáveis à conservação do fim que se propõe. O pressuposto é que a norma restritiva seja indispensável à conservação de um direito fundamental, não podendo ser substituída por outra, igualmente eficaz e menos gravosa (Pedra 2006) ao direito individual.

O critério da necessidade prescreve que o indivíduo "tem o direito à menor desvantagem possível. Assim exigir-se-ia sempre a prova de que, para a obtenção de determinados fins, não era possível adotar outro meio menos oneroso para o cidadão" (Canotilho 1998, 6). Demanda prova de que a medida se apresenta como a melhor possibilidade viável para a obtenção de certos fins e de menor gravidade ao indivíduo, bem como que atenda à relação custo-benefício, a fim de preservar, ao máximo, seus direitos (Stumm 1995). Rejeita-se, portanto, o meio mais danoso, quando cotejado com outra providência apta para obter resultados análogos (Branco 2009).

No campo do direito penal, tem-se que a subsidiariedade se sustenta na exigência constitucional de que o interesse a ser protegido, o bem juridicamente tutelado pela norma incriminadora, apresente relevância suficiente para poder justificar, em contrapartida, uma delimitação da esfera de liberdade individual em nome do interesse coletivo. É que a intervenção punitiva se afigura como a técnica de controle social mais gravosamente lesiva da liberdade e da dignidade dos cidadãos, pelo que o princípio da necessidade exige que se recorra a ela somente como remédio extremo (Ferrajoli 2006). Dessa forma, "seria portanto melhor se os benefícios que se imputam ao direito penal pudessem ser obtidos de modo socialmente menos oneroso" (Roxin 2001, 460), ficando restrito "aos campos da atividade humana onde a tutela oferecida pelos outros seguimentos [...] não tenha sido suficiente" (Carvalho 1996, 128). Assim, "a norma penal exerce uma função meramente suplementar da proteção jurídica em geral, só valendo a imposição de suas sanções quando os demais ramos do Direito não mais se mostrem eficazes na defesa dos bens jurídicos" (Tavares 1992, 81-82).

Já o juízo de proporcionalidade, em sentido estrito, "consiste em um sopesamento entre a intensidade da restrição ao direito fundamental atingido e a importância da realização do direito fundamental que com ele colide e que fundamenta a adoção da medida restritiva" (Silva 2002, 40). Têm-se, então, a necessidade de verificar, no caso concreto, se o resultado da norma, cujo objetivo se traduz no resguardo dos legítimos interesses da coletividade (interesses esses de natureza constitucional), restringe direito fundamental do cidadão mais do que seria razoável exigir.

Assim, em matéria penal, a verificação da proporcionalidade estrita diz respeito à investigação da correlação entre o delito e sua respectiva pena, pelo que rechaça "o estabelecimento de cominações legais (proporcionalidade em abstrato) e a imposição de penas (proporcionalidade em concreto) que careçam de relação valorativa com o fato cometido considerado em seu significado global" (A. S. Franco 2007, 67).

Há algumas modalidades delituosas que, não obstante se referirem a bens jurídicos merecedores de tutela penal, provocam na sociedade efeitos diversos dos objetivos pelos quais se deu a tipificação da conduta. São situações em que se impõe a permanente necessidade de ponderar todas as implicações no âmbito social decorrentes da norma incriminadora, avaliando em que medida suas consequências tornam desvantajosa a permanência do tipo penal no ordenamento jurídico (Gomes 2003).

Portanto, a investigação quanto à proporcionalidade, sobretudo em se tratando de crítica ao bem jurídico tutelado em matéria penal, não se esgota no enfrentamento dos três clássicos critérios (adequação, necessidade e proporcionalidade em sentido estrito), devendo ser acrescido ao seu conteúdo o postulado da "menor ofensividade social", passando a levar em conta se as consequências da proibição em matéria criminal (ainda que adequada, necessária e proporcional), por si só, são mais graves que os consectários dos fatos que se pretendem proibir. Equivale a indagar se o desempenho da norma penal, ao promover a criminalização de uma determinada conduta, produz na coletividade um mal maior do que a própria violação do bem jurídico posto sob tutela.

1.2.2. Conceito de direito penal simbólico

Conforme já abordado, em sentido amplo, o caráter instrumental da norma diz respeito à efetividade. Esta, por sua vez, relaciona-se com a racionalidade teleológica, referindo-se à realização dos fins sociais objetivados, ou seja, a implementação do programa finalístico ou, ainda, a concretização do vínculo meio-fim. Cumpre-se a racionalidade teleológica, então, quando a norma se apresenta efetiva, realizando os fins sociais a que se destina. Dessa definição infere-se que a norma pode ser efetiva, satisfazendo a intenção que enuncia; inefetiva, se dela não deriva a implementação do programa finalístico; ou, ainda, antiefetiva, se seu efeito é o oposto do planejado, se de sua aplicação decorre o contrário do que se pretendia.

No específico caso da norma penal incriminadora, enquanto instrumento, deve desempenhar a função de proteção subsidiária dos bens jurídicos mais caros à convivência humana e ao pleno desenvolvimento do indivíduo, sendo esta a sua programação finalística. Será efetiva, então, se apresenta aptidão de tutelar referidos bens; não efetiva, se não cumpre a função de proteção; antiefetiva, quando, em vez de resguardar bens jurídicos, contribui à sua vulneração.

Se a eficácia instrumental do direito penal reside em sua aptidão para prevenir a realização de certos comportamentos, tutelando o bem jurídico, a simbólica (em sentido positivo) é representada por sua capacidade de produzir um certo número de representações individuais ou coletivas, valorativas ou desvalorativas. A função expressiva (simbólica, em sentido positivo) é, assim, incindível à instrumental, servindo-lhe de complemento. A eficácia protetora de bens jurídicos é reforçada por meio das escalas axiológicas, em razão das quais se desvalora a conduta proibida, elevando-a à categoria de delito, transmitidas e reforçadas mediante a representação social acerca da sanção penal. No entanto, a potencialização da função simbólica pode, além de criar aparências (enquanto símbolos), dissimular a inefetividade ou antiefetividade do programa finalístico (Terradillos Basoco 1995), a tutela de determinados bens.

Assim como no gênero legislação simbólica, aquela que, carecendo de condições objetivas à realização de seu programa finalístico, tem o papel de concretizar realidade distinta da enunciada pela própria norma ou de, simplesmente, transmitir à coletividade determinados padrões valorativos, simulando desempenhar função instrumental, no direito penal simbólico, enquanto espécie, há uma sobreposição das funções latentes, ocultas, sobre as que foram enunciadas pela norma, as manifestas. O déficit de instrumentalidade revela-se pela não realização do vínculo meio-fim, consubstanciada na proteção dos bens jurídicos, finalidade do direito penal.

Em se tratando de legislação simbólica, postula-se uma pretensão normativa de regramento de uma situação, para cuja observância não estão presentes as condições (Hassemer 1995). Enquanto os objetivos manifestos do direito penal, nas sociedades contemporâneas, consistem na proteção de bens jurídicos, consubstanciados, por sua vez, no resguardo de valores relevantes para a vida humana individual ou coletiva (Cirino dos Santos 2017), a expressão "direito penal simbólico" somente faz sentido em uma abordagem da norma penal voltada às consequências, dirigida à transformação social da qual depende a efetiva tutela de referidos bens. Tratando-se o direito penal meramente condicionado à ideia de *input*, enquanto alimento do sistema (Luhmann 2009), que precisa demonstrar, para sua justificação, apenas que se coaduna conceitualmente com seus pressupostos normativos (constituição, leis), ou mesmo idealizado como mera concretização do programa legislativo condicional para os casos concretos, perde-se completamente a necessidade da caracterização simbólica do direito penal, pois o que lhe marca é, justamente, a oposição entre efeitos latentes (ocultos) e manifestos (Hassemer 1995).

É que as prescrições orientadas para o *output* (Luhmann 2009) necessitam demonstrar não apenas que são adequadas no plano da legislação e da execução da lei, como também precisam fazer-se bem-sucedidas, tanto em relação ao indivíduo (ressocialização, reinserção), quanto em referência à sociedade (prevenção geral, mitigação da criminalidade). "A prevenção só é uma ideia aceitável quando eficaz" (Hassemer 1995, 31). A função do direito penal deve ser a proteção de bens jurídicos e, face a esse objetivo, as opções político-criminais devem valorar-se, exclusivamente, a partir dos critérios de racionalidade, economia e eficácia (Terradillos Basoco 1995).

Por se tratar de legislação simbólica, quando se conceitua o direito penal simbólico não se deve fazer referência às aspirações volitivas subjetivas, relacionadas à intenção do legislador. Apreender a vontade do legislador é por demais problemático. No processo legislativo, muitas vezes, o legislador não expõe sua vontade, outras ocasiões a dissimula ou não a tem claramente, de forma que quase sempre é impossível identificá-la de maneira segura. Em algumas matérias, sobretudo naquelas em que se desempenham compromissos entre partidos ou grupos com apelos morais divergentes, o legislador é apenas uma figura institucional, destituída de intencionalidade (Hassemer 1995).

Portanto, o conceito de direito penal simbólico deve fundar-se nas qualidades objetivas da norma, de modo a identificar elementos como plausibilidade, possibilidade e função, excluindo-se da apreciação aqueles relacionados à vontade, esperança e interesse – ou seja, investigar se o comando normativo reúne as condições de tornar efetivo o programa finalístico que enuncia. Quando esses termos são utilizados, devem ser entendidos como "vontade", "interesse", "intenção" da própria norma (seus efeitos práticos), descarregados de aspirações subjetivas.

É necessário ainda considerar, antes de emitir conceito adequado, que o direito penal simbólico se reveste de conteúdo comparativo (Hassemer 1995). Quase sempre estarão presentes na norma penal suas funções instrumentais e expressivas (simbólicas, em sentido positivo). O que demarcará sua classificação como simbólico (em sentido negativo) será, justamente, a comparação entre seus efeitos manifestos e latentes, de forma a identificar uma relação de preponderância destes.

Deve-se analisar, portanto, em que medida a criminalização responde a finalidade de tutelar bens jurídicos, como continuadamente proclama o poder, ou se, pelo contrário, tem objetivos distintos, tais como a função de estigmatizar determinados tipos de indivíduos ou grupos, de consolidar mecanismos de controle, de reforçar a legitimação do poder, ou de ocultar deficiências na política social, que se pretendem escamotear mediante a ação do direito penal. Quando assim ocorre, a apregoada tutela penal serve de pretexto para não recorrer a outros meios de proteção mais eficazes, do qual decorre uma desproteção programada (Terradillos Basoco 1995) a partir da enunciação da própria norma.

A perda do equilíbrio entre funções instrumentais e simbólicas da norma penal significa também que estas tornam-se cada vez mais desvinculadas da natureza real dos conflitos e dos problemas em relação aos quais são produzidos os símbolos. A crise da prevenção, da proteção do bem jurídico, da função instrumental da pena dirigida a resolver determinados problemas e conflitos, ao atingir um certo grau de interesse e de alarme social, se converte em pretexto para o tipo de ação política destinada a obter não tanto funções instrumentais específicas, mas um outro papel de caráter geral, consubstanciado na obtenção do consenso buscado pelos políticos na opinião pública (Baratta 1994), em um verdadeiro encobrimento das clássicas funções do direito penal (Baratta 2002).

Também é preciso compreender que o conceito de direito penal simbólico não postula apenas uma descrição indutiva despretensiosa, pelo contrário, carrega forte conteúdo crítico. Submeter a pessoa humana ao processo criminal, emitir um juízo condenatório e executar pena privativa de liberdade, representam fatos graves demais, demasiadamente profundos na experiência pessoal e social, para que se possa aceitá-los, tranquilamente, como meros símbolos (Hassemer

1995). Aliás, adotar passivamente a definição de crime equivale a acreditar na ficção de um direito pretensamente neutro (Shecaira 2014). A marca do direito penal simbólico não é, pois, somente o antagonismo discrepante entre suas funções manifestas e latentes, numa relação de sobreposição destas. Deve-se acrescer o sentido crítico a classificar o fenômeno, ao tempo que o desqualifica enquanto norma.

Parte da literatura jurídica (Voss 1989, Paul 1995, Cuello Contreras 1996) identifica esse sentido crítico a partir dos elementos de ilusão e dissimulação no desempenho das funções instrumentais e simbólicas. Outra linha de pesquisa (Terradillos Basoco 1995, Silva Sánchez 2010, Melossi 1995, Bustos Ramírez 1995) marca o senso crítico do conceito de direito penal simbólico justamente em se negar legitimidade aos efeitos latentes da norma incriminadora, o que não significa deslegitimar sua função expressiva (Díez Ripollés 2002). Embora as duas formas de pensar esse fenômeno a partir de um viés crítico sejam pontualmente divergentes, não é possível apontar antagonismo entre elas.

No entanto, para fins de delimitação, uma vez que a referência à ilusão e dissimulação na realização das funções manifestas e latentes, enquanto fatores característicos do direito penal simbólico e de deslegitimação da norma, apresenta-se mais consentânea com a noção de legislação simbólica sistematizada por Harald Kindermann (1988), opta-se por esse balizamento.

Assim, tal ingrediente crítico rivaliza aparência com realidade, tendo por parâmetro o elemento específico da ilusão, a hipócrita dissimulação da efetividade, da instrumentalidade, comum a todo tipo de concretização de leis simbólicas (Hassemer 1995). No desempenho de ilusão e dissimulação, a relação entre as funções instrumentais e as funções simbólicas do direito penal tornou-se, por essas razões, um ponto central do debate acerca dos sistemas punitivos e das políticas criminais, tornando-se cada vez mais problemática e contraditória. As funções simbólicas projetam (e realizam) prevalecer sobre as funções instrumentais. O déficit da efetiva tutela dos bens jurídicos é dissimulado pela criação de uma ilusão de segurança e de um sentimento de confiança na norma penal e nas instituições que a sustentam, cuja base concreta se apresenta cada vez mais fragilizada. As normas continuam sendo violadas, a cifra negra das infrações penais permanece elevada, quando não é incrementada, enquanto que as instâncias de controle prosseguem com as imaginárias tarefas instrumentais de realização impossível (Baratta 1994).

Portanto, nesse sentido crítico, norma penal simbólica é aquela segundo a qual as funções latentes se sobrepõem às funções manifestas, criando a perspectiva que seu emprego e efeito concretizarão uma situação diversa da enunciada (Hassemer 1995), representando "um direito destituído de eficácia instrumental e instituído para legitimação retórica do poder punitivo do Estado, mediante criação/difusão de imagens ilusórias de eficiência repressiva na psicologia do povo" (Cirino dos Santos 2017, 451).

Deve-se entender por funções manifestas exclusivamente aquelas concretizações que sua própria formulação anuncia, ou seja, a disciplina dos casos concretos futuros por ela definidos, ou, em outras palavras, a proteção dos bens jurídicos por si tutelados. No que é pertinente às funções latentes, podem se apresentar com múltiplas faces, revelando-se tanto pela satisfação de uma necessidade de ação, como por um apaziguamento social, até à demonstração de um estado forte. A prevalência das funções latentes estabelece o que se chama de ilusão ou dissimulação, circunstância em que os objetivos de regulamentação proclamados pela norma são, comparativamente, diversos dos efetivamente esperados, não sendo possível confiar naquilo que a norma publicamente proclama (Hassemer 1995).

Em casos tais, a pretensa função instrumental do direito penal simbólico destina-se, então, a estender os limites da necessidade, adequação e proporcionalidade em sentido estrito da intervenção, ocultando as funções simbólicas e políticas da ação punitiva, mistificando a realidade da pena como violência institucional, reproduzindo no subsistema de justiça penal a moral que impõe, servindo à reprodução ideológica e material das relações de desigualdade na sociedade (Baratta 1994).

Assim, sempre que o bem jurídico, apresentado como fundamento da criminalização da atividade que lhe põe em risco, a justificar a operação do direito penal, não for satisfatoriamente tutelado, mostrando-se inadequada, inidônea, a intervenção punitiva, ter-se-á forte indicativo que a *ultima ratio* jurídico-normativa pode estar desempenhando função simbólica, latente, simulando instrumentalidade, ocultando seu déficit, em uma relação de dissimulação e ilusão que em tudo se contrapõe à mais básica noção da política criminal. Insistir em medida inadequada aos fins enunciados somente tem sentido quando a função normativa é cumprir fins não enunciados.

O mesmo pode ocorrer quando a atuação do direito penal se mostre idônea, mas, ante seu caráter subsidiário, apresente-se desnecessária. Se de todos os métodos possíveis, opta-se pela criminalização de determinada atividade, a despeito da existência de alternativas menos danosas à liberdade individual e ao pleno desenvolvimento da personalidade, mais uma vez torna-se plausível que se suspeite do desempenho de funções simbólicas, encobrindo a realidade e realizando controle social cujo imperativo não foi expresso no discurso oficial. Optar por método menos eficiente, mais nocivo que é ao indivíduo, somente tem sentido se a função é outra, estranha ao programa finalístico enunciado, a demandar o meio mais gravoso para realização de seu efeito oculto.

Ainda que adequado e necessário lançar mão da norma criminal para fins de proteção do bem jurídico de índole fundamental, estabelecer abstratamente cominação penal em relação de desproporção com o ato lesivo previamente definido e, sobretudo, insistir nessa estratégia ainda que a evidência demonstre a exasperação, pode indicar que a finalidade da punição está oculta, latente, não prevista expressamente no comando legal. O mesmo se pode afirmar quando a desproporção é apontada pela análise dos demais tipos penais e bens jurídicos por si tutelados, inseridos que estão em um mesmo sistema ou, também, por meio da ponderação acerca da isonomia, cotejando o tratamento penal dado em situações absolutamente similares. Punir para além do razoável ou violando a isonomia é realizar função não autorizada na sistemática do direito penal.

Embora idônea, subsidiária e estritamente proporcional a intervenção realizada pela lei incriminadora na tutela do bem jurídico, se dela decorre para a sociedade dano maior do que o representado pela própria violação do comando normativo, sendo socialmente mais ofensiva, sua persistência também pode indicar a satisfação da necessidade de cumprir programa finalístico não previsto no discurso oficial e, até mesmo, incoerente com os preceitos do direito penal. Causar à coletividade mal maior do que aquele que se quis ou quer evitar não é o que se pode legitimamente esperar do desempenho da norma criminal.

Tais formas de indícios podem ser confirmadas ou refutadas pela existência ou não de efeitos simbólicos, ocultos pelas funções manifestas. Confirmando-se, o significado político do controle social executado por meio do direito penal e do respectivo sistema de justiça criminal é contemplado nas funções latentes do direito penal simbólico, encoberto pelas funções manifestas do discurso oficial, consubstanciadas na criminalização primária (definição normativa de crimes e penas) e na criminalização secundária realizada pelas agências de controle, sobretudo por meio da polícia, justiça e o instituto da prisão, garantindo-se a "existência e a reprodução da realidade social desigual das sociedades contemporâneas" (Cirino dos Santos 2017, 10).

O direito penal simbólico, assim, carecendo de condições objetivas à tutela do bem jurídico, tem o papel de concretizar realidade distinta da enunciada pela própria norma ou de, simplesmente, transmitir à coletividade determinados padrões valorativos, simulando desempenhar função instrumental, criando a ilusão de proteção a que deveria se destinar.

1.2.3. Consequências do direito penal simbólico

Quando desempenhado em um estado liberal e democrático, o direito penal é um instrumento flagrantemente inadequado para dar suporte a objetivos políticos, enfrentar situações problemáticas ou continuamente promover a prevenção e garantir a segurança. Na verdade, o direito penal é o contrário disso. Seu instrumental é pesado, anacrônico e desequilibrado quanto às possibilidades de produção de efeitos. Sua hermética estrutura prejudica a necessária versatilidade, abertura para o futuro e flexibilidade diante das perturbações inesperadas (o princípio da reserva legal é um exemplo disso), inviabilizando que seja utilizado como meio de solução de problemas. Aliás, sua utilização somente se permite após a ocorrência do ilícito (direito penal do fato), muito tarde para uma efetiva prevenção (Hassemer 1995).

Mesmo nas situações mais complexas, o sistema penal somente pode ser deflagrado contra um indivíduo concreto e específico, atendendo aos rigorosos pressupostos da imputação. Até mesmo quando restam poucas dúvidas empíricas sobre as causas do problema, o uso do direito penal é vedado. As sanções penais estão ainda limitadas em razão dos princípios da culpabilidade e da proporcionalidade (Hassemer 1995).

Uma vez que o direito penal, em muitos casos, nitidamente não logra em lidar com o problema da prevenção, cujas expectativas são cada vez mais elevadas e disseminadas, a simbiose entre política criminal moderna e o déficit de implementação tornam-se evidentes, presentes nos mais variados setores da criminalidade, tais como aqueles relacionados às drogas, meio-ambiente e terrorismo, dentre outros. Pressionado para apresentar resultados que repercutam positivamente na pretendida prevenção, o legislador penal busca alívio de seu fardo em duas linhas gerais: na dos crimes de perigo abstrato e na do direito penal simbólico (Hassemer 1995) – é a tentação da legislação simbólica, mencionada por Harald Kindermann (1988). Ou seja, o direito penal não se presta a atender a maior parte das demandas sociais, mas o público em geral lhe credita essa disposição.

A estrutura dos crimes de perigo abstrato tem a função de prometer esse alívio, razão pela qual suplanta os clássicos crimes de resultado. Ao romper a necessária relação de causalidade entre a conduta ilícita e o bem juridicamente ofendido, encobre a eficácia fática do direito penal no tocante a seu objeto de tutela. O ilícito penal deixa de se vincular ao dano e passa a ser uma conduta meramente incriminada pela norma. Decorrência disso, se o risco está efetivamente relacionado com o bem jurídico ou se houve um equívoco na opção do legislativo, tal debate não mais se pode ser desenvolvido no plano da concretização da norma, sendo um fator a ser considerado apenas durante o processo legislativo (Hassemer 1995).

Levando-se em conta que o simbólico se contrapõe ao empírico, para contornar as imponderações próprias da estrutura dos tipos penais abstratos, tem-se por necessário exigir que toda e qualquer criminalização de conduta apresente suficiente lastro em fundamentos baseados na experiência. É que a ausência de previsão de dano real e concreto logra presumir sua ocorrência, o que, em termos práticos, remata por conferir legitimidade à norma penal a partir de sua própria existência (Tavares 2007). Além disso, os crimes de perigo abstrato contornam os limites postos pela imputabilidade ao programa preventivo, ao prescindir de prova de dano e aptidão causal do comportamento. Como consequência, justamente nos campos em que o poder legiferante mais se esmerou nos crimes de perigo abstrato é que se apresentam os maiores déficits de implementação (Hassemer 1995), o que denota o conteúdo vazio de sua promessa.

Já o direito penal simbólico não apenas promete o referido alívio, como o realiza. Isso porque o ganho preventivo por ele gerado não é creditado apenas na proteção de bens jurídicos pelo direito penal, mas também na própria imagem do legislador ou grupos de interesse. Na medida em que o direito penal consegue dissimular funções latentes e manifestas, o logro consiste em evitar questionamentos sobre sua real capacidade de proteger os bens jurídicos que deveriam estar sendo tutelados (Hassemer 1995). Se o direito penal não se presta a atender a maior parte das demandas sociais, ao direito penal simbólico cumpre dissimular o déficit de instrumentalidade e gerar no público a ilusão que a norma incriminadora atende às expectativas nela depositadas.

Disso sucede que os mencionados efeitos, na prática, satisfazem objetivos desnecessários à proteção dos direitos da pessoa humana, concentrando sua incidência sobre questões irrelevantes à lesão ou ameaça de bens jurídicos. Seu conteúdo não guarda, portanto, relação com as demandas de controle social permitidas à norma incriminadora (Díez Ripollés 2002). O direito penal simbólico, que tendencialmente abdica suas funções manifestas em favor das latentes, corrompe as tradições liberais do estado de direito, sobretudo o conceito de proteção de bens jurídicos, e frauda a confiança da população na tutela penal (Hassemer 1995), talvez sua mais nefasta consequência.

Não fosse o suficiente, eventualmente identificado pelo público em geral o déficit de instrumentalidade quanto à proteção dos bens jurídicos que a norma incriminadora enuncia, em vez de uma postura crítica em relação às funções do direito penal, estabelecem-se novas demandas por tipos legais mais abrangentes, penas mais severas, menos garantias materiais e formais, o que alimenta o círculo vicioso e aprimora o caráter simbólico do direito penal, tornando-o cada vez mais sutil e, por isso, mais eficiente, em sua capacidade de iludir e dissimular.

1.2.4. Tipos de direito penal simbólico

As normas penais que carecem de condições objetivas à proteção de bens jurídicos e desempenham o papel de concretizar realidade distinta daquela por si enunciada ou, ainda, de meramente transmitir à sociedade determinados padrões morais, simulando desempenhar função instrumental, criando a ilusão de tutela a que deveria se destinar (que, portanto, calham ao conceito de direito penal simbólico), guardam peculiaridades quanto às pessoas a quem se destina, objetivos latentes, interesses preservados e efeitos sociais produzidos. Uma classificação, então, faz-se importante.

Categorizando o direito penal simbólico "em função do objetivo satisfeito", no qual o efeito fundamentalmente suscitado pela reação penal não atende à prevenção de comportamentos delitivos, ou seja, à proteção do bem jurídico contra lesões e riscos graves, ignorando a finalidade que fundamenta a intervenção penal, Díez Ripollés (2002, 88-90) o classifica enquanto manifestação de a) "leis reativas", nas quais predomina o intento de demonstrar a diligência do legislador, respondendo rapidamente aos novos problemas que se lhes apresenta; b) "leis de identificação", representativas da identificação do legislador com específicas preocupações dos cidadãos; c) "leis declaratórias", pelas quais se afirmam contundentemente os 'valores corretos' acerca de uma determinada realidade social; d) "leis principiológicas", que manifestam, primordialmente, a legitimidade de certos princípios de convivência social; e) "leis de compromisso", cujo papel mais significativo é o de reproduzir os pactos produzidos pelas forças políticas.

Um segundo prisma para classificação é sugerido por Díez Ripollés (2002, 90-91), desta feita "em função das pessoas primordialmente afetadas", em que a intervenção penal não se dirige precipuamente contra delinquentes reais ou potenciais, senão sobre todo o espectro social, inclusive contra aqueles que comumente não desenvolvem a atividade proscrita na norma. Seus efeitos não vão além da previsão de cominação penal, permanecendo o déficit de tutela do bem jurídico. Apresentam-se como a) "leis aparentes", cuja formulação tecnicamente defeituosa torna inacessíveis as condições operativas do processo penal; b) "leis gratuitas", quando aprovadas sem os recursos materiais e pessoais necessários à sua efetiva aplicação em caso de violação; c) "leis imperfeitas", por ausência da previsão de sanções ou por sua aplicação ser tecnicamente impossível.

Ainda é proposto pelo autor (Díez Ripollés 2002, 92-93) um terceiro critério, "em função do conteúdo dos efeitos sociais produzidos", cujas implicações superam os limites da necessidade de intervenção penal, violando o princípio da subsidiariedade. Inserem-se nesse viés: a) "leis ativistas", nas quais a função é suscitar na sociedade a confiança de que se está realizando algo em relação aos problemas irresolutos; b) "leis apaziguadoras", aquelas que produzem o efeito de acalmar as reações ocasionadas por certos fatos; c) "leis promotoras", que deveriam produzir a modificação de determinadas atitudes sociais em relação a certos problemas da coletividade; d) "leis autoritárias", porque demonstram a capacidade coativa do poder público.

Catálogo mais objetivo é sistematizado por Winfried Hassemer (1995, 26), segundo o qual o direito penal simbólico pode se apresentar enquanto: a) "leis de declaração de valores", como no caso do aborto, cuja discussão valorativa se estabelece entre a disposição da mulher sobre seu próprio corpo, de um lado, e a proibição de matar, de outro; b) "leis de apelo moral", a exemplo do direito penal ambiental, cuja função seria despertar a consciência ecológica por meio da norma incriminadora; c) "leis-álibi", no sentido de demonstrar a capacidade de ação do Estado; d) "leis de compromisso", com cláusulas penais genéricas, de pouco conteúdo decisório, que se prestam a confirmar o compromisso do legislador com uma necessidade de agir.

Percebe-se que as classificações propostas para o direito penal simbólico são derivadas (Díez Ripollés 2002) ou variantes (Hassemer 1995) daquela estabelecida por Harald Kindermann (1988) para legislação simbólica. Na verdade, o formato em que se apresentam as leis simbólicas, em sentido geral, em nada se dissocia das possibilidades de categorização da norma penal simbólica. Preferível, portanto, adotar para o direito penal simbólico a mesma diferenciação. Dessa forma, o direito penal simbólico pode se apresentar como a) confirmação de valores sociais; b) demonstração da capacidade de ação do Estado; c) adiamento da solução de conflitos sociais por meio de compromissos dilatórios.

O que marca, então, o direito penal simbólico, na acepção de confirmação de valores sociais, é sua função predominante de impor padrões culturais representativos de um peculiar grupo, em detrimento dos demais, não obstante as dificuldades de tornar concreto, efetivo, o cumprimento do arquétipo reconhecido pela norma, a proteção dos bens jurídicos que enuncia tutelar.

Caracteriza-se como direito penal simbólico, enquanto legislação-álibi, se cumpre precipuamente a função de demonstrar a capacidade de ação do Estado (produção de efeitos latentes), não obstante apresentar insuperável déficit de instrumentalidade em relação ao programa que ela, a norma, propõe-se a cumprir (função manifesta), qual seja a tutela de bens jurídicos. Em contextos tais, em que se pretende uma rápida resposta da política criminal a todo o plexo de problemas sociais, não é surpreendente que se procedam sucessivas reformas das leis penais, resultando na elaboração de novos diplomas e respectivas incriminações (Tavares 1998). O resultado dessa solução política simplista é a inflação legislativa e dos tipos penais (Husak 2009).

Será simbólico o direito penal, enquanto compromisso dilatório, se desempenha primariamente a função de adiar a solução de conflitos sociais (efeitos latentes), ainda que inexequível ou inefetivo quanto ao programa finalístico que anuncia (a função manifesta de promover a proteção de bens jurídicos), numa relação de sobreposição dessa em detrimento desta, tenha ou não sido elaborada com tal finalidade.

Como dito, demonstrando-se ser o desempenho do direito penal inadequado, porque inábil à proteção do bem jurídico; ou desnecessário, uma vez que métodos menos graves se mostram tão eficientes quanto a lei incriminadora à consecução do programa finalístico enunciado no comando normativo; ou desproporcional, em sentido estrito, quando a cominação se mostre mais grave que a violação ou nas situações de quebra da isonomia do sistema criminal; ou, ainda, socialmente mais ofensiva, sempre em que da criminalização decorrer para a sociedade dano maior que aquilo que a vulneração do bem jurídico, haverá indícios da atuação de um direito penal simbólico, desempenhando funções latentes que se sobrepõem àquelas manifestas, enunciadas.

Presentes tais indícios, a confirmação desse caráter simbólico se tem quando resta evidenciado o desempenho de uma das funções latentes: confirmação de valores sociais, demonstração da capacidade de ação do Estado ou adiamento da solução de conflitos sociais por meio de compromissos dilatórios. É na conjugação desses dois aspectos que se denuncia o direito penal simbólico.

1.2.5. Criminalização simbólica enquanto processo latente de produção e estabilização do direito penal

O processo de criminalização, enquanto produtor de normas penais, trata-se "de uma questão de tempo, de um tempo social [...] significa escolher o correto momento de utilização do seu aparelho repressor" (Cavalcanti 2005, 335). Com o processo de criminalização simbólica, aquele instituidor de normas penais simbólicas, ocorre o mesmo. Tanto a criminalização quanto a criminalização simbólica dependem do contexto temporal em que se inserem, de forma que a manutenção das legislações que lhes são decorrentes necessitam de reiterados reforços e renovações das condições motivadoras, a garantir a estabilidade da incriminação.

Promover e conservar a confiança da população no direito é tarefa difícil. Ainda mais complexo quando se trata do direito penal, ao qual se impõe as mais árduas missões e se cobra os mais improváveis resultados. É certo que, em razão da relação de ilusão e dissimulação que promove no desempenho de suas funções latentes e manifestas, disfarçando seu déficit de instrumentalidade, o direito penal simbólico provoca uma situação de confiança no que enuncia mais facilmente que ao próprio direito penal jamais se pretendeu. No entanto, conservar esse crédito que lhe deposita a população é tarefa de extraordinária dificuldade. Isso porque a ilusão de instrumentalidade, a dissimulação de seu déficit e a simulação de proteção ao bem jurídico dissipam-se naturalmente com o tempo, o que revela e denuncia o caráter inidôneo da norma incriminadora. O direito penal simbólico, portanto, não se sustenta pela mera produção de seus efeitos latentes.

Faz-se necessário, então, um constante reforço nos elementos de ilusão e dissimulação para estabilização do direito penal simbólico. O permanente esforço, assim referido, é desempenhado em perene diálogo entre política e sociedade, em que, revelado o déficit de instrumentalidade, esta pressiona o Estado por melhores resultados no que diz respeito à segurança, criminalidade, moralidade, dentre outros temas que lhes são caros, enquanto essa, por meio da figura institucional do legislador, oferece as respostas a serem apreciáveis no curto período legislativo. Por necessitarem de apreciação nesse breve lapso temporal, as respostas oferecidas visam mais iludir a confiança da população do que, propriamente, enfrentar o problema, cuja solução demandaria longo prazo. Ou seja, é a dissipação da ilusão e da dissimulação que motiva a origem de novas ilusões e dissimulações.

O direito penal simbólico, então, é naturalmente instável – depende de um duradouro processo de dissipação e renovação de subterfúgios para manutenção de suas funções latentes e conservação da confiança que lhe dedica o público. Se do engodo resulta a inaptidão da lei penal para cumprir o programa finalístico que enuncia, dessa inefetividade cria-se o perfeito ambiente para que se produza outra norma incriminadora, também em caráter simbólico, substituindo a anterior na missão de enfrentar o problema, com a promessa de fechar as lacunas instrumentais, descurando-se de seu próprio déficit.

Sendo o direito penal simbólico instável por natureza, para sua manutenção, as condições políticas e sociais que lhe deram suporte devem manter-se estáveis. De um lado a sociedade com os mesmos preconceitos, tabus, medos, anseios e encorajamento para afirmar suas intenções na norma e, do outro, os agentes políticos com idêntica disposição em dar as respostas esperadas no menor espaço de tempo possível.

Mantido esse engajamento, uma vez identificado pelo público em geral o déficit de instrumentalidade quanto à proteção dos bens jurídicos que a norma incriminadora enuncia, em vez de uma postura crítica em relação às funções do direito penal, estabelecem-se novas demandas por tipos legais mais abrangentes, penas mais severas, menos garantias materiais e formais, o que alimenta o ciclo e aprimora o caráter simbólico do direito penal, tornando-o cada vez mais sutil e, por isso, mais eficiente, em sua inerente e hábil capacidade de iludir e dissimular.

Identifica-se por "criminalização simbólica" esse processo político-social de produção de normas penais simbólicas e estabilização do direito penal simbólico por meio de constantes reforços em suas funções latentes, em detrimento das manifestas, não obstante o reiterado déficit de tutela do bem jurídico. Se a criminalização é a produção de normas penais condutoras à proteção de bens jurídicos, criminalização simbólica é o processo pelo qual se engendram sucessivas normas incriminadoras cuja função corresponde a simular instrumentalidade, reforçando no público o alívio pretendido – o resultado é a estabilização do direito penal simbólico.

A criminalização simbólica atua, então, na produção e reforço de normas penais cujo objetivo seja a confirmação de valores sociais, a demonstração da capacidade de ação do Estado ou o adiamento da solução de conflitos sociais por meio de compromissos dilatórios. Pode, ainda, no desempenho da reafirmação do caráter simbólico do direito penal, promover a migração de uma categoria para outra. Uma norma penal, por exemplo, cuja função seja a demonstração da capacidade de ação do Estado, tendo sido dissipada a ilusão que lhe dava sustento, mas ainda ausentes as condições políticas e sociais ao devido enfrentamento do problema, pode assumir o objetivo de adiamento da solução de conflitos sociais por meio de compromissos dilatórios, permanecendo simbólica, embora que com outra destinação e conotação.

Na estabilização do direito penal simbólico, enquanto confirmação de valores sociais, cuja função é impor, pela tipificação de condutas, padrões culturais representativos de um peculiar grupo, em detrimento dos demais, não obstante as dificuldades de tornar concreto o cumprimento do arquétipo reconhecido pela norma, a proteção dos bens jurídicos que enuncia tutelar, a criminalização simbólica atua no sentido de adequar o texto normativo às exigências de seu tempo, de forma a permanecer no núcleo da incriminação a ideia fundamental que a motivou.

Para manutenção do direito penal simbólico, enquanto legislação-álibi, aquela que cumpre a função de demonstrar a capacidade de ação do Estado, não obstante apresentar insuperável déficit de instrumentalidade em relação ao programa que ela, a norma, propõe-se a cumprir, o processo de criminalização simbólica se põe a reforçar as penas e tipos criminais, sempre que é revelada ao público em geral a desproteção dos bens jurídicos.

Enquanto compromisso dilatório, o direito penal simbólico que desempenha a função de adiar a solução de conflitos sociais, numa situação de esgarçamento do pacto que lhe deu origem, mas ainda ausentes as condições políticas e sociais ao devido enfrentamento do problema, pode ser reforçado no processo de criminalização simbólica pela promoção de novos compromissos, a partir de outros parâmetros, tendo em evidência a mesma função de relegar a solução para um futuro incerto.

O caráter simbólico da criminalização não impede uma real penalização de condutas e estigmatização de grupos desviantes – pelo contrário, esse fenômeno é consequência palpável (e necessária) a opor realidade e aparência, confundindo manifesto com latente. A concretização da pena prevista na lei penal simbólica estabelece no público a sensação de efetividade normativa quando, na verdade, é apenas um efeito colateral. O encarceramento em massa[5], produzido pelo direito penal simbólico, cumpre a função de confirmar valores sociais, demonstrar a capacidade de ação do Estado ou de adiar a solução de conflitos, enquanto encobre o déficit de instrumentalidade, consubstanciado na desproteção do bem jurídico que a norma proclama tutelar.

---

[5] Sobre o encarceramento em massa e as funções que lhes são decorrentes, conferir Loïc Wacquant (2003). Mais especificamente, acerca de como tem evoluído a população prisional no Brasil e quais as condições dos estabelecimentos prisionais, além da relação do fenômeno com a estratégia de guerra às drogas, conferir Cristina Zackseski, Bruno Machado e Gabriela Soares (2017). Em relação a como o encarceramento em massa promovido pela guerra às drogas afeta diretamente a vida de mulheres negras, consultar Angela Davis e Cassandra Shaylor (2001), além de Juliana Borges (2018). Sobre como a guerra às drogas tem promovido o cerco militarista nas favelas brasileiras e o processo crescente de encarceramento, conferir Marielle Franco (2014).

2. CRIMINALIZANDO AS DROGAS

  Delimitado o significado de legislação simbólica, enquanto confirmação de valores sociais, demonstração da capacidade de ação do Estado ou, ainda, como adiamento da solução de conflitos sociais por meio de compromissos dilatórios, tipologia também empregada ao conteúdo do direito penal simbólico e da criminalização simbólica, importa lançar observação ao processo de penalização das condutas relacionadas às drogas ilícitas. É que, para investigar eventual caráter simbólico na criminalização das substâncias consideradas ilegais, faz-se necessário identificar seus motivos declarados, as estratégias de abordagem das políticas públicas desenvolvidas e suas modificações ao longo desse processo.

  Atualmente, considera-se droga qualquer substância, natural ou sintética que, uma vez introduzida no organismo vivo, pode corromper uma ou mais de suas funções (ONU 2007). As substâncias psicotrópicas ou psicoativas operam no sistema nervoso central, provocando alteração de comportamento, temperamento e da capacidade cognitiva (WHO 1981, American Psychiatric Association 2015), sendo classificadas como depressoras, estimulantes e alucinógenas (Chaloult 1971). No entanto, o importante para compreender o processo pelo qual se construiu a ilicitude de muitas das substâncias psicotrópicas não é propriamente sua definição científica, nem mesmo a inerente capacidade de alterar, de algum modo, o comportamento humano, senão o discurso que se constrói em torno delas (Olmo 1990) e suas consequências que, "após um julgamento de valor, ganha a qualificação normativa de lícita ou ilícita mediante a criação de uma norma proibitiva" (Boiteux 2017, 185).

A humanidade apresenta uma propensão singular a experimentar substâncias psicotrópicas e, não raro, de persistir em seu uso, não obstante os inerentes riscos (Iversen 2016). As drogas continuamente acompanharam o homem, em todo lugar e tempo. Cada povo experimentou a sua própria, tornando-se um fenômeno comum ao largo de toda existência humana. Na Europa Meridional, o vinho; na Europa Setentrional, a vodca e o uísque; na Ásia, o cânhamo e o ópio; na América do Sul, a coca e os alucinógenos; a busca pela embriaguez, natural ou química, ou por um estado artificial e concreto, é um fato universal. Com fins médicos, mágicos ou religiosos, no intuito de fugir da realidade ou enfrentar os problemas, por incapacidade de se relacionar ou por simples prazer, as drogas foram e são utilizadas (Escudero Moratalla e Frígola Vallina 1996).

Ainda que o efeito das substâncias psicoativas resulte parcial e passageiro, enganoso, ainda que cobre seu preço, a possibilidade de afetar o ânimo com um artifício tangível assegura fortemente sua perpetuação. Para os seres humanos, o ato de comer, dormir, mover-se e outras ações semelhantes torna-se não essencial, quando não impossível, em estados psicológicos resultantes da perda de um ente querido, do intenso temor, da sensação de fracasso e até da simples curiosidade. Em casos dessa natureza se manifesta a superioridade do espírito sobre suas condições existenciais objetivas. E no poder de afetar os ânimos reside o essencial de algumas substâncias: potencializando momentaneamente a serenidade, a energia e a percepção, permitem reduzir a aflição, a apatia e a rotina psíquica (Escohotado 2002).

O que há de subjacente no consumo de psicotrópicos é o descontentamento, momentâneo ou perene, frequentemente induzido pela realidade (opressora, de diversas formas) que cerca o indivíduo. No entanto, no atual contexto social, o consumo de determinadas drogas é concebido como uma nova forma de pecado, ao ponto de se tipificar uma nova forma de delito (Escohotado 2002).

Nesse contexto, o processo histórico de proscrição das substâncias psicoativas, correntemente denominado "guerra às drogas", consubstancia-se numa campanha de proibição e intervenção militar internacional empreendida pelo governo dos Estados Unidos da América, com o auxílio de diversos outros países, tendo como objetivo declarado definir e reduzir o comércio ilegal de drogas (Cockburn e St. Clair 1998). Sua principal frente é a criminalização do uso e do comércio de substâncias psicoativas consideradas ilícitas.

Na verdade, a guerra às drogas no âmbito internacional é a própria história do combate às substâncias tornadas ilícitas, promovido pelos Estados Unidos da América, a partir do sentimento moral vigente naquela sociedade, embora os resultados dessa luta sejam sentidos no mundo inteiro. Seu método, a progressiva criminalização das atividades relacionadas aos psicotrópicos, contaminou a legislação dos mais diversos Estados, apresentando-se na constelação internacional com uma configuração quase uniforme.

Esta iniciativa inclui um conjunto de políticas públicas para as drogas, elaboradas pelo governo norte-americano, destinadas a desencorajar a produção, distribuição e consumo ilegais de psicoativos. A própria expressão "guerra às drogas" foi utilizada pela primeira vez em 1971 pelo então presidente daquele país, Richard Nixon, sendo, mais tarde, popularizada pela imprensa (Dufton 2006) e difundida em todo o mundo.

As substâncias consideradas ilícitas foram redefinidas como ameaça à segurança nacional, impondo-se a necessidade de uma postura fundada, sobretudo, na repressão doméstica, na qual a criminalização seria o ponto de partida, e exportação de políticas públicas para os demais países (Woodiwiss 2005). Dessa forma, Richard Nixon (Nutt 2012, Rahtz 2012) declarou, solenemente, ser o abuso de drogas o inimigo público número um dos Estados Unidos da América, cujo combate e derrota deveriam se estabelecer por meio de uma nova ofensiva irrestrita.

Não se pode descartar, ainda, que a criminalização das drogas represente mais uma forma de controle interno direcionada a determinadas categorias de cidadãos e, também, no âmbito externo, de exercício do poder hegemônico norte-americano sobre a comunidade internacional[6], na medida em que rematou por ditar padrões legislativos e procedimentais quanto ao combate às substâncias psicoativas tornadas ilícitas.

Pode-se afirmar que a criminalização das substâncias psicoativas, enquanto suporte jurídico da guerra às drogas, apresenta-se, historicamente, em três fases distintas: 1) a fase eminentemente moral, em que o combate às drogas é tomado como "princípio"; 2) a fase objetiva, na qual a criminalização é tida como "meio" para solucionar os problemas relacionados às substâncias psicotrópicas; e 3) a fase bélica, quando a criminalização passa a ser um "fim" em si.

Embora tenha o argumento ético fundamentado as três fases, na primeira, além de base, a moral se apresentava como o próprio objeto de tutela. A criminalização das drogas, na fase inicial, tencionava proteger a ética ameaçada pelo padrão desviado do consumo de psicotrópicos. Nas duas seguintes, tal discurso passou a representar um ponto de partida para o desempenho de outras funções.

2.1. CRIMINALIZAÇÃO DAS DROGAS ENQUANTO PRINCÍPIO

Desde o início das campanhas pela proscrição das drogas, a opinião pública nos Estados Unidos da América foi amplamente moldada por notícias e editoriais, além de relatórios públicos das agências de controle, rotineiramente elaborados no sentido de descrever determinado grupo minoritário como associado ao uso, transporte, distribuição e venda de substâncias psicoativas e, por consequência,

---

[6] Segundo Michael Craig Ruppert (Klotter 2001, 59): "não há nenhuma guerra contra as drogas e nunca haverá... porque a chamada guerra às drogas não é sobre drogas. Tem a ver com dinheiro. É também sobre o poder. E é sobre raça".

responsável por todos os males que lhes são decorrentes (Cook e Hudson 1993, Hawkins 1995, Tonry 1997, Sirin 2011).

Embora o que hoje se conhece por "guerra às drogas" tenha sido inaugurado em 1971 por Richard Nixon, as políticas implementadas em sua administração, consubstanciadas no *Comprehensive Drug Abuse Prevention and Control Act* (1970), representavam um desenvolvimento da proscrição e criminalização das drogas nos Estados Unidos da América, iniciadas em 1906, com a promulgação da *Pure Food and Drug Act* (1906). Esta, por sua vez, resultou do movimento histórico e político atualmente denominado de "Proibicionismo".

Já o nascimento do Proibicionismo, como sistema político, deu-se no estado de Ohio, a partir de uma aliança entre as igrejas locais, cuja plataforma previa o fim do comércio de álcool (negócio associado ao jogo, prostituição e dança, em tudo oposto ao pensamento puritano) por julgá-lo a causa da degradação moral e física que acreditavam ter acometido o país. Na segunda metade do século XIX, a ideia se difundiu em vários espaços da sociedade civil norte-americana. Nessa época, por exemplo, precisamente em 1869, fundou-se Partido Proibicionista. Além disso, foram criadas várias sociedades e ligas, tais como a Sociedade Nova-Iorquina para Supressão do Vício (1868), a Liga das Senhoras Cristãs pela Sobriedade (1873) e as Ligas *Antissaloon* (1893). No campo universitário, surgiram agremiações representativas dessa tendência, com destaque à Federação Científica pela Sobriedade (1879), dirigida a investigar o problema e propor soluções com bases acadêmico-científicas. Aportaram editoras, periódicos e jornais dedicados exclusivamente ao tema da proibição, orientando a discussão a partir da necessidade de banir o consumo de álcool, pelo que o assunto galgou dimensão nacional. No intuito de massificar sua posição, angariar novos adeptos e utilizar agendas já organizadas, o movimento proibicionista se articulou com outros grupos sociais de reivindicação, inserindo-se na pauta, por exemplo, da luta feminina pelo sufrágio universal e das campanhas antitruste (Ribeiro 2013).

Criadas as bases sociais, abria-se caminho para normatizar o ideal proibicionista, sendo consenso identificar o *Pure Food and Drug Act of 1906* como o primeiro grande marco nacional da intervenção do Estado sobre o comércio e o consumo de drogas. A partir desta lei, o governo iniciou um controle público para coibir a circulação de produtos adulterados ou que representassem risco à saúde, tornando cogente que medicamentos e alimentos possuíssem discriminação de sua composição (Lima 2009). Assim, por força da norma, álcool, cocaína, heroína, morfina, ópio e *cannabis*, dentre outras, passaram a ser consideradas substâncias viciantes e perigosas, razão pela qual sua presença deveria constar expressamente nos rótulos dos produtos que as contivessem.

Em referida lei, não havia propriamente uma proibição, nem mesmo a previsão de políticas públicas voltadas ao combate a determinadas substâncias. No entanto, o governo norte-americano a insinuou, pela via regulatória, fundada no discurso de proteção ao cidadão comum, ao legalizar a existência de substâncias já largamente utilizadas. Mesmo protegendo os consumidores, na medida em que obrigava o fornecimento de informações sobre pureza, por exemplo, inaugurou uma postura intervencionista inédita na vida do cidadão americano. A tradição do livre comércio em torno das substâncias foi exposta, pela primeira vez, a uma norma que ainda não criminalizava, mas que assentava sob controle do Estado as drogas mais difundidas naquele país, atingindo o público em geral, embora que pela via indireta (Rodrigues 2017).

Enquanto isso, no plano internacional, em 1909, a Conferência de Xangai foi realizada com a representação de treze países para tratar do problema do ópio indiano, utilizado em larga escala na China. Sobre tal conferência, Rowe (2006), embora reconhecendo a natureza de vitrine política do evento, afirma que o intuito era realmente proibir a importação e o uso do ópio para fins não medicinais. O autor ressalta ainda a preocupação, já àquela época, debatida no encontro, de que a proibição trouxesse efeitos colaterais não desejados à sociedade norte-americana.

O certo é que, historicamente, a humanidade tem uma longa relação com os opióides (naturais, semissintéticos ou sintéticos), quase sempre desempenhada de forma problemática. Atualmente, existem 32,4 milhões de usuários de opióides no mundo, sendo 16,5 milhões de consumidores de opiáceos (UNODC 2015).

O ópio é a seiva seca da vagem da semente da *papaver somniferum*, a papoula – "flor do prazer", para os sumérios na Mesopotâmia. É utilizada pelo homem há seis mil anos, tanto para fins medicinais quanto recreativos. Os opióides abrangem tanto os derivados naturais do ópio (substâncias opiáceas), quanto os compostos sintéticos, como a meperidina e a metadona, por exemplo.

No que é pertinente ao uso medicinal, nenhum princípio ativo proscrito tem tantas aplicações quanto o que se extrai dos opióides. Dentre os naturais, pode-se citar o elixir paregórico (utilizado como antidiarreico e analgésico), a morfina (potente analgésico, do qual deriva a heroína) e a codeína (analgésico e antitússico). No entanto, sua administração se constitui risco à saúde da pessoa, uma vez que o ópio causa, concomitantemente, dependência física e psicológica.

A princípio produzido entre o Mediterrâneo ocidental e a Ásia menor, o ópio foi apreciado por todas as culturas conhecidas da Antiguidade: chinesa, egípcia, grega, romana, dentre outras. Os árabes, em razão de suas largas redes comerciais na Idade Média, tornaram referida droga conhecida nas mais longínquas regiões. Dessa forma, com a invasão dos árabes e dos persas islamizados, teve início a cultura da papoula na Índia, a partir do século IX. No auge do Império mongol na Índia (1526 a 1707), a produção da papoula e a comercialização do ópio se tornam um monopólio do Estado. No século XVIII, reverteu-se ao controle da Companhia Inglesa das Índias Orientais. Esta, no intuito de aumentar seus lucros e financiar suas compras de chá e seda, passou a encorajar os chineses a consumi-lo em larga escala (Labrousse 2011).

A maior parte do ópio no século XIX foi cultivada na Índia (incluindo o que hoje é o Paquistão), Pérsia (Irã) e Afeganistão. Grande parte da produção era destinada à China. Dentro desse contexto, por volta de 1839, o Império chinês havia diagnosticado que a dependência em ópio era um problema de grandes proporções. Assim, o imperador Tao Kuang ordenou regulamentação rigorosa contra a importação do ópio no país (Rowe 2006).

Tencionando a manutenção do negócio do ópio, a Grã-Bretanha declarou guerra à China (Labrousse 2011). O resultado dessa guerra, encerrada em 1842 e na qual sucumbiram os chineses, foi a cessão de Hong Kong para o controle britânico (Rowe 2006, Labrousse 2011). Mas a paz não foi duradoura. Na segunda guerra do ópio, desenvolvida entre 1856 e 1860 sob os desígnios ocidentais, que exigiam expansão do mercado (Rowe 2006), da qual participaram os franceses (Labrousse 2011), os chineses foram novamente derrotados, pelo que restou legalizada a importação daquele estupefaciente.

No início do século XX, imbuídos pela ideologia de livrar seu país de influências estrangeiras, o governo chinês buscou proscrever a importação do ópio. Tropas foram novamente enviadas para a China e, mais uma vez, os chineses foram incapazes de competir com as forças armadas modernas. O comércio do ópio foi salvo pela terceira vez. Isso significou o fim, para todos os efeitos práticos, da Dinastia Ching. No entanto, a opinião pública, tanto na Europa quanto nos Estados Unidos da América, voltou-se contra a política de forçar os chineses a aceitar um comércio de ópio que declaradamente não queriam. Assim, em torno de 1908, Grã-Bretanha e China transigiram no sentido de restringir o comércio da droga (Rowe 2006).

Estima-se que, no final do século XIX, mais de um quarto da população adulta masculina chinesa era dependente de ópio (Rowe 2006), configurando a maior intoxicação coletiva da história[7]. Referido flagelo somente foi erradicado após a chegada dos comunistas ao poder, em 1949 (Labrousse 2011).

Nos Estados Unidos da América, o uso de opióides também experimentou substancial aumento ao longo do século XIX, parte em razão do crescente número de imigrantes chineses, que trouxeram

---

[7] Existem estudos no sentido de que esses números são superestimados e que o índice de usuários problemáticos seria ainda menor (Jay 2012).

consigo o hábito de fumar ópio, parte em decorrência da incorporação dessa tradição pela população norte-americana. Deve-se considerar, ainda, que muitos se tornaram adictos em opióides por força iatrogênica – a dependência resultava da própria prescrição médica (Rowe 2006). O uso constante de medicamentos derivados do ópio induzia a dependência.

E os profissionais da saúde, na época, sequer qualificavam tal fato como problemático, uma vez que os opióides ainda não eram considerados perigosos, nem se conheciam seus efeitos negativos. Aliás, os próprios médicos se constituíam no maior grupo de americanos a fazer uso dessa substância e, até pouco antes da proscrição do ópio e derivados, nenhum estigma social maculava a imagem de seus dependentes (Rowe 2006).

Nesse contexto histórico, tencionando mitigar os danos à saúde decorrentes do uso de ópio, o ano de 1909 trouxe o primeiro regulamento federal norte-americano para as substâncias psicotrópicas. O presidente Theodore Roosevelt exortou a Conferência de Xangai a ajudar ostensivamente o Império chinês a lidar com o problema de abuso do ópio. Até certo ponto, isso pareceu representar apenas uma política de boa-vizinhança. O ato foi debatido e reproduzido na *Public Law 221* (1909), enquanto se desenvolvia a conferência. O objetivo declarado era proibir a importação e o uso dessa droga para outros fins que não os medicinais. Em outras palavras, sua finalidade manifesta era evitar a importação da substância para uso recreativo. O debate sobre o projeto de lei, proposto por Sereno Payne, de Nova Iorque, na Câmara dos Deputados (*House floor*), foi notavelmente breve. Uma rápida aprovação era necessária para que se pudesse fortalecer a Conferência de Xangai e poder lidar com suas recomendações (Rowe 2006).

As poucas reais objeções ao projeto em questão não diziam respeito à proibição de usar aquele estupefaciente nos Estados Unidos da América, mas se esta vedação poderia ter consequências inesperadas, efeitos colaterais. No sentido em que atualmente pode ser descrito como ironicamente previsível, o representante Warren Keifer, de Ohio, mostrou-se preocupado com a possibilidade da lei, quando aplicada, ter o efeito de promover a produção de ópio nos Estados Unidos. O representante Joseph Gaines, da Virgínia ocidental, sugeriu que poderia estimular importações ilegais, o surgimento de um mercado ilícito. Ao final, tais argumentos não foram suficientes e a lei foi aprovada sem uma maior oposição (Rowe 2006).

Em 1911, ocorreu a Primeira Conferência Internacional do Ópio, em Haia, da qual resultou a Primeira Convenção Internacional do Ópio de 1912, no ano seguinte, que regulamentou a produção e a comercialização da morfina, heroína e cocaína. Poucos anos depois, surgiu a primeira lei dos Estados Unidos da América a, na prática, efetivamente restringir a distribuição e uso específico de certas drogas, intitulada *Harrison Narcotics Tax Act* (1914), que regulamentava e tributava a produção, importação e distribuição de opióides e derivados de cocaína, criminalizando o comércio e a prescrição contrária ao regulamento. Tal norma conferia ao Estado a atribuição de decidir 'cientificamente' quais substâncias se constituíam perigosas e, por isso, mereceriam controle rigoroso do dispositivo burocrático e quais seriam inofensivas, podendo ser livremente negociadas e consumidas. Instaurava-se a obrigatoriedade da receita médica para a aquisição de medicamentos cujos ingredientes foram rotulados como nocivos, sobretudo os derivados do ópio e cocaína (Rodrigues 2017). Os médicos podiam prescrevê-las normalmente como tratamento de determinadas doenças, mas não podiam indicá-las a quem já era dependente.

Embora fossem drogas disseminadas por todas as classes sociais e etnias, era lugar comum identificar o uso da cocaína aos afrodescendentes do Sul daquele país e o ópio e seus derivados aos trabalhadores imigrantes chineses. Corriqueiro também que grupos puritanos e higienistas associassem tais substâncias a comportamentos violentos e perigosos, praticados sobretudo contra a maioria branca. Instaladas estavam, portanto, as bases étnicas e morais para proscrição.

No entanto, no cenário internacional, até setembro de 1910, o problema das drogas era circunscrito ao problema do ópio. Tinha-se, na verdade, um conflito geopolítico entre Estados Unidos da América e

Inglaterra em torno da questão da comercialização do ópio, em sua forma bruta, especificamente em relação ao lucro da atividade e o estilo político de lidar com o Extremo Oriente – o tradicional colonialismo de um lado, o capitalismo moderno de outro. A discussão, então, cingia-se ao controle internacional da substância, enquanto matéria prima. E a Conferência de Xangai, no ano anterior, havia se configurado em uma grande derrota para Inglaterra, tanto no campo mercantil, quanto em relação a sua imagem na comunidade internacional, abalada em razão da insistência de manter um comércio que passava a ser repudiado. Tencionando mitigar e dividir os danos que havia sofrido em Xangai, a Inglaterra aceitou participar da Primeira Conferência Internacional do Ópio, em Haia, que aconteceria em 1911, mas impôs que o debate não ficasse circunscrito ao ópio em sua forma bruta, senão também às substâncias que lhe são derivadas e outras drogas. Nesse contexto, em setembro de 1910 a cocaína foi pela primeira vez introduzida no discurso internacional sobre o controle de ópio – e essa inserção partiu da Inglaterra (Scheerer 1993a).

    A Alemanha era o principal rival econômico da Inglaterra na Europa e, também, o maior produtor e exportador de cocaína nos anos que antecederam à Primeira Guerra Mundial. Além disso, tinha uma indústria farmacêutica mais avançada que a inglesa e uma ampla produção de morfina, derivada do ópio. Assim, antes da realização da Primeira Conferência Internacional do Ópio de 2011, em Haia, a Inglaterra passou a exigir de todos os membros da conferência que estudassem a questão da produção e tráfico da morfina e cocaína, de forma a se comprometerem, desde logo, com o princípio de uma legislação rigorosa contra o comércio dessas substâncias. A partir dessa estratégia, a Inglaterra conseguia, em um único ato, dividir o ônus político do debate com outros países, àquela época contrários a proibição da cocaína e morfina, além de prejudicar os interesses econômicos da Alemanha. Ou seja, "o estigma sobre o comércio do ópio, que recaía exclusivamente sobre a Inglaterra, transferia-se para as nações concorrentes e seus produtos" (Scheerer 1993a, 176).

Não obstante os esforços da Holanda na Primeira Conferência Internacional do Ópio (1911), que defendia ser mais racional uma política regulatória que a postura proibicionista, a "improvisada ação diplomática alemã não conseguiu muito em relação aos interesses do seu país, mas o suficiente para enfurecer diversas delegações e denegrir bastante a imagem alemã durante a realização da conferência de Haia" (Scheerer 1993a, 180). A Inglaterra, assim, alcançava seus dois objetivos: impor prejuízo aos seus rivais econômicos (Alemanha, sobretudo) e dividir o estigma que lhe foi imposto na Conferência de Xangai, em 1909. No entanto, o efeito prático mais importante foi inaugurar, no plano internacional, o combate às drogas de um modo geral, antes circunscrito à questão do ópio.

Assim, firmou-se a possibilidade da proscrição da cocaína, por força da Primeira Conferência Internacional do Ópio (1911), da Primeira Convenção Internacional do Ópio (1912) e, no plano interno dos Estados Unidos da América, do *Harrison Narcotics Tax Act of 1914*. No entanto, a cocaína, cujo uso recreativo foi proibido, também já se fazia presente há muito tempo na história da humanidade. A folha de coca (*Erythroxylum coca*), era um símbolo da divindade para os incas (Iversen 2016), e ainda hoje é costumeiramente mastigada na América do Sul.

Seu cultivo continua praticamente um monopólio de três países andinos: Bolívia, Peru e Colômbia. Há aproximadamente cinco mil anos a coca está intimamente ligada à identidade dos nativos dos planaltos andinos, que a utilizam para fins medicinais, culturais, ritualísticos (Labrousse 2011) e como anoréxico.

Os colonizadores espanhóis, depois de terem qualificado a folha sagrada dos incas como "talismã do diabo", encorajaram sua produção ao perceberem seu efeito estimulante para o trabalho dos camponeses e dos mineiros nos territórios em que viriam a ser o Peru e a Bolívia. Já na Colômbia, onde, diferente destes, os índios representam hoje menos de 3% da população, as culturas de coca foram, até os anos 1970, reservadas apenas para consumo próprio (Labrousse 2011).

A cocaína foi isolada a partir das folhas de coca por Albert Niemann, em 1860. O cientista deu nome à substância e descreveu o processo de isolamento em seu trabalho de pós-graduação em Química na Universidade de Göttingen, Alemanha. Intitulada *Über eine neue organische Base in den Cocablättern* (Niemann 1860), rendeu-lhe oficialmente seu *philosophiae doctor*.

Dois anos depois, a companhia alemã Merck, sediada na cidade de Darmstadt, pioneira na produção de morfina, começou a produzir pequenas quantidades de cocaína, destinadas à venda, principalmente para pesquisadores (Courtwright 2002). A empresa também comercializou comprimidos contendo cocaína, os quais, alegava-se, teriam o condão de conferir uma qualidade ressonante à voz dos cantores (Iversen 2016).

A partir de então, seu uso espalhou-se gradualmente. Em 1863, o farmacêutico corso Angelo Mariani desenvolveu e patenteou uma infusão alcoólica de folhas de coca, que potencializava seu efeito. O *Vinho Mariani* alcançou projeção internacional a partir de campanha publicitária que ressaltava seus efeitos benéficos para saúde e rejuvenescimento. Até mesmo o Papa Leão XIII apreciava a bebida, sendo, inclusive, uma das personalidades vinculadas à propaganda oficial desse produto. Inspirada no sucesso do *Vinho Mariani*, surgiu em 1885 a *Coca-Cola*, que continha em sua fórmula álcool, extrato de coca[8] e cafeína. Nos dias atuais, apenas a cafeína continua presente na bebida.

Com a descoberta da cocaína na segunda metade do século XIX, os grandes laboratórios farmacêuticos alemães e holandeses passaram a importar significativas quantidades de folhas de coca provenientes das plantações existentes no Peru e na Bolívia (Labrousse 2011). Porém, apenas em 1890 alguns aspectos negativos da cocaína começaram a ser investigados (Rowe 2006) – seu potencial de vício logo ficou evidente (Iversen 2016). O uso abusivo de cocaína passou a ser um problema

---

[8] Em proporção vinte vezes menor do que o habitualmente consumido por um usuário comum em uma única dose (Escohotado 2002).

relacionado às grandes cidades: dos punguistas em Montreal às prostitutas do Montmartre, em Paris, passando pelas atrizes do West End, em Londres, e os universitários de Berlim, que se desfaziam de tudo para satisfazer a dependência (Courtwright 2002).

Além da dependência que lhe é inerente, hoje se sabe que referida droga tem o condão de produzir grave reação paranoica, indistinguível de um estado psicótico resultante de um transtorno mental funcional, podendo demorar semanas (após a descontinuação do uso) até o retorno ao estado normal (Rowe 2006). No entanto, a cocaína já havia se tornado popular no final do século XIX, despertando o interesse de vários pesquisadores, inclusive Sigmund Freud (1884), que a partir de observações em terceiros e da própria experiência com a droga, professou otimismo sobre o seu potencial para combater a debilidade nervosa, indigestão, caquexia, dependência da morfina, alcoolismo, asma crônica e impotência. O autor realizou uma abrangente revisão da literatura existente sobre a droga, demonstrando entusiasmo quanto a sua utilização.

No início do século XX, a Holanda promoveu o cultivo da coca na ilha de Java, colônia que, em alguns anos, se tornaria o maior produtor mundial. Na mesma época, o Japão passou a explorar a cultura da coca em Taiwan. Dessa forma, as produções asiáticas permitiram à indústria farmacêutica alemã, holandesa e japonesa responder, entre as décadas de 1910 e 1940, à primeira grande demanda mundial proveniente do crescente consumo de cocaína (Labrousse 2011).

O tratamento jurídico dirigido ao ópio e cocaína pelo *Harrison Narcotics Tax Act of 1914*, no plano interno dos Estados Unidos da América, com efeito, teve nascedouro na base moral e puritana de sua sociedade, configurando o marco inicial do reconhecimento ao Estado para controlar, por meio da articulação entre medicina, direito e Tesouro Nacional, as práticas relacionadas ao uso do ópio, às folhas de coca, seus sais, derivados ou preparados (Lima 2009). Embora tivesse caráter comercial e tributário, seu objetivo principal transcendia o interesse de regulamentação e taxação – configurava verdadeiro esforço para diminuir o consumo de drogas e seu livre trânsito. O argumento ético era o cerne da proscrição então inaugurada.

Seguindo o padrão estabelecido pelos Estados Unidos da América, quanto à criminalização do ópio e da cocaína, o Brasil, em 6 de julho de 1921, por força do Decreto 4.294 (Brasil 1921), estabeleceu penalidades para os transgressores na venda de cocaína, ópio, morfina e seus derivados, determinando a criação de estabelecimentos especiais para internação dos intoxicados pelo álcool e "substâncias venenosas", além de instituir normas processuais em razão dos crimes e infrações administrativas criadas em referido diploma legal. Assim, vender, expor à venda ou ministrar "substâncias venenosas", sem legítima autorização e sem as formalidades prescritas nos regulamentos sanitários atraía a aplicação de multa. No entanto, se a "substância venenosa" tivesse "qualidade entorpecente, como o ópio e seus derivados; cocaína e seus derivados", a conduta se configuraria crime, com pena de um a quatro anos de prisão (Brasil 1921, art. 1o.). O que fundamentava a criminalização, portanto, não era o potencial lesivo de cada droga, mas simplesmente seu caráter psicotrópico.

Voltando ao plano interno dos Estados Unidos da América, o passo seguinte foi criminalizar o álcool, integrado à cultura dos povos desde tempos remotos. As bebidas alcoólicas, que representam a mais antiga de todas as drogas recreativas (Iversen 2016), acompanham toda a história da humanidade. O registro mais distante sobre o consumo de bebida alcoólica data de 7000 a 7400 anos passados. Trata-se de um jarro de cerâmica, contendo resíduos de resina proveniente de vinho, descoberto em 1968 no Irã (McGovern, et al. 1996).

As bebidas alcoólicas não só estão integradas à cultura dos povos como, também, relacionam-se diretamente com o modelo social adotado. O nível de consumo de álcool em determinada sociedade, por exemplo, está diretamente relacionado com seu nível de ansiedade – a função principal da ingestão de álcool em todas as sociedades é, justamente, a redução da ansiedade (Horton 1943).

Não obstante, pouco tempo depois da investida contra cocaína e ópio, a Décima-oitava Emenda à Constituição dos Estados Unidos da

América (US Constitution, amend. 18 1919) estabeleceu a proibição de bebidas alcoólicas naquele país, declarando ilegais sua produção, transporte e venda. Rejeitada apenas pelos Estados de Connecticut e Rhode Island, foi ratificada pelos demais Estados Federados em 16 de janeiro de 1919, entrando em vigor em 17 de janeiro de 1920. Na sequência, ainda em 1919, os Estados Unidos da América aprovaram a *National Prohibition Act* (1919), também conhecida por *Volstead Act*, que além de proibir, passou a criminalizar a venda, a fabricação e o transporte de bebidas alcoólicas em todo o território americano.

Inaugurava-se, assim, o período da Grande Proibição, modelo que, na promessa dos seus partidários, suprimiria o vício e restituiria a dignidade e a retidão moral aos cidadãos norte-americanos. Referida lei representava, além da vitória dos segmentos sociais puritanos, a consagração do terapeutismo, promovido pelo Estado, com o controle e a ingerência sobre o comportamento individual e coletivo. Como decorrência direta do que se convencionou chamar de Lei Seca, surgiu oficialmente o crime organizado nos Estados Unidos da América. O arcabouço legal que estaria abrigando a nação contra os males do vício, fomentava também o livre desenvolvimento de atividades criminosas. A ilegalidade tornou possível o fortalecimento e a prosperidade das máfias americanas (Rodrigues 2017).

Até mesmo Albert Einstein (2007), que conheceu esse contexto histórico de proscrição, no ano em que foi agraciado com o Prêmio Nobel de Física (1921), posicionou-se de forma incisiva acerca dos perigos decorrentes de uma lei rígida, cujo cumprimento não pode ser imposto, da qual, por isso mesmo, resultava o crescimento da criminalidade. Segundo o físico alemão, a credibilidade do governo foi consideravelmente abalada pela Décima-oitava Emenda à Constituição dos Estados Unidos da América, assim também em razão da *National Prohibition Act of 1919*:

> O prestígio do governo, sem dúvida, foi consideravelmente abalado em razão da *Prohibition law*. Nada é mais destrutivo ao respeito pelo governo e sua lei

do que a aprovação de normas que não podem ser impostas. Isto é um tipo de segredo aberto, que o perigoso aumento da criminalidade neste país está intimamente ligado a esse fato. (Einstein 2007, 40-41)[9]

Após 13 anos de vigência, a proscrição, quanto às bebidas alcoólicas, foi abolida em 5 de dezembro de 1933, com a entrada em vigor da Vigésima-primeira Emenda à Constituição dos Estados Unidos da América (US Constitution, amend. 21 1933), que revogou a Décima-oitava Emenda.

O fato de as bebidas alcóolicas estarem vinculadas à cultura de todos os povos foi preponderante para que essa droga resistisse às investidas de proscrição ou mesmo de regulação mais incisiva. As campanhas contra o consumo de álcool e demais psicotrópicos, presentes no final do século XIX e início do século XX, eram muito semelhantes. Os mesmos argumentos morais lançados contra os (denominados) narcóticos, foram usados em relação ao álcool. No entanto, ao longo do tempo, as bebidas alcoólicas resistiram aos entraves jurídicos que baniram as outras drogas consideradas ilícitas.

Com efeito, David T. Courtwright (2002, 3309) explica esse fato, ao qual considerou como o "estatuto privilegiado do álcool", a partir do interesse econômico das nações ocidentais, que dominavam os assuntos econômicos e diplomáticos no mundo. Toma a França do início do século XX por exemplo, onde a indústria do álcool (produtores, varejistas, transportadores, fabricantes de cortiça, dentre outras atividades) garantia a subsistência de, aproximadamente, 5 milhões de pessoas, 13% de sua população. Cita também a Rússia, cuja arrecadação com impostos decorrentes da indústria das bebidas alcoólicas equivalia a todo orçamento militar. O mesmo se verificava

---

[9] O pensamento de Albert Einstein não difere daquele esposado por Beccaria (2001, 675), segundo o qual "vereis crescerem os abusos à medida que os impérios aumentam. Ora, como o espírito nacional se enfraquece na mesma proporção, o pendor para o crime crescerá em razão da vantagem que cada um descobre no abuso mesmo; e a necessidade de agravar as penas seguirá necessariamente igual progressão".

em todas as nações ocidentais e em muitos governos coloniais na África e Ásia. O ópio, por outro lado, foi gradualmente declinando em importância, sobretudo no Império britânico. O comércio de ópio a partir da Índia e China restou mitigado no final dos séculos XIX e XX, o que minimizou a resistência da Grã-Bretanha em tornar tal substância regulada e, posteriormente, proscrita.

A produção de vinho, cerveja e bebidas destiladas representa uma das maiores indústrias mundiais, com vendas anuais (dados de 2015) no importe de mais de US$1 trilhão (Iversen 2016). Mas não se trata apenas da questão econômica: o álcool, assim como o cigarro, continuamente fez parte da vida das figuras mais proeminentes e dos costumes dos grupos sociais dominantes, que realmente detinham o poder de decisão acerca de quais substâncias seriam nocivas ao convívio social e quais seriam absolutamente aceitáveis. O mesmo se diga quanto aos formadores de opinião – artistas, professores e jornalistas, por exemplo (Courtwright 2002). Ou seja, a aceitação social do álcool relaciona-se mais com questões culturais, econômicas, fiscais e de exercício do poder; e menos em razão do seu *status* legal.

Voltando à década de 1930, a política externa norte-americana para o controle das drogas experimentou uma composição aparentemente contraditória e irônica. Enquanto, no plano interno, os Estados Unidos da América reconheciam a falência do modelo proibicionista para a produção e consumo de bebidas alcoólicas (apenas para esse tipo de substância), no âmbito das relações internacionais se intensificou o combate às drogas oriundas de países economicamente periféricos ou de alguma forma vinculadas à industrialização nos Estados europeus, com os quais desenvolviam forte disputa comercial. Alargou-se a criminalização das substâncias psicoativas.

As iniciativas transnacionais de controle de determinadas substâncias repetiam a nova divisão internacional do poder, que se fortalecia com a consolidação da liderança mundial pelos Estados Unidos da América, de forma particular, anunciado as bases dessa divisão no âmbito das mercadorias psicotrópicas: as consideradas legais, inerentes à cultura dos países hegemônicos (álcool e tabaco, por exemplo), e as ilícitas, criminalizadas, com origem nas tradições de Estados menos influentes no campo das relações internacionais (Lima 2009).

Nesse contexto histórico, em 1935, o presidente Franklin D. Roosevelt, apoiou publicamente a adoção, pelos demais entes da federação, da *Uniform State Narcotic Drug Act* (1934), cujo objetivo consistia em uniformizar, no âmbito interno, a proscrição e criminalização das drogas consideradas psicoativas (justamente aquelas não vinculadas à cultura norte-americana) em todos os seus estados. O argumento ético, com marcante viés étnico, dava tônica ao discurso.

Paralelamente à crescente proibição doméstica, os Estados Unidos da América, que desde o início do século XX desempenham papel central nos acordos e organizações internacionais que tratam do problema dos psicotrópicos e do narcotráfico (Woodiwiss 2005), avançavam na proscrição internacional, impondo seu padrão legislativo em relação às drogas aos demais Estados.

Assim, confirmando seu protagonismo e liderança no combate às substâncias psicoativas e consequente criminalização, impuseram sua ideologia na Conferência de Genebra de 1931, conseguindo dos Estados participantes (com exceção de alguns poucos países europeus) o compromisso de tomarem as providências contra a disseminação do vício no âmbito interno de cada um deles.

A partir da metade da década de 1930, o alvo passou a ser a maconha, outra droga milenar. O cânhamo é natural das estepes do Turquistão, uma zona que corresponde hodiernamente às repúblicas da Ásia Central e Noroeste da China, onde ainda cresce em estado selvagem, principalmente entre o Cazaquistão e o Quirquistão, cobrindo aproximadamente 150 mil hectares. Esteve presente na cultura egípcia e assíria (Labrousse 2011), sendo utilizada pelo homem há seis mil anos para diversos fins, considerando-se, por isso, um cultivo valioso, multiuso, que proporcionava a produção tanto de um importante fármaco, como também óleo de cozinha, sementes comestíveis, forragem e fibras de cânhamo – estas, matéria prima para fabricação de cordas, redes de pesca e têxteis, principalmente para a população pobre chinesa, vez que a seda era reservada para as roupas dos ricos (Courtwright 2002).

No continente asiático, a maconha foi integrada aos rituais do hinduísmo, posteriormente ao budismo, acompanhando este durante toda a sua fase de difusão. Nos séculos I e II, os romanos faziam uso do cânhamo para produção, em larga escala, das cordas utilizadas em seus navios. A partir do século VII, a expansão do islamismo desempenhou papel fundamental na propagação da *cannabis*, substância já então integrada à sua cultura. Aliás, foram os mercadores muçulmanos que a introduziram em todo o Oriente Médio. Em seguida, no início do século XI, a introduziram comercialmente na África Subsaariana e no Marrocos (Labrousse 2011).

Não obstante, os islâmicos se relacionaram de forma contraditória com a *cannabis*, ora a associando a rituais distantes de seus dogmas, o que quase a conduziu à proscrição, ora sendo tolerada e largamente utilizada. Essa posição contraditória se deve, em parte, à sua associação com os *sufi gari*[10], que a utilizavam para fins místicos, os quais as autoridades ortodoxas viam com desconfiança. Apesar de tentativas esporádicas para suprimir o cultivo, em meados do século XVI, a produção dos canabinoides já se fazia bem estabelecida, especialmente no delta do Nilo. Logo após, os comerciantes árabes tiveram sucesso com a propagação da maconha ao longo da costa leste da África, de onde se expandiu para as regiões centrais e sul do continente. O uso desse psicotrópico, ao contrário do tabaco, floresceu entre os Khoikhoi, San e outros povos da África do Sul, bem antes do contato europeu (Courtwright 2002).

Na Europa ocidental, foi condenada no século XV pela Igreja Católica, passando a ser marginalizada, em contraste a outras substâncias aceitas pela sociedade e religião, como o vinho e a cerveja (Labrousse 2011), o que não significou prejuízo à sua expansão no

---

[10] Praticantes do sufismo, uma corrente mística e contemplativa do Islã, que prega uma relação íntima, direta e perene com Deus, através de cânticos, música e dança, o que é considerado prática ilegal pela sharia de vários países muçulmanos.

continente, nem corrompeu seu uso para outros fins. A *cannabis*, em suma, teve grande propagação na maior parte do Velho Mundo, no tempo que Colombo e seus três navios, palmados com corda de cânhamo, partiram de Palos de La Fronteira, na manhã de 3 de agosto de 1492 (Courtwright 2002).

Nessa mesma perspectiva, no século XVIII, a expedição de Napoleão Bonaparte ao Egito contribuiu para popularizá-la entre médicos e escritores (Labrousse 2011). A Espanha a cultivou em suas colônias entre os séculos XVI e XIX (Courtwright 2002). Ainda no século XVIII, na Inglaterra, os sábios e curiosos a importavam da Índia. Assim, os britânicos introduziram na Jamaica sua cultura, buscando a extração das fibras do cânhamo. A partir de metade do século XIX, os escravos negros situados naquela ilha passaram a fazer uso da maconha para fins ritualísticos e recreativos (Labrousse 2011).

No Brasil, a *cannabis* chegou com os escravos angolanos que passaram a cultivá-la, após 1549, por entre as plantações da cana-de-açúcar, com a permissão dos proprietários dos engenhos. Os angolanos a chamavam de maconha. Nesse contexto, alguns índios e mestiços passaram a utilizá-la para os mais diversos fins, de medicinais, recreativos e revigorantes à confecção de cordas e roupas. O Nordeste foi a região do Brasil que mais absorveu a cultura da maconha (Courtwright 2002).

Da Jamaica, a *cannabis* se inseriu no México, onde os camponeses lhe deram o nome *marijuana*. Do México, cruzou a fronteira e se instalou nos Estados Unidos da América no início do século XX, trazida por imigrantes provenientes daquele país e por marinheiros caribenhos (Labrousse 2011). Com efeito, o hábito de fumar maconha se instalou nos Estados Unidos da América com a chegada de mais de um milhão de trabalhadores mexicanos, que adentraram pelo Sudoeste nas três primeiras décadas do século XX. Dezenas de milhares destes recém-chegados espalharam-se do Meio Oeste, trabalhando em construções, ferrovias, fábricas e moinhos, até a cidade de Chicago. Ao mesmo tempo, a maconha se disseminava pelo Norte e pelo Leste de Nova Orleans, onde marinheiros caribenhos e sul-americanos a inseriram a partir de 1910. A cultura do cigarro, que habituou os americanos a absorvem a droga por meio dos pulmões, facilitou a propagação do uso da maconha, já contando com uma oferta doméstica abundante. No Tennessee, os presidiários, sujeitos ao trabalho forçado, fumavam os pequenos ramos de flores secas, que cresciam ao longo da estrada. Os próprios detentos de San Quentin cultivavam sua maconha nos terrenos das prisões (Courtwright 2002).

Nesse contexto, em 1937, a *Marihuana Tax Act* (1937) foi aprovada. O uso pessoal e terapêutico do cânhamo continuava permitido. Ironicamente, a lei estabelecia um imposto simbólico, a partir de US$1,00, por qualquer atividade comercial ou medicinal remunerada do cânhamo, ao passo em que previa multa US$2.000,00 e/ou prisão de 5 anos por qualquer violação aos seus preceitos ou ao seu regulamento que, por sua vez, apresentava-se extremamente complexo e invasivo à privacidade. Sempre que um médico, odontólogo ou veterinário, por exemplo, prescrevesse a *cannabis*, deveria informar minunciosamente ao Tesouro sobre a pessoa do paciente, sua doença, motivos da prescrição e demais pormenores que o caso demandasse – da simples omissão ou defeito impunham-se as penas. Cumprir fielmente o regulamento era impraticável para qualquer usuário, profissional ou empresa.

Alguns autores defendem que o objetivo latente da lei era destruir a indústria do cânhamo (French e Manzanárez 2004), para proteger o negócio da celulose e dos tecidos sintéticos (Gerber 2004). É que a fibra da maconha representa um excelente insumo para produção de papel[11] e têxteis. Com a introdução de novas técnicas de extração, havia se tornado uma alternativa viável e mais barata. Especificamente quanto à indústria do papel, por exemplo, o custo da matéria-prima para sua produção a partir do cânhamo passou a representar aproximadamente metade daquela realizada por meio da celulose (Rowe 2006).

---

[11] O cânhamo foi utilizado pela primeira vez para produção de papel em torno do ano 100 antes de Cristo.

O certo é que havia muitos interesses envolvidos na proscrição da maconha. Nesse sentido, Thomas C. Rowe (2006) destaca que a história da *Marihuana Tax Act of 1937* se confunde com a biografia de três personalidades que, por razões pessoais, foram determinantes para a proibição do cultivo e consumo da *cannabis*: Hamilton Wright, William Randolph Hearst [12] e, principalmente, Harry J. Anslinger. Todos teriam sido conduzidos por agendas próprias e qualquer verdade ou evidência que entrasse em conflito com seus interesses era prontamente descartada.

Com efeito, em 1930, o *Bureau of Narcotics* foi criado no Departamento do Tesouro dos Estados Unidos da América e Harry J. Anslinger foi nomeado seu diretor pelo então Secretário do Tesouro, Andrew Mellon, tio de Anslinger, por casamento (Robinson e Scherlen 2007, Fahey e Miller 2013), e proprietário do *Mellon Bank*, um dos bancos da *DuPont Corporation*. Esta, por sua vez, também era a maior indústria de madeira e papel dos Estados Unidos da América. Tais figuras mantinham laços estreitos com William Randolph Hearst, magnata da madeira e do papel, proprietário de vários grandes jornais. Hearst usou seus diários na luta contra a maconha, beneficiando a indústria do papel-celulose e a difusão do uso do poliéster (no qual também havia investido), ambos então ameaçados pelo cânhamo. A *DuPont* tinha acabado de desenvolver o *nylon*, cuja difusão também seria prejudicada pela exploração têxtil daquela fibra vegetal (Robinson e Scherlen 2007, Straight 2005).

Mas isso não era o bastante para viabilizar a proscrição da *cannabis* – uma base social era necessária. Nos Estados Unidos da América da década de 1930, a maconha era associada a certos grupos étnicos, principalmente em relação aos trabalhadores mexicanos. Na mesma época, ainda sob a sombra da Grande Depressão, os cidadãos norte-americanos residentes nos Estados do Sul, pressionavam os

---

[12] Personalidade influente e polêmica, imortalizada no filme *Citizen Kane* (Welles 1941), escrito, produzido, dirigido e estrelado por Orson Welles, lançado em 1941, considerado pela American Film Institute (2007) como "o maior filme de todos os tempos".

congressistas a resolverem o problema da imigração mexicana – viam naquela etnia uma concorrência para os já escassos empregos. O resultado foi a repatriação em massa daqueles (Rowe 2006).

Referido quadro social possibilitou que William Randolph Hearst, por meio de seus vários jornais e veículos de comunicação, no caminho aberto pela xenofobia já instalada, passasse a promover uma forte campanha contra a maconha e seus usuários, associando-os aos atos de violência e comportamentos degenerados[13] que assustavam a maioria branca. Mais uma vez em evidência o argumento ético a partir de um ponto de vista étnico.

A participação de Hearst nos jornais norte-americanos era impressionante, incluindo o *San Francisco Examiner* (a partir de 1887), *The New York Morning Journal* (1895), *The Evening Journal* (1896), *The Chicago Examiner* (1902) e o *The Boston American* (1904). Também publicava revistas, incluindo a *Cosmopolitan* e a *Harper's Bazaar*. Em seu auge, chegou a ter 30 milhões de leitores e uma fortuna de US$220 milhões (Rowe 2006).

Embora não se possa afirmar, ao certo, as intenções de William Randolph Hearst, pois suas razões não são claras, podendo-se apenas especular que o tenha feito no intuito proteger sua participação na indústria do papel (Herer 2010), o importante é que sua campanha contra a maconha foi decisiva[14] para o advento da *Marihuana Tax Act of 1937* e a proscrição do cânhamo – cujo efeito rematou por beneficiar sua própria indústria.

Posteriormente, ainda nos Estados Unidos da América, o *Narcotics Control Act* (1956) tornou mais rígido o controle de maconha,

---

[13] Não olvidar que "o sistema penal atua sempre seletivamente e seleciona de acordo com os estereótipos fabricados pelos meios de comunicação em massa. Estes estereótipos permitem a catalogação dos criminosos que combinam com a imagem que corresponde à descrição fabricada, deixando de fora outros tipos de delinquentes (delinquência do colarinho branco, dourada, de trânsito, etc.)" (Zaffaroni 1991, 130).

[14] É que "o poder de controlar o fluxo de informação é o poder de controlar a forma como o ser humano pensa. A capacidade de determinar, dirigir e selecionar informação pode transformar-se numa fonte de poder comparável à dos detentores de grandes recursos naturais, tecnológicos e econômicos" (Machado 2005, 3).

dando suporte a criminalização irrestrita do uso e comercialização da substância e seu princípio ativo, o que acabou sendo repetido nos textos legislativos dos mais diversos Estados soberanos.

Após sua criminalização irrestrita, a *cannabis* foi incorporada à cultura *hippie*, proveniente do movimento *beat* (Iversen 2016), na moda entre os intelectuais da década de 1950. A exposição dos *hippies* na mídia despertou o interesse dos jovens, sobretudo em razão ao desencanto quanto à guerra do Vietnã, ao materialismo suburbano e à segregação. Referida droga, então, passou a ser um símbolo de rebelião, popular entre os estudantes universitários e de nível médio. Sua aceitação era tanta que, até o ano de 1979, cerca de 55 milhões de americanos já tinham experimentado alguma fórmula desse psicoativo. Dois terços dos indivíduos com idade entre 18 a 25 anos haviam consumido a *marijuana*. Ironicamente, a partir dos Estados Unidos da América, rapidamente a droga se tornou um fenômeno mundial (Courtwright 2002).

Assim, na maioria dos países e estados norte-americanos, a *cannabis* continua proscrita e criminalizada até os dias atuais. E sua imagem negativa, desde então, acabou sendo incrementada pela criminalização em si, não pelos eventuais males que possa causar à coletividade.

Posteriormente, ainda sob a influência dos Estados Unidos da América, ocorreu a Convenção Única de Nova Iorque sobre Entorpecentes, em 30 de março de 1961. A expressão "Convenção Única" foi-lhe designada justamente por consolidar e atualizar, já no período da Guerra Fria, os instrumentos normativos internacionais anteriores quanto ao combate às drogas. Entre os tratados internacionais cessados e substituídos se incluem desde a Convenção Internacional do Ópio de 1912 ao Protocolo de 1953 (Lima 2009). A rigor, constitui-se em um largo sistema internacional de controle, impondo aos Estados a inclusão em seu direito interno das estratégias e medidas nela estabelecidas. Além disso, reforçou o combate ao cultivo, produção, circulação e comércio de drogas nos países. Como meta, formulou prazos para a paulatina eliminação do ópio (15 anos), além da cocaína e *cannabis* (25 anos), o que, obviamente, não ocorreu (Boiteux, et al. 2009).

Dessa forma, a Convenção Única de Nova Iorque sobre Entorpecentes de 1961 passou a ser o mais abrangente tratado internacional sobre as substâncias psicoativas. Composta de 51 artigos, relaciona o que seriam os psicotrópicos, classificando-os segundo suas propriedades; prescreve as medidas de controle e fiscalização, estabelecendo restrições especiais aos que considera particularmente perigosos; regula o processo para a inclusão de novas substâncias que devam ser controladas; determina a competência da Organização das Nações Unidas (ONU) quanto à fiscalização internacional relacionada às drogas; estabelece as medidas que devem ser adotadas no plano interno contra o narcotráfico, impondo aos Estados o dever de assistência recíproca; além de prescrever disposições penais, recomendando que todas as formas dolosas de tráfico, produção, cultivo e posse de substâncias ilícitas sejam punidas adequadamente (Lima 2009).

Pode-se concluir que o modelo proibicionista-punitivo que se apresenta nessa primeira fase de criminalização das drogas tem por fundamento dois princípios: um de ordem moral-religiosa, que impõe a abstinência como única possibilidade para as drogas; e outro de ordem higienista, estabelecendo o ideal de um mundo livre de drogas. Conjugados, determinam a proibição de qualquer modalidade de uso, comércio ou produção de psicotrópicos eleitos como ilícitos, condutas que passaram a ser tipificadas como crime (Ribeiro 2013).

2.2. CRIMINALIZAÇÃO DAS DROGAS COMO MEIO

Voltando ao plano interno dos Estados Unidos da América e a imposição de sua política aos demais Estados, embora a filosofia norte-americana de controle de drogas tenha se refinado no início da década de 1960, não houve por essa época um rompimento fundamental com a essência da política anterior, que se baseava na convicção irracional da honradez moral dominante naquele país no começo do século XX. Richard Nixon preservou o antigo dogma de que era viável alcançar um país livre das drogas. Na sua ótica, o esforço interno constante deveria ser combinado com o vigor perene no exterior, transformando a luta contra as drogas em uma de suas prioridades, pelo que determinou o envolvimento, cooperação e apoio de todos os ministérios e agências governamentais quanto ao tema (Woodiwiss 2005).

Assim, intensificando o controle sobre as substâncias consideradas ilícitas, deu-se início à "guerra às drogas" com o *Comprehensive Drug Abuse Prevention and Control Act of 1970* que, além de regulamentar e classificar o uso de medicamentos alegadamente com base na intrínseca capacidade de dependência e abuso, consolidou todo o arcabouço legal anterior quanto à identificação e proscrição das drogas consideradas ilegais. Referida lei incumbiu ao *Drug Enforcement Administration (DEA)*, vinculado ao Departamento de Justiça dos Estados Unidos da América, a competência para indicar quais drogas seriam de uso e comercialização proibidos.

Richard Nixon trouxe definitivamente o debate sobre as drogas para o campo da ética, justificando sua política de guerra contra as drogas, em nome do combate ao mal, tendo como objetivo um mundo livre das substâncias psicoativas. Sua guerra seria travada em duas frentes: redução da produção e redução da demanda, tudo por meio da coação própria ao direito penal (Nutt 2012). A progressiva criminalização, portanto, era o meio pelo qual os Estados livrariam a sociedade do consumo de drogas.

Embora o argumento moral ainda se fizesse muito forte, a criminalização das drogas apresentava, nesse período, contornos objetivos. O direito penal a fundamentar a guerra às drogas perseguia um fim: a eliminação de todas as substâncias ilícitas. A criminalização das substâncias psicotrópicas se tornou meio. Havia chegado "o momento de tomar uma série de medidas internas que permitissem, mais tarde, enfrentar o problema em nível internacional e, ao mesmo tempo, contar com uma normativa jurídica internacional que facilitasse a ação" (Olmo 1990, 42).

Um memorando, datado de 29 de setembro de 1969, enviado por Henry Kissinger, à época Assessor para Segurança Nacional no governo Nixon, a William Rogers, então Secretário de Estado, sintetiza a essência da política norte-americana no que é pertinente à criminalização das drogas, mantida até os dias atuais. No ofício, Henry Kissinger alertava estar o presidente convencido de que o problema do vício em narcóticos nos Estados Unidos da América havia chegado a proporções que constituiriam um perigo para estabilidade nacional. Lembrando que a maior parte dos narcóticos (sobretudo a heroína) seriam cultivados e produzidos em países estrangeiros e contrabandeados para os Estados Unidos da América, alertou que o presidente considerava que qualquer país facilitador do tráfico internacional de heroína estaria cometendo um ato hostil aos interesses pátrios (Woodiwiss 2005).

Ao final, recomendou a imediata elaboração de um programa de ação que tornasse veementemente claro aos países que cultivavam papoulas de ópio a proibição de sua cultura não medicinal. Aos países que fabricavam o produto final da heroína, a ordem era que seus laboratórios ilegais fossem fechados. Sugeriu ainda que, no referido plano, deveriam ser considerados métodos de persuasão positiva, inclusive incentivos financeiros para cooperação quanto ao controle do tráfico da heroína, assim como de retaliação, caso algum país se recusasse a cooperar.

Nesse sentido, aprovou-se o *Narcotics Control Trade Act* (1974), que ocasionou graves reflexos na comunidade internacional nas décadas seguintes. Em síntese, a lei determinava que os países produtores ou de trânsito de drogas que deixassem de cooperar com as políticas norte-americanas de proscrição estariam sujeitos a uma série de sanções, inclusive a suspensão de ações de cooperação e incremento nas alíquotas de impostos e tarifas alfandegárias. Ou seja, os demais Estados deveriam acatar a política dos Estados Unidos da América quanto às substâncias psicoativas e se tornar seus aliados na guerra às drogas, adotando o modelo de criminalização fornecido, sob pena de sofrer prejuízos financeiros e econômicos (Woodiwiss 2005).

Após Richard Nixon, os presidentes Gerald Ford e Jimmy Carter[15] prosseguiram no combate às drogas nos mesmos moldes e vieses de seus antecessores, mantendo a guerra já declarada por aquele. De igual sorte, a comunidade internacional continuou a seguir a política de proscrição norte-americana. Os resultados, entretanto, foram praticamente nulos. Ao final da década de 1970, demanda e oferta eram sensivelmente maiores e os danos à saúde pública decorrentes do uso abusivo de drogas haviam crescido substancialmente.

2.3. CRIMINALIZAÇÃO DAS DROGAS ENQUANTO FIM

Se, na segunda fase da criminalização das drogas, a abordagem penal se estabelecia como meio de livrar o mundo das substâncias psicotrópicas, prometendo a proteção do bem juridicamente tutelado (a incolumidade pública), quando se tornou evidente a impossibilidade de vencer o narcotráfico, a intervenção punitiva para o problema das drogas, em sua terceira fase, passou a representar um fim em si mesmo. Após o fenecimento da Guerra Fria, órfãos de um argumento para manutenção da militarização e exercício do poder hegemônico que dela decorre, os Estados Unidos da América preencheram esse vazio político-ideológico com a escalada da guerra às drogas, desta feita centrada na luta contra o narcotráfico.

Ironicamente, o mesmo fracasso da criminalização das drogas, evidenciado na segunda fase, que propiciou o recrudescimento do combate ao narcotráfico, fez surgir, sobretudo no continente europeu, políticas públicas direcionadas à redução dos danos decorrentes do uso abusivo de substâncias ilícitas, tendo por foco o tratamento do usuário,

---

[15] Posteriormente, Jimmy Carter (2011) publicou no *The New York Times,* em 16 de junho de 2011, artigo intitulado *Call Off the Global Drug War*, no qual critica a guerra contra as drogas e reconhece seu fracasso.

que passou a ser considerado alguém que necessita de cuidados, não um delinquente. O direito penal das drogas arrefeceu quanto aqueles que criam a demanda e recrudesceu contra os que a suprem. De um lado, a estratégia de militarização contra o negócio das drogas; do outro, a abordagem de saúde pública em relação às pessoas que utilizam substâncias ilícitas.

2.3.1. A estratégia de militarização

A década de 1980 tornou-se emblemática quanto à adoção do modelo norte-americano de combate ao crime pelos mais variados Estados soberanos [16], mas esse fenômeno mostrou-se ainda mais contundente em relação aos psicotrópicos, cuja estratégia "passou a incorporar uma visão intervencionista e militarizada justificadora de intervenções em países latino-americanos a pretexto de 'combater' o tráfico de drogas" (Boiteux 2011, 106).

Foi nesse sentido que Ronald Reagan, presidente dos Estados Unidos da América a partir do ano de 1981, já no início de seu mandato, demonstrou, em discurso, sua preocupação e vontade em intensificar a guerra às drogas, recrudescendo os tipos penais que lhe dão sustentação, anunciando que empunharia a bandeira de batalha contra as substâncias psicoativas consideradas ilícitas. Sob o seu governo, as penas em razão do comércio ilícito de drogas foram majoradas e se instituiu, como regra, o confisco dos bens utilizados para o tráfico ou adquiridos em sua decorrência (French e Manzanárez 2004).

Durante os dois mandatos do Presidente Ronald Reagan, a legislação interna acerca do uso e comércio das substâncias psicotrópicas recrudesceu e as forças armadas dos Estados Unidos da América passaram a se envolver diretamente na guerra contra as drogas. Além disso, o governo americano passou a ter postura mais rígida no

---

[16] Sobre esse fenômeno, sua origem e causa, além de seus efeitos no Brasil, conferir Pedro Abramovay e Vera Malaguti Batista (2010).

campo diplomático quanto à questão do narcotráfico, ao ponto de impor sanções econômicas contra países latino-americanos, que seriam, em sua ótica, os grandes responsáveis pela crise envolvendo os psicoativos, quando, na verdade, os problemas relacionados aos narcóticos dizem respeito à grande demanda daquele próprio país e dos Estados da Europa ocidental, não das nações produtoras, que garantem a oferta (Hagen 2002).

No plano internacional, paulatinamente, o sistema de controle das substâncias psicoativas consideradas ilícitas passou a ser ampliado, atingindo seu ápice com a Convenção das Nações Unidas contra o Tráfico Ilícito de Entorpecentes e Substâncias Psicotrópicas de 1988, instrumento de caráter repressivo que tem o propósito de uniformizar a definição de tráfico de drogas, promover a incriminação da lavagem de dinheiro, reforçar a cooperação internacional dos Estados na questão dos psicoativos e unificar as normas em vigor. A militarização das ações contra as drogas fica evidente nas expressões utilizadas em seu texto, tais como "guerra às drogas", "combate aos traficantes", "repressão e eliminação", em um apelo "emocional e mesmo irracional" (Boiteux, et al. 2009, 19).

Na sequência, em 1989, George Bush implantou a *First National Drug Control Strategy* (US President 1989), expandindo a proscrição das drogas ilícitas e padronizando a estratégia de combate ao narcotráfico. Além disso, ampliou a militarização da guerra contra as drogas no âmbito internacional, promovendo um rápido incremento da cooperação bélica com os países produtores de cocaína. Para que se tenha noção do que isso representou, entre 1988 e 1991, o orçamento dedicado ao tema passou de US$5 milhões para US$150 milhões. Era a chamada *Estratégia Andina*, consistente no apoio técnico e militar no combate ao narcotráfico (Hagen 2002). O discurso segundo o qual as drogas configurariam uma ameaça à segurança nacional se fazia mais uma vez presente:

> A origem das drogas mais perigosas que ameaçam nossa nação é, principalmente, internacional. Poucas ameaças

externas custam tanto à economia dos Estados Unidos da América. Nenhuma gera mais danos aos nossos valores e instituições nacionais ou destrói mais vidas norte-americanas. Enquanto a maioria das ameaças internacionais são potenciais, os danos e a violência causados pelo tráfico de drogas são reais e invasivos. As drogas são uma grande ameaça à nossa segurança nacional. (US President 1989, 61)

Em decorrência do recrudescimento da criminalização das drogas, entre os anos de 1980 e 2000, o número de acusados por crimes relacionados aos psicotrópicos, condenados à prisão nos Estados Unidos da América, aumentou quinze vezes (Levitt e Dubner 2005). E não houve mudança significativa no tratamento dado à proscrição das drogas nos Estados Unidos da América e na política imposta aos demais Estados durante os governos Clinton[17], Bush e Obama, prosseguindo na guerra às drogas em caráter mundial.

Embora Bill Clinton tenha, durante a campanha presidencial de 1992, defendido uma abordagem terapêutica em contraposição ao tratamento penal dirigido às pessoas que utilizam drogas, nos primeiros meses de seu governo adotou exatamente as mesmas estratégias de criminalização dos seus predecessores republicanos, continuando a progressiva escalada da guerra às drogas.

No governo de George W. Bush se experimentou uma rápida ascensão da militarização do combate as drogas, em suporte à criminalização. Sobre o que isso representou, ao final de seu mandato, contabilizava-se cerca de 40.000 intervenções no estilo paramilitar da SWAT contra cidadãos norte-americanos por ano, principalmente por infrações não violentas às leis de drogas.

Embora Obama tenha investido no programa de fornecimento de seringas descartáveis às pessoas que faziam uso de drogas injetáveis e diminuído a discrepância entre as punições por porte de crack em referência à mesma conduta quanto à cocaína, ambas medidas refutadas

---

[17] Bill Clinton criticou a guerra contra as drogas em recente documentário, intitulado *Breaking the Taboo* (Andrade, et al. 2011).

na administração de Bill Clinton, suas ações no sentido de amenizar a criminalização das drogas não passaram disso.

Atualmente, o Presidente dos Estados Unidos da América, Donald Trump, utiliza como um dos argumentos para se construir um muro separando seu país do México a necessidade de impedir a entrada de droga ilícita, enquanto o Procurador-Geral Jeff Sessions defende não terem os estados soberania para legalizar a maconha, ressaltando que "pessoas boas" não utilizam tal droga (The Drug Policy Alliance 2017). O próprio presidente defende a pena de morte para algumas modalidades do narcotráfico (McDonald 2018). A legalização da maconha em alguns estados norte-americanos não conta, atualmente, com aprovação presidencial nem tem qualquer repercussão direta na política internacional desenvolvida para a questão das drogas.

O que mudou, nas últimas duas décadas, foi o fato de, intencionalmente ou não, a guerra contra as drogas ter preenchido o vácuo deixado pela Guerra Fria, apropriando-se de todos os medos e preconceitos que lhe eram inerentes (Hagen 2002). Apropriou-se também de toda estrutura de poder e influência internacional montada pelos Estados Unidos da América em sua luta contra o comunismo. Esse espectro de influência tem ditado o comportamento legislativo dos demais Estados independentes, de suas políticas públicas para a questão das drogas, da utilização de sua força militar e até mesmo o pronunciamento de seus tribunais.

Conforme o discurso oficial da *First National Drug Control Strategy* (US President 1989), por exemplo, uma estratégia abrangente de controle de drogas precisa incluir programas de intervenção e ataques efetivos à produção e ao tráfico internacional. Esses programas, direcionados às fontes estrangeiras de drogas ilegais, deveriam dar suporte aos conceitos de dissuasão e incapacitação, aumentando os esforços da justiça criminal dos países envolvidos, dirigindo o ataque às organizações multinacionais de tráfico além das fronteiras norte-americanas. Tal estratégia, na ótica do governo, permitiria interromper o caminho do cultivo e comércio de drogas até os Estados Unidos da América, em vez de confrontá-las em suas ruas. A guerra às drogas, mais nociva que o consumo em si, seria travada em outros territórios. O discurso subjacente é o da exportação dos problemas da criminalização das drogas.

Não somente os problemas, mas os custos também seriam exportados, uma vez que, conforme estabelecido na estratégia oficial, os "esforços internacionais efetivos nos permitem alocar os recursos de outras nações nesta batalha. Nosso país não pode assumir sozinho a responsabilidade ou o custo de combater as drogas" (US President 1989, 61).

Nesse sentido, a prioridade da justiça criminal e o modelo de criminalização e persecução penal dos Estados Unidos da América têm sido exportados para o exterior (Linhares 2015). Os governos estrangeiros atendem às pressões, estímulos e exemplos norte-americanos, adotando novas leis criminais sobre o tráfico de drogas, lavagem de dinheiro, comércio privilegiado e crime organizado, inclusive modificando as normas de sigilo financeiro e empresarial, assim como os códigos de processo penal, a fim de melhor atender às políticas que lhes foram impostas (Nadelmann 1993).

Enquanto avançavam os esforços internacionais da política norte-americana no combate às drogas, inclusive com o envolvimento das agências responsáveis por proteger a segurança nacional, sob o argumento de que "a guerra contra a droga não pode ser combatida – muito menos vencida – sem uma boa inteligência" (US President 1989, 87), as polícias locais passaram a adotar técnicas norte-americanas de investigação, ao passo que os tribunais e legislaturas acompanharam a tendência com as necessárias permissões jurídicas. Os governos dirigiram substanciais recursos policiais e até mesmo militares para coibir a produção e tráfico ilícito de drogas. Em linhas gerais, os Estados Unidos da América forneceram os modelos, e os outros Estados se ajustaram (Nadelmann 1993). É nesse sentido que a

> [...] *War on Drugs* é também estratégia geopolítica de ocupação, dominação e controle das periferias pelos Estados Unidos. Assume ares militarizados, porque se

torna pretexto para envio de tropas, doutrinação e cooptação das elites militares das periferias, de modo a alinhá-las aos interesses estadunidenses e de barrar qualquer discurso nacionalista, de resistência ao imperialismo. A história mostra o sucesso dessa estratégia de influenciar por meio da doutrinação aparentemente inofensiva de membros de setores estratégicos locais. (Santos Júnior 2016, 226-227)

A influência do que a Comissão Global de Políticas sobre Drogas (2011, 8) chamou de "imperialismo do controle de drogas" chega a intervir em questões tipicamente locais, ditando padrões de comportamento que se contrapõem, muitas vezes, à cultura, história e autodeterminação dos povos, ao ponto de criminalizar até mesmo tradições remotas. Como exemplo atual dessa situação, pode-se citar o intento da Bolívia de suprimir a proibição da prática de mascar folhas de coca imposta pela Convenção de 1961, que veda qualquer uso não medicinal desse vegetal. Não obstante reiterados estudos terem evidenciado que tal costume indígena não incrementa os danos produzidos pelo narcotráfico, bem como ser a nítida maioria da população local e de países vizinhos a favor da mudança, a maior parte das nações, lideradas pelos Estados Unidos da América, representativas dos grandes mercados ilegais de cocaína, posicionaram-se formalmente contra a emenda proposta.

Ainda no sentido do recrudescimento da legislação de drogas e sua consequente militarização, pode-se citar o advento, no Brasil, do Decreto 5144 (Brasil 2004), que regulamenta a chamada "Lei do Abate" (Brasil 1998) segundo a qual a autoridade aeronáutica poderá empregar os meios que julgar necessários para compelir aeronave a efetuar o pouso e, em caso de recusa, esgotados os meios coercitivos legalmente previstos, será classificada como hostil, ficando sujeito à medida de destruição. Embora referida lei não trate especificamente das questões relacionadas ao narcotráfico, o móvel do Decreto que a regulamenta foi exatamente esse.

Com efeito, o Decreto 5.144 (Brasil 2004) estabelece os procedimentos a serem seguidos com relação a aeronaves hostis ou suspeitas de tráfico de drogas, levando em conta que estas podem apresentar ameaça à segurança pública. As aeronaves suspeitas de tráfico de substâncias psicoativas ilegais que não atendam aos procedimentos coercitivos previstos serão classificadas como hostis, sujeitas à medida de destruição. A natureza do abate, bem como a autoridade competente para tanto, revela o caráter bélico que dá contornos ao atual combate às substâncias psicotrópicas, a demonstrar, mais uma vez, os atos de guerra promovidos em torno da questão das drogas.

Exemplo ainda mais contundente do tratamento belicista dado às substâncias psicotrópicas na terceira fase de sua criminalização é a cominação de pena de morte em razão de condutas relacionadas ao narcotráfico em países como a China, Vietnã, Singapura, Irã, Indonésia, Malásia e Arábia Saudita (Karam 2009), resultado do aprofundamento da guerra contra as drogas e do direito penal que lhe sustenta. Recentemente, em junho de 2018, diante de trezentas crianças, o judiciário chinês executou pena de morte imposta a dois condenados por tráfico, como forma de desestimular os estudantes a tal prática (Cox 2018).

Assim, o que se pode consignar de mais emblemático para esse período, que teve início com Ronald Reagan e prossegue até os dias atuais, é a nova face da criminalização das drogas. O argumento moral continua a lhe dar apoio popular (tal qual na primeira fase) e os objetivos declarados permanecem aqueles relacionados com a erradicação dos psicotrópicos (como ocorreu na segunda fase), mas a guerra às drogas deixou de ser um mero princípio ou o meio pelo qual a sociedade se livraria definitivamente das substâncias consideradas ilícitas, tornando-se seu próprio fundamento.

Desde o início da década de 1980, por exemplo, os Estados Unidos da América utilizam a criminalização das drogas como eixo central de sua política para todo o continente americano. Passaram a difundir termos como "narcoguerrilha" e "narcoterrorismo", em uma nítida simbiose dos seus "inimigos externos" (V. M. Batista 2003a, 12). Em dezembro de 1989, a invasão ao Panamá para derrubada do governo de Manuel Noriega, mais uma vez exemplificando, teve como principal argumento o envolvimento desse com o tráfico de drogas (Bewley-Taylor e Jelsma 2011).

A segurança nacional norte-americana passou a ter como eixo central a questão das drogas, o que foi replicado nos países 'solidários' a Washington, "ao mesmo tempo em que o capital financeiro e a nova divisão internacional do trabalho os obrigam a serem os produtores da valiosa mercadoria. Os países andinos se transformaram em mercados brutalizados para o varejo residual das drogas ilícitas" (V. M. Batista 2003a, 12).

No entanto, ante a impossibilidade de vencer o narcotráfico, a criminalização das drogas passou a ser um fim em si mesma. É que, em nome dos direitos humanos, da democracia, da intervenção humanitária, do combate ao comunismo, terrorismo ou às drogas, dentre outras questões sensíveis, os Estados Unidos da América sucessivamente recorreram à guerra como forma de exercer e, ao mesmo tempo, consolidar seu poder hegemônico[18].

No início da década de 1980, a Guerra Fria já não mais demandava maiores investimentos e, com a queda do muro de Berlim no final da mesma década, encerrava-se aquele período histórico. Assim, os esforços militares dos Estados Unidos da América necessitavam de um novo argumento. O resultado foi progressiva criminalização e a militarização da guerra contra as drogas. Desde aquele momento até, pelo menos, os atentados de 11 de setembro de 2001, a penalização das drogas tem se mostrado especialmente útil para justificar as operações, bases e intervenções militares no exterior, "cobrindo o vazio ideológico entre a Guerra Fria e a guerra ao terror" (Bewley-Taylor e Jelsma 2011, 7797).

E assim, a proscrição das drogas prossegue nos dias atuais, numa progressiva e sistemática criminalização. Com forte discurso

---

[18] O tema é tratado com profundidade em Jelsma, et al. (2011).

ético, declarando ter como objetivo a mitigação do narcotráfico e do consumo de drogas até sua erradicação, mas não passando de um fim em si mesma. Nem mesmo o novo móvel de militarização norte-americano, a "guerra ao terror", recente argumento ao exercício da hegemonia política, bélica e econômica, foi capaz de refrear o combate às substâncias psicoativas tornadas ilícitas. É que os muitos anos de proibição, a propaganda em torno do combate ao narcotráfico, o conteúdo ético sistematicamente inserido e reforçado na questão do uso, a equivocada associação de determinadas drogas com o fenômeno da violência urbana, impedem uma postura racional dos governos e da sociedade, que acabam preferindo insistir em uma guerra perdida, mas que ainda representa um ideário moral e de dominação.

2.3.2. As políticas de redução de danos

A terceira fase da criminalização das drogas, ante seu fracasso de proteger o bem jurídico, consistente na tutela da saúde pública, trouxe uma aproximação ironicamente contraditória em relação ao tratamento penal dado às duas faces do mercado ilícito de psicotrópicos. Se, por um lado, promove a progressiva repressão aos atores que mantêm a oferta de narcóticos, por outro, estabelece uma crescente despenalização daqueles responsáveis pela origem da demanda. Aos traficantes, a lei criminal – não o direito penal clássico, mas aquele próprio dos inimigos. Aos usuários, uma tendencial abordagem terapêutica, consubstanciada nas políticas de redução de danos.

A estratégia de redução de danos apresenta-se como a primeira política pública a se distanciar do modelo proibicionista-criminalizador conduzido pelos Estados Unidos da América, embora não negue e não se contraponha à militarização do combate às drogas e sua progressiva criminalização das atividades de produção, distribuição e comercialização de substâncias psicoativas.

No entanto, importante registrar, a busca por meios diferentes da criminalização das drogas não é tarefa fácil. E o problema não reside na prova da eficácia de outros métodos, que não o tratamento penal das substâncias psicoativas, mas no viés ético-moral que costuma contaminar as discussões e tomadas de decisão inerentes ao tema. Quando se trata da lei de drogas, "qualquer ação embasada numa posição moral, como as pesadas penas de prisão para o uso ou venda de uma substância ilícita, é tida por eficaz, enquanto qualquer possibilidade racional é rejeitada" (Rowe 2006, 164).

Intervenções contra a dependência e uso de substâncias psicotrópicas quase sempre foram temas de discussão muito além da arena da saúde pública. As questões éticas que permeiam a matéria influenciam os objetivos e os alvos das políticas públicas, que deveriam ser preventivas e terapêuticas. Na verdade, o desenvolvimento histórico da política de drogas muitas vezes é representado como um debate em curso entre uma posição moral, no qual o uso da substância ilícita é retratado como criminoso e desviante, e a abordagem terapêutica, pertinente à saúde pública, aquela em que "os usuários de drogas são vistos como pessoas que necessitam de tratamento e ajuda" (Davoli, Simon e Griffiths 2010, 437).

E desse viés moral, a dar tônica à criminalização das drogas, resulta uma equivocada estratégia de concentrar esforços na coação, típica do direito penal que busca legitimidade em si próprio, e repressão, consistente na guerra às drogas, em detrimento de ações dirigidas ao verdadeiro enfrentamento das questões relacionadas à saúde pública, afetadas que são pelo abuso de substâncias ilícitas.

Em razão disso, poucas são as experiências cuja linha de frente adotada pelos Estados, por meio de suas políticas públicas, caminhe no sentido alternativo ao da proscrição e criminalização das drogas. A estratégia prioritária de penalização e combate resulta em que, no mais das vezes, a polícia e as forças armadas se tornem as instituições a quem se atribuem a formulação das políticas de drogas[19]. O mesmo se repete na comunidade internacional, onde as instâncias de decisão das Nações Unidas também são conduzidas por esses interesses. Ainda que os governos reconheçam que as estratégias atuais devam ser articuladas com programas sociais e de saúde pública, os órgãos responsáveis pela elaboração e execução dessas políticas, os orçamentos e as práticas de implementação não se adequaram à atual realidade, o que dificulta a criação de estratégias fundamentadas em informação científica confiável (Comissão Global de Políticas sobre Drogas 2011).

Entretanto, não obstante a escassez de políticas cujo foco se dê no enfrentamento do problema da saúde pública decorrente do consumo de drogas, as poucas existentes são dignas de menção, tais como intercâmbio de seringas, tratamentos médicos à base de metadona, buprenorfina (WHO, UNODC e UNAIDS 2012), substâncias menos prejudiciais que a heroína, e até mesmo prescrição de heroína, hábeis a mitigar o risco de morte por overdose e contaminação de HIV e demais infecções sanguíneas (EMCDDA 2010).

São as chamadas "políticas de redução de danos", em que o foco não é o combate às drogas, senão aos seus efeitos. Nelas, busca-se a "minimização das consequências adversas do consumo de drogas, do ponto de vista da saúde e de seus aspectos sociais e econômicos sem, necessariamente, reduzir esse consumo" (Reghelin 2002, 74). Alguns Estados foram além e descriminalizaram a posse de drogas para consumo próprio. A Europa tem sido pioneira em medidas dessa natureza, consistentes na redução dos danos causados pelos psicotrópicos (Nadelmann, McNeely e Drucker 1997).

---

[19] No Brasil, por exemplo, a rotulação das drogas consideradas ilícitas é realizada pela Agência Nacional de Vigilância Sanitária (ANVISA), autarquia vinculada ao Ministério da Saúde – o que faz sentido, posto que o bem juridicamente tutelado é a saúde pública. No entanto, segundo Milena Soares e Cristina Zackseski (2016, 150-151), muitas vezes a inclusão de substâncias em quadros e graus de ilicitude se dá por iniciativa da Polícia Federal, cujo argumento explícito não se vincula ao problema de saúde pública, senão ao "combate ao narcotráfico", o que se explica a partir do "contexto e ideologia de guerra às drogas, que leva à necessidade de minar as fontes de rendas das organizações criminosas".

O fundamento da atual política de drogas europeia se baseia nas convenções internacionais de controle, pelo que não se pode contrariá-las, mesmo ante a liberdade dada aos Estados para interpretar suas obrigações quanto a matéria. A redução de danos, como principal objetivo naquele continente, é vista pelos políticos responsáveis, portanto, como uma abordagem equilibrada, que incluem também medidas duras de redução da oferta. Não significa, porém, que se ignore o argumento de que os danos podem resultar do próprio sistema de proibição das drogas (Davoli, Simon e Griffiths 2010).

O reconhecimento deste fato pode ser observado, por exemplo, em uma mudança de ênfase na distinção, que agora é comumente utilizada, entre traficantes e usuários. Isto se reflete em políticas que tentam desviar usuários problemáticos do sistema judicial penal para o tratamento, ou que introduzem sanções mais brandas para aquelas pessoas que fazem uso de drogas. Essa evolução, no entanto, deve-se mais ao argumento de redução dos custos financeiros destinados ao combate às substâncias psicoativas e de como os benefícios podem ser maximizados. A redução de danos passou a ser claramente parte dessa agenda, mas geralmente se apresenta de forma secundária, de modo a não confrontar ou não se contrapor a estratégia de criminalização (Davoli, Simon e Griffiths 2010).

As políticas de redução de danos, assim, dão abertura a uma perspectiva de saúde pública em que o imperativo é reduzir os males imediatos decorrentes do consumo abusivo de substâncias psicoativas, o que não significa afirmar terem os Estados que as adotam renunciado à coação e repressão no combate à oferta de drogas.

No entanto, a despeito de todas as evidências demonstrarem a eficiência da política de redução de danos, muitos governos ainda se recusam a adotar tais medidas com o receio de, ao melhorar a saúde dos usuários de drogas, serem percebidos como coniventes ou lenientes para com o uso de psicotrópicos. Preferem insistir em um modelo "ilógico – sacrificar a saúde e o bem-estar de um grupo de cidadãos quando se dispõem de medidas eficientes de proteção da saúde é inaceitável, e aumenta os riscos enfrentados pela comunidade como um todo" (Comissão Global de Políticas sobre Drogas 2011, 5).

Embora as políticas de redução de danos não representem, atualmente, oposição à proscrição e criminalização das drogas, apresentam-se como medidas alternativas conducentes ao mesmo objetivo declarado – mitigação dos danos à saúde pública decorrentes do consumo abusivo de substâncias psicoativas. Políticas dessa natureza, por exemplo, são adotadas na Suíça, Grã-Bretanha, Alemanha, Holanda e Portugal, dentre outros países. Respectivamente em 2013 e 2018, Uruguai e Canadá foram além das práticas usuais de redução de danos e legalizaram o consumo da maconha.

Tome-se, inicialmente, o exemplo da Suíça que, no final da década de 1980, passou por um período de preocupante crescimento nas taxas de consumo de drogas injetáveis (Gouverneur 2018). Ao mesmo tempo, também crescia o número de infectados pelo vírus HIV. Buscando mitigar o problema de incolumidade pública que se instalava, adotou-se como medida o engajamento do setor da saúde pública para lidar com a questão, em vez da criminalização do usuário.

Até o advento da *aids*, a Suíça matinha, em relação às drogas, uma política conservadora, fundada na criminalização e forte repressão policial sobre usuários e traficantes (Killias e Aebi 2000), na mais perfeita acepção da guerra às drogas. Com o avanço do HIV e sua inerente contaminação a partir do compartilhamento de seringas por pessoas usuárias de drogas injetáveis, a postura coercitiva deu lugar às ações focadas na saúde do adicto.

Embora não tenha descriminalizado o uso e a comercialização de drogas, o governo suíço criou salas de injeção segura onde, além de ter assistência social, a pessoa pode fazer uso de drogas injetáveis sem recorrer a traficantes ou se submeter ao risco de consumir substância impura (Gouverneur 2018). No mesmo local o poder público distribui seringas descartáveis e, desde 1992, o usuário que tenha desenvolvido dependência (atendidas algumas poucas condições) pode ser submetido ao tratamento de prescrição de heroína[20], reduzindo assim os riscos inerentes ao consumo.

As ações focadas na redução dos danos causados pelo consumo de drogas injetáveis, no caso da Suíça, seguem o princípio do *low-threshold*, consistente na estratégia de que as pessoas a quem se destinam essas ações não encontram altas exigências para obter os serviços de tratamento. Não se exigiu, por exemplo, que o indivíduo deixasse de consumir determinado psicotrópico para ingressar no programa, embora a abstinência continue sendo um objetivo a ser alcançado.

Da medida de substituição e prescrição de heroína[21] resultou considerável impacto na procura clandestina por esse opióide, uma vez que a ação focou nas pessoas que desenvolveram dependência (que representam de 10% a 15% do total) e, embora em menor número em relação aos demais usuários, são responsáveis pela maior parte da demanda (30% a 60%). De igual sorte, a procura por outras drogas também experimentou redução em decorrência do programa (Killias e Aebi 2000).

Com efeito, observando-se o comportamento da pessoa integrada ao programa, a partir dos dados coletados pela polícia suíça, durante os seis primeiros meses de tratamento, o consumo de heroína diminui, em média, 68%, em comparação com os seis meses anteriores à intervenção. Quando a comparação é estendida aos períodos de vinte e quatro meses antes e após a admissão no programa, a redução é de 71% (Killias e Aebi 2000).

O mesmo decréscimo pode ser observado até em relação ao consumo de cocaína (droga que não faz parte da política de substituição

---

[20] Sobre como a Suíça foi capaz de desempenhar um papel pioneiro no campo do tratamento da dependência, ao criar uma política de drogas que inclui a prescrição médica de heroína, bem como o papel dos processos de intermediação de conhecimento e da construção de coalizões nas diferentes fases do desenvolvimento de sua política de drogas, conferir Riaz Khan, et al. (2014).

[21] A prescrição de heroína costuma a funcionar melhor que a substituição por metadona, uma vez que esta, embora menos insegura, não satisfaz a dependência psicológica de muitos usuários, porque não tem efeito ansiolítico (Gouverneur 2018).

ou prescrição). Dentre os dependentes de heroína, integrantes do programa, apenas 15% declararam não ter feito uso de cocaína nos seis meses anteriores ao tratamento. Seis meses após, o número de assistidos que não fizeram uso de cocaína no período já importava em 28%; progredindo para 35% após doze meses e, finalmente, 41% após dezoito meses. Cerca de 43% dos dependentes em heroína admitidos no programa de substituição de drogas tinham, nos seis meses anteriores ao tratamento, atuado como traficante da mesma substância para sustento do próprio vício. Durante os seis primeiros meses de tratamento, esse número havia decrescido para 10%; e 6% após doze meses de ingresso no projeto (Killias e Aebi 2000).

O programa de prescrição de heroína foi responsável por afastar seus pacientes da prática de crimes relacionados ao tráfico de drogas e afetar o próprio mercado ilegal de referido opióide. Seu alvo são as pessoas que desenvolveram uso problemático da droga, os habituais no consumo daquele psicotrópico. Tais pessoas estavam fortemente envolvidas no tráfico de drogas e outras formas de criminalidade e serviam como uma ponte entre importadores (alguns suíços) e usuários (principalmente suíços). Uma vez que lhes foi disponibilizado uma forma lícita para satisfazer e tratar sua dependência, reduziram o uso de drogas ilegais. Isso mitigou sua necessidade de negociar heroína e participar de outras atividades criminosas. Assim, o programa obteve três efeitos sobre o mercado de drogas: reduziu substancialmente o consumo entre os usuários problemáticos, afetando a viabilidade do mercado; reduziu os níveis de outras atividades criminosas associadas ao mercado ilícito; uma vez removidos os dependentes e traficantes locais, os usuários casuais suíços encontraram dificuldades de fazer contato com os vendedores (Killias e Aebi 2000).

Não obstante os avanços nas políticas públicas de drogas na Suíça, em 2004 o parlamento daquele país rejeitou a descriminalização da maconha e, em 2008, seus eleitores, consultados em plebiscito, embora aprovando as medidas de redução de danos, pronunciaram-se contra a legalização dos canabinoides.

O Reino Unido, por sua vez, no ano de 1999, implementou política pública de prevenção ao uso de substâncias psicotrópicas, consistente em um programa que oferece às pessoas que desenvolveram uso problemático de drogas, que tenham cometidos delitos, tratamento à dependência em substituição da pena, o que fez reduzir o índice de reincidência. Com essa medida, considerando o grupo de pessoas usuárias de drogas adeptas do programa, o número de processos criminais apresentou decréscimo de 48%, tomando por base os anos prévios e posteriores ao tratamento (Millar, et al. 2008).

O tratamento terapêutico tem o condão de reduzir a população carcerária, ao desviar do sistema prisional o indivíduo que, de apenado, converte-se em paciente dos serviços de saúde. Embora existam crimes cuja pena não possa ser comutada em tratamento, fazendo-se necessário seu cumprimento em penitenciária, parte da sanção pode ser cumprida em liberdade, condicionada ao ingresso no programa.

Pode-se dizer que medidas dessa natureza se apresentam como alternativa viável, coincidindo com o que Claus Roxin (2001, 466-467) definiu por "diversificação" – importante consignar:

> Nas hipóteses em que a descriminalização não é possível – como no furto –, poder-se-ão evitar as desvantagens da criminalização através de alternativas à condenação formal por um juiz. Tais métodos de diversificação são utilizados em quantidade considerável na Alemanha, pois o tribunal e também o ministério público podem arquivar o processo quando se tratar de delitos de bagatela em cuja persecução não subsista interesse público; tal arquivamento pode ocorrer inclusive no âmbito da criminalidade média, se o acusado prestar serviços úteis à comunidade (como pagamentos à Cruz Vermelha ou a reparação do dano).
>
> Estes métodos de diversificação são utilizados hoje na Alemanha em quase metade de todos os casos, tendo reduzido consideravelmente a quantidade de punições. [...] esta espécie de reação a delitos deve ser um elemento essencial do direito penal do futuro.

Assim, na Grã-Bretanha, a medida alternativa de comutar pena em tratamento de saúde, visando mitigar os efeitos do uso problemático de drogas, resultou na redução do índice de crimes relacionados ao consumo de substâncias psicoativas, da população carcerária e dos gastos estatais com a persecução penal. Mostrou-se, portanto, eficaz à tutela da incolumidade pública.

Já o exemplo holandês se constitui em uma abordagem diferente. Embora a Holanda seja lembrada, pelo senso comum, como paradigma da descriminalização das drogas, na vanguarda das políticas públicas acerca da matéria, a realidade é outra. A *cannabis* é a única substância psicoativa, proscrita pela comunidade internacional, cuja venda é consentida (mas não legalizada) naquele país – isso mesmo, em locais específicos (*coffee shops*) e em pequena quantidade[22], em razão "de uma política pragmática de tolerância" (Boiteux 2017, 192).

A comercialização irregular desse psicoativo continua a ser considerada conduta criminosa. Por isso, não se pode sequer dizer que a maconha é legalizada na Holanda[23]. Na verdade, a política antidrogas holandesa é similar àquela adotada na Suíça e, em muitos aspectos, é menos liberal que a portuguesa. Não obstante, das medidas alternativas adotadas pelos Países Baixos resultam mensuráveis avanços para saúde pública.

Na Holanda, a política de redução de danos adota como medidas o intercâmbio de seringas, prescrição de metadona e heroína como tratamento da dependência, manutenção de salas de consumo de drogas e acompanhamento médico. A prescrição da heroína, como medida terapêutica, reduziu os pequenos delitos e perturbações da ordem pública, e teve efeitos positivos na saúde das pessoas que lutam contra a dependência (Comissão Global de Políticas sobre Drogas 2011).

---

[22] O *coffee shop* não pode vender mais que cinco gramas de maconha, por vez, para a mesma pessoa; não pode comercializar outras drogas; e não pode vender a turistas, nem a menores de dezoito anos.

[23] A própria posse da maconha, ainda que para consumo, se não se der nos locais destinados ao uso, implica em contravenção penal, punível com multa.

Não existe um programa que atenda especificamente ao usuário de cocaína – como a prescrição médica da substância, por exemplo. Assim, para esse tipo de psicotrópico, a Holanda apresenta um consumo médio ligeiramente acima da média do continente europeu: pouco mais de 5% dos holandeses adultos já fizeram uso de cocaína, sendo que quase 2% a utilizaram recentemente. A título ilustrativo, nos Estados Unidos da América, cerca de 14,5% da população com mais de doze anos de idade já experimentaram cocaína (Netherlands National Drug Monitor 2011).

No que é pertinente ao uso de opióides, objeto principal das medidas de redução de danos adotadas pela Holanda, quando considerado o número de usuários problemáticos (que desenvolvem dependência, doenças, comportamento violento ou distúrbios), tem-se que, ao longo do tempo, mensurou-se significativo decréscimo (Netherlands National Drug Monitor 2011).

A mesma demonstração de eficiência da política holandesa de redução de danos se tem ao comparar sua situação atual, em relação ao número de usuários problemáticos de "drogas pesadas"[24], com outros países do continente europeu. De acordo com a *Netherlands National Drug Monitor* (2011), a Holanda apresentou, no ano de 2007, um índice de 1,6% de usuários problemáticos de drogas entre a população adulta (15 a 64 anos de idade), situação pior apenas daquela registrada na Espanha (1,35%) e muito mais favorável que a maioria dos Estados europeus, tais como Reino Unido (10%), Itália (9,8%), Luxemburgo (7,7%) e Irlanda (7,2%), por exemplo.

Esses dados se mostram importantes não só por revelarem a posição privilegiada da Holanda quando se trata do número relativo de usuários problemáticos das substâncias psicotrópicas mais perigosas, fato decorrente de suas medidas focadas na saúde do indivíduo – o que há de mais significativo é o progressivo decréscimo, justamente, do

---

[24] A lei holandesa considera "drogas pesadas" aquelas que apresentam "riscos inaceitáveis" à sociedade, enumerando, dentre outras, heroína, cocaína, anfetaminas, LSD e *ecstasy*.

número de usuários problemáticos. É que o quantitativo de consumidores comuns de determinada droga, que não desenvolvem dependência, doenças, comportamento violento ou distúrbios, relacionados ao uso em si, não se apresenta tão importante quanto o número de usuários problemáticos, cuja adicção teria o condão de macular diretamente a incolumidade pública. Assim, qualquer medida que venha a reduzir o uso problemático de substâncias psicoativas, mesmo que produza incremento no índice de consumidores não problemáticos, deve ser tida por eficaz no combate aos danos à saúde pública decorrentes das drogas.

Outro avanço, a partir do programa de intercâmbio de seringas, na qual o governo troca aquela já usada por uma nova, e da prescrição de metadona e heroína, traduz-se na significativa redução da infecção por HIV decorrente do uso inadequado de drogas. Verificou-se uma queda acentuada no percentual de usuários de drogas soropositivos em duas décadas (dados de 2007), em especial, quanto aos jovens (com menos de 30 anos de idade). A incidência de novos diagnósticos entre dependentes de drogas injetáveis caiu de 8,5% no ano de 1986 para 0% em 2000, com um ligeiro aumento em 2005, quando dois usuários de drogas injetáveis foram diagnosticados com *aids*. Desde então, até o ano de 2009, nenhuma nova infecção foi registrada. O declínio na transmissão desse tipo de vírus entre usuários de drogas pode ser parcialmente explicado pela diminuição no compartilhamento de injeção, agulha e seringa, embora o comportamento sexual de alto risco ainda persista. A diminuição de novos casos dessa doença entre as pessoas que consomem drogas destoa em relação a um ligeiro aumento entre usuários do sexo masculino que praticam relações homossexuais. Para este grupo, o risco sexual, quando associado aos psicotrópicos, continua aumentando. Mas, no geral, a participação em dois programas de fácil acesso, o programa metadona e o programa de intercâmbio de seringas, reduzem as chances de infecção por HIV e hepatite tipo C (Netherlands National Drug Monitor 2011).

Em síntese, o programa de redução de danos adotado pela Holanda se mostrou eficiente em reduzir o número de usuários de opióides, os danos à saúde decorrentes do consumo de drogas, o número de mortes por overdose[25] e o número de infecções por HIV decorrentes do uso inadequado de psicoativos. Além disso, ao assegurar tratamento adequado às pessoas que desenvolveram dependência, possibilitou o enfrentamento do uso problemático a partir de uma postura fundada na dignidade da pessoa humana.

Durante a década de 1980, diferente de países como Holanda e Suíça, a então Alemanha ocidental havia implementado um dos regimes mais repressivos às drogas da Europa (Stöver 2013). Reflexo disso, por ano, cerca de setenta mil pessoas eram presas por infrações penais relacionadas às substâncias psicoativas – a posse de drogas para uso próprio era apenada com até quatro anos de prisão, enquanto o tráfico tinha pena de até quinze anos. Cerca de 30% das mulheres encarceradas no sistema prisional alemão haviam cometido crime relacionado às drogas (Fischer 1995).

Não obstante o rígido controle promovido por uma sociedade conhecida pela eficiência, os objetivos de eliminação da oferta e consumo de drogas não haviam sido alcançados. A demanda por drogas era progressivamente incrementada, assim como o sofrimento físico e a miséria social das pessoas que delas faziam uso. Enquanto isso, o tráfico ilícito de substâncias psicotrópicas se expandia e angariava lucros extraordinários, promovendo o medo dos moradores das cidades e o progressivo incremento da criminalidade (European Cities on Drug Policy 1990).

Mesmo com o recrudescimento do combate às drogas em cidades como Berlim, Frankfurt e Hamburgo, o número de pessoas dependentes de substâncias ilícitas aumentava sistematicamente – no final da década, eram cem mil adictos em drogas consideradas pesadas, enquanto duas mil pessoas morriam por ano em decorrência do uso abusivo. Os grandes centros apresentavam áreas inteiras tomadas por pessoas usuárias de substâncias psicotrópicas. Nesses locais, havia um perceptível incremento nos delitos contra o patrimônio, violência e

---

[25] A Holanda tem, atualmente, o menor número de óbitos por overdose da Europa.

prostituição (em Frankfurt, 80% das mulheres usuárias de heroína se prostituíam). No centro de Frankfurt, na região do parque de Taunusanlage, próximo à estação ferroviária principal, por exemplo, havia uma área de quase dois quilômetros quadrados onde circulavam cerca de cinco mil pessoas por dia comprando, vendendo e consumindo drogas (Fischer 1995).

Na medida em que ficaram evidentes os problemas com esses locais, onde se consumiam abertamente todo o tipo de drogas, tais como as mortes por overdose e alta incidência de infecções por HIV e hepatite, que atingiram o seu pico no final da década de 1980, tornou-se premente a necessidade de se desenvolver uma abordagem diferenciada e orientada ao acolhimento, que visasse tanto a proteção da população quanto a redução dos danos decorrentes do uso de substâncias ilícitas. Os métodos repressivos, então, foram direcionados para o tráfico ilícito de drogas, não mais contra pessoas dependentes e às comunidades em que viviam (Stöver 2013).

Logo no início da década de 1990, as políticas públicas dirigidas ao problema das drogas experimentaram uma significativa mudança na Alemanha, tendo a cidade de Frankfurt como pioneira na adoção de medidas alternativas à criminalização do usuário. O que se convencionou chamar de "Caminho de Frankfurt", modelo seguido por diversas outras cidades alemãs, priorizou ações voltadas à humanização das pessoas que desenvolveram uso problemático de drogas, e até mesmo do usuário comum, com foco na redução dos danos, podendo-se destacar a criação de salas supervisionadas para o consumo de drogas, albergues para acolhimento, tratamento médico, assistência social e programas habitacionais dirigidos a esse grupo.

Para reduzir o risco de contaminação por HIV, o governo alemão passou a fornecer seringas descartáveis para as pessoas que faziam uso de drogas injetáveis. Esse programa de trocas de seringas, associado às medidas de substituição de heroína por metadona, implementadas posteriormente, resultou em decréscimo da presença de soropositivos no número de mortes relacionadas ao uso de substâncias psicoativas em Frankfurt – de 65% em 1985 para 12% em 1992. Em

Hamburgo, por sua vez, onde cerca de 10 mil seringas eram distribuídas por dia, houve significativa mitigação das contaminações pelos vírus da *aids* e hepatite (Fischer 1995).

Como resultado da política de redução de danos implementada na Alemanha, o número de novos usuários de drogas consideradas pesadas em Hamburgo, como heroína e cocaína, reduziu 42% em apenas três anos. Entre 1992 e 1994, naquela cidade, os crimes em geral praticados por pessoas usuárias de psicoativos foi mitigado em 34%. Também significante é o que se observou, no mesmo período, quanto ao decréscimo de alguns crimes específicos, tais como roubos (24%), furtos (45%) e furtos de veículos automotores (62%). Em Frankfurt, já em 1993, o número de óbitos por overdose de pessoas que faziam uso de heroína foi reduzido em 60%, tomando-se por referência os índices anteriores à implementação das medidas alternativas à criminalização (Fischer 1995). Ainda que não se tenha descriminalizado o uso de substâncias psicoativas, a implementação de políticas voltadas à contenção dos danos inerentes ao uso de drogas ilícitas, portanto, mostrou-se eficiente no enfrentamento dos problemas de saúde e segurança pública, cuja tutela pelos meios tradicionais, típicos da guerra às drogas, não se fazia eficaz.

Já em Portugal o consumo de drogas continua proscrito – a legalização não é possível em virtude dos tratados internacionais pelos quais, como tantos outros países, obrigou-se a combatê-las (Domosławski 2011)[26] – mas desde 1º de julho de 2001, em razão do advento da Lei 030 (Portugal 2000), a aquisição, posse e consumo de qualquer substância psicotrópica deixou de ser tratada por meio da *ultima ratio* da norma penal. Assim, "o controle sobre o uso de drogas foi transferido para um sistema do tipo administrativo, ao mesmo tempo em que foi mantido o duro tratamento penal dos traficantes de drogas ilícitas" (Boiteux 2017, 191).

---

[26] A regra geral, na verdade, é que em razão dos tratados internacionais, em se tratando de política criminais em relação às drogas, "os países gozam de certo nível de autonomia, apesar de limitada pois somente pode ser exercida no sentido de maior rigor" (Soares e Zackseski 2016, 143).

No final da década de 1980, um em cada cem portugueses tinha desenvolvido adicção problemática em heroína, o que levou a taxa de infecção pelo vírus HIV ser a mais alta da União Europeia. A cidade do Olhão, na Costa do Algarve, Sul de Portugal, era uma das capitais das drogas na Europa. No entanto, a política oficial de descriminalização da posse e consumo das substâncias psicoativas possibilitou que o Governo oferecesse uma ampla gama de serviços (saúde, psiquiatria, emprego, moradia, dentre outros), cuja integração de recursos e conhecimento tornou eficaz a redução dos danos relacionados ao consumo de drogas (Ferreira 2017).

Com efeito, por força da Lei 030 (Portugal 2000), o uso, a aquisição e a posse para consumo próprio[27] de substâncias ilícitas constituem contraordenação, infração de natureza administrativa sujeita à multa. O julgamento é realizado por um colegiado, formado por assistentes sociais, psicólogos e juristas, intitulado Comissão para a Dissuasão da Toxicodependência, vinculado ao Ministério da Saúde português. De qualquer forma, a própria multa não poderá ser aplicada se o infrator solicitar a assistência de serviços de saúde, públicos ou privados, garantindo-se o sigilo sobre o tratamento.

Segundo Fernando Henrique Cardoso (2011), no momento em que descriminalizou as substâncias psicoativas, Portugal quebrou um paradigma. Ao invés de insistir em medidas repressivas ineficazes, quando não claramente contraproducentes, optou por políticas mais cidadãs e eficientes, fundadas na dignidade da pessoa humana.

A lógica da despenalização adotada por Portugal coincide com aquela preconizada de forma geral por Claus Roxin (2001), segundo o qual esta é possível em dois sentidos: 1) eliminando-se dispositivos penais que não sejam necessários à manutenção da paz social, como comportamentos que atingem somente a moral, a religião, o politicamente correto e o próprio agressor, sem causar danos à

---

[27] Assim considerada a quantidade que não exceda o necessário para o consumo médio individual durante o período de dez dias, segundo a lei, para a *cannabis*, vinte e cinco gramas; haxixe, cinco gramas; cocaína, dois gramas; heroína, um grama; LSD ou *ecstasy*, dez comprimidos.

sociedade; e 2) quando, ainda que haja possibilidade de lesão à sociedade, se possa atingir o mesmo grau de tutela ao bem jurídico por meio de medidas outras que não a norma penal. O exemplo oferecido pelo autor, acerca da segunda circunstância, também coincide com o móvel do desígnio português:

> Um tal caminho foi encetado pelo direito alemão, por exemplo, ao se criarem infrações de contra-ordenação. Assim, distúrbios sociais com intensidade de bagatela – pequenas infrações de trânsito, barulho não permitido ou incômodos à comunidade – não são mais sujeitos à pena, e, sim, como infrações de contra-ordenação, somente a uma coima (*Geldbusse*). O direito penal do futuro tem aqui um extenso campo – especialmente as numerosas leis extravagantes – para a descriminalização. (Roxin 2001, 466)

Além disso, a partir da descriminalização quanto ao uso de droga, o poder público pôde implementar, de forma mais incisiva, programas de intercâmbio de seringas e agulhas, prescrição de metadona em substituição à heroína, tratamento psiquiátrico, psicológico e assistência social.

Se na Suíça a adesão aos programas de redução de danos se dá em razão do princípio do *low-threshold*, em Portugal ocorreu, de forma ainda mais eficiente, por meio da descriminalização. Uma vez que o consumo de droga não é crime, as pessoas toxicodependentes não se sentem intimidadas ou constrangidas em procurar ajuda estatal, mesmo quando desejam apenas a prescrição da metadona e não têm planos para se curar da dependência.

Assim, a adesão ao programa de redução de danos em Portugal tem sido mais representativa que na Alemanha, Holanda ou Suíça, de forma que, em 2010, "cerca de quarenta mil toxicodependentes submeteram-se a tratamento" (Domosławski 2011, 32) naquele país. Como resultado, embora se tenha constatado ligeiro incremento no índice de adultos a fazer uso de substâncias ilícitas em Portugal, as medidas alternativas tiveram o condão de reduzir o número de delitos relacionados às drogas entre usuários problemáticos e adolescentes, o volume de recursos gastos na estrutura policial, nos estabelecimentos prisionais e nos processos judiciais, o número de óbitos relacionados com o uso de opióides e doenças infecciosas e a demanda por heroína (Hughes e Stevens 2010).

Pode-se citar, ainda, como resultado positivo da política de redução de danos implementada por Portugal, o decréscimo do número de pessoas infectadas por HIV em decorrência do uso inadequado de drogas injetáveis. No ano 2000, ocorreram 2.758 novos diagnósticos de pessoas infetadas com o vírus HIV, das quais 1.430 eram consumidores de drogas, 52% do total. Já em 2008, o número de novos diagnósticos foi de 1.774, dos quais 352 eram consumidores de drogas, o equivalente a 22% (Domosławski 2011). Essa tendência de queda mantém-se até os dias atuais.

Outro aspecto digno de menção diz respeito ao comportamento da demanda por drogas após a descriminalização do consumo. Esperava-se um acréscimo significativo no número de usuários, o que não ocorreu. O incremento foi incipiente para a maioria das drogas (Malinowska-Sempruch 2011) e basicamente circunscrito ao grupo dos adultos (Hughes e Stevens 2010).

Na verdade, a pequena variação no consumo de substâncias psicotrópicas em Portugal, após a descriminalização do uso, não se mostra diferente da realidade de outros países europeus que ainda consideram delito tal conduta, demonstrando que a inovação legal promovida naquele país, além de representar avanço nas áreas penitenciária e judicial, não foi responsável por qualquer incremento nos índices relacionados ao consumo de drogas.

O quadro também não é diferente quando se tem como parâmetro os demais Estados da União Europeia e seus índices de consumo de psicoativos. Da descriminalização quanto à posse de substâncias ilícitas para uso pessoal em Portugal não decorreu qualquer impacto negativo nos índices de consumo ilegal (Hughes e Stevens 2010).

Já no Uruguai, recentemente, de forma bem-humorada e com evidente duplo sentido, José Alberto Mujica Cordano, o *Pepe Mujica*, seu então presidente, afirmou que "viver é experimentar" (BBC 2014) e legalizou a maconha em dezembro de 2013. Embora seja recente a "experiência" do Uruguai, de forma que são escassas as pesquisas científicas com objetivo de aferir seu impacto na saúde e segurança pública, além de estar circunscrita à *cannabis,* o modelo adotado merece atenção, mostrando-se alternativa viável às políticas criminais empregadas na proscrição das drogas.

Declarando de interesse público as ações tendentes a proteger, promover e melhorar a saúde pública da população por meio de uma política orientada a minimizar os riscos e reduzir os danos do consumo de *cannabis*; que promovam a adequada informação, educação e prevenção sobre as consequências e efeitos prejudiciais associados com o consumo, assim como o tratamento, reabilitação e reinserção social dos usuários problemáticos de drogas (Uruguay 2013), o Estado passou a exercer o controle (antes entregue ao narcotráfico) e a regulação das atividades de importação, exportação, plantio, cultivo, colheita, produção, aquisição a qualquer título, armazenamento, comercialização e distribuição de *cannabis* e seus derivados, de forma direta ou por intermédio de instituições devidamente autorizadas.

O objetivo declarado é proteger os habitantes daquele país contra os riscos que implica o vínculo do usuário com o comércio ilegal, buscando, mediante a intervenção do Estado, atacar as devastadoras consequências sanitárias, sociais e econômicas do uso problemático de substâncias psicoativas, assim como reduzir a participação do narcotráfico e do crime organizado.

Para tanto, criou-se o *Instituto de Regulación y Control del Cannabis (IRCCA)*, cuja função é regular as atividades de plantio, cultivo, colheita, produção, elaboração, armazenamento, distribuição e venda de *cannabis*, além de promover e propor ações tendentes a reduzir os riscos e danos associados com o uso problemático da droga. Dessa forma, passou a ser autorizado o plantio, o cultivo e a colheita domésticos de maconha, desde que para o consumo pessoal (vedado aos menores de 18 anos) ou compartilhado no domicílio, assim entendido como até seis plantas, não excedendo o produto da colheita a 480g anuais.

Com a devida autorização do Poder Executivo e sob o controle do *Instituto de Regulación y Control del Cannabis (IRCCA)*, também se permite a atividade de plantio, cultivo e colheita para clubes de usuários (entre 15 a 45 membros), cuja lavoura não pode exceder a noventa e nove plantas, limitando-se a obter como produto da colheita um máximo de armazenamento anual proporcional ao número de sócios e conforme a quantidade que se estabeleça em contrato ulterior para o uso não medicinal da maconha.

Medida importante prevista na lei (Uruguay 2013) diz respeito à outorga de licença às farmácias para venda de maconha para fins não medicinais, o que atende ao público não afeito ao plantio, cultivo e colheita, nem associado aos clubes credenciados. Em qualquer caso, restou proibida, por quaisquer meios, toda forma de publicidade, promoção, auspício ou patrocínio da maconha recreativa.

Os efeitos imediatos da legalização, claramente sentidos no Uruguai, correspondem ao fim do narcotráfico da maconha, humanização e desestigmatização do usuário, menos riscos e danos relacionados ao uso dessa específica droga. No entanto, o impacto na saúde e segurança pública, de modo geral, sensíveis no longo prazo, ainda não pôde ser mensurado com acuidade científica, sobretudo por ser recente a medida de legalização.

O que já se pode afirmar, com segurança, é que a liberação da maconha naquele país não se fez acompanhar em acréscimo substantivo no consumo dessa droga. Estudo atual, promovido pela *Junta Nacional de Drogas* (Uruguay 2015), órgão vinculado à Presidência do Uruguai, revela que 9,3% da população adulta usou maconha nos últimos 12 meses (dados de 2014), em comparação a 8,3% em 2011, o menor aumento identificado em 14 anos. Ou seja, o mais sério argumento contra a legalização, o do incremento do uso, não se confirmou no caso uruguaio.

As políticas de redução de danos, portanto, tiveram resultados importantes para segurança e, principalmente, para a saúde pública, bem jurídico sob tutela. No entanto, seu resultado mais palpável foi o de mitigar, ou mesmo afastar por completo, a possibilidade de encarceramento para a pessoa usuária de droga, em virtude da despenalização ou descriminalização do uso recreativo.

Poderiam avançar ainda mais se considerassem também o traficante como sujeito passível de tratamentos alternativos, que não o criminal. A mitigação dos riscos seria mais relevante se a comercialização de substâncias psicoativas, tanto quanto o uso, fosse tratada como um problema social, passível de enfrentamento fora do âmbito do direito penal. Considerando o usuário como paciente, reduzem-se os riscos ao indivíduo em razão do consumo de psicotrópicos. Tal postura estatal, se também dirigida ao traficante, seria apta a minimizar os danos sociais decorrentes da criminalidade relacionada com as drogas.

Aparentemente contraditórios, redução de danos e militarização do combate às drogas são, na verdade, dois vieses de um mesmo fenômeno. Despenalizar ou descriminalizar o uso de substâncias psicoativas, adotando uma abordagem social e terapêutica dirigida à pessoa do usuário, abrindo mão do aparato penal justamente onde se encontra o bem jurídico tutelado que fundamenta o discurso oficial (a saúde pública), revela o esvaziamento do próprio sentido do combate às drogas, expondo sua verdadeira razão de ser: a guerra pela guerra, a criminalização como um fim.

Removido o usuário do alcance penal, a militarização passa a ser possível, justamente porque aceitável, pois tem como alvo apenas os traficantes, o que agrada a opinião pública. À pessoa usuária de droga, a terapia social e médica; ao traficante, o tratamento penal. Cuida-se a demanda, pune-se a oferta, numa contradição difícil de se explicar a partir dos objetivos manifestos, mas possivelmente compatível com eventuais fins latentes.

3. CRÍTICA ÀS FUNÇÕES MANIFESTAS DA INTERVENÇÃO PENAL PARA O PROBLEMA DAS DROGAS

Segundo a teoria do crime, o que justifica o emprego da violência estatal, consubstanciada na aplicação do direito penal, é a tutela dos bens jurídicos mais importantes à convivência humana e ao pleno desenvolvimento da personalidade. Por se tratar de medida extrema e gravosa, somente se faz legítima, enquanto *ultima ratio* do direito, quando manejada para consecução de determinado fim, exponencialmente mais difícil de se alcançar por outros meios.

Assim, afastando-se de qualquer construção conceitual fundada precipuamente na ética ou nos sentimentos, é possível objetivar o conceito de bem jurídico passível de tutela penal como aqueles de caráter fundamental e difícil proteção por outros métodos do direito, cuja violação ou ameaça lesiona o livre desenvolvimento do indivíduo, a realização de seus direitos humanos ou as estruturas sociais que lhes garantem.

Importa, então, averiguar se a intervenção penal para o problema das drogas tem cumprindo suas funções manifestas, enunciadas nas normas incriminadoras, dirigidas à proteção do bem juridicamente tutelado, a saúde pública. É que o método mais seguro, simples e direto para investigar se a lei criminal cumpre satisfatoriamente sua tarefa preventiva consubstancia-se em perquirir se, no desempenho da norma aplicada, realmente produz a tutela dos bens jurídicos cuja proteção lhe é confiada.

Assim, como evidenciado, apresentando-se enquanto o ponto de confluência entre o direito penal e a política criminal (Liszt 2003), o bem jurídico desempenha função decisiva de legitimação (Bacigalupo 2005), revelando sua importância e capacidade de ser identificado como chave política (Terradillos Basoco 1995), sobretudo quando sistematicamente interpretado de forma crítica.

O discurso oficial [28] da criminalização das substâncias psicotrópicas, exposto na teoria jurídica do crime e da pena quanto ao direito penal das drogas, apresenta a saúde pública como objeto de proteção de sua norma incriminadora e do sistema de justiça criminal que se move a partir dela. Tratar-se-ia, portanto, da tutela de valores relevantes para a vida individual ou coletiva, delimitados e sintetizados na expressão "saúde pública".

No entanto, o que se entende por saúde pública, apesar de corresponder a um interesse coletivo que afeta um número indefinido de pessoas, demanda concreta condição de ameaça ou lesividade individual para que apresente relevância jurídico-penal. Não se mostra suficiente que a saúde pública seja em abstrato, como se proclama ser, um bem coletivo fundamental, para que mereça tutela pela via da norma incriminadora (Prado 1997). Em síntese, não é legítimo "criar tipos para proteção de bens jurídicos, sendo estes descritos através de conceitos com base nos quais não é possível pensar nada de concreto" (Roxin 2008, 51). Enquanto não seja possível demonstrar, de modo seguro, que certa conduta individual ofende a integridade de terceiros, seja ela física ou moral, essa ação não pode ser legitimamente bloqueada pelo poder

---

[28] Conforme já mencionado, entende-se por "discurso oficial" sobre a legitimação do direito penal, o discurso jurídico sobre o delito, consubstanciado na teoria jurídica do crime, construído a partir da legislação penal imposta pelo Estado, tendo como objetivo imputar penas aos autores de fatos definidos como ilícitos penais, de acordo com os princípios de interpretação e de aplicação concreta da norma penal, no intuito declarado de promover, segundo teoria da pena, a prevenção geral (Cirino dos Santos 2014).

público, ainda que seu autor de qualquer forma prejudique a si próprio, no curto ou longo prazo (L. E. Soares 1993).

A esse respeito, mencionando especificamente a criminalização das substâncias psicoativas, Claus Roxin (2008) critica a norma penal e a jurisprudência alemãs que postulam a saúde pública como bem jurídico sob proteção, vez que não teria um corpo real, uma existência possível de ser elevada à condição de bem tutelável. Ainda segundo o autor, não seria viável deduzir da proteção à saúde pública um fundamento adicional de punição, muito menos pela via do direito penal.

Nesse sentir, a saúde pública seria um bem jurídico fictício, cuja dificuldade de materialização no plano individual inviabilizaria sua proteção pelos mecanismos da norma penal. Entretanto, essa refutação não é objeto da presente pesquisa científica, delimitada a investigar o caráter simbólico da criminalização das substâncias psicoativas a partir da teoria jurídica do crime, o discurso oficial segundo o qual o direito penal das drogas atua no sentido de proteger a saúde pública, bem jurídico pretensamente concreto e identificável, afetado pelo consumo de psicotrópicos. É a partir dessa proposição que se desenvolve a presente investigação.

De modo geral, quando se trata de criminalização simbólica, segundo Alessandro Baratta (1994), sua pretensa função instrumental pode se destinar a expandir os limites da necessidade, adequação e proporcionalidade em sentido estrito da intervenção penal, de forma a ocultar as funções latentes da ação punitiva estatal, dissimulando a realidade da pena enquanto violência institucional, reproduzindo no sistema de justiça criminal a moral que impõe e a desigualdade que lhe é ínsita.

Assim, se a saúde pública, apresentada como bem jurídico a fundamentar a criminalização das substâncias psicoativas, de forma a justificar a operação do direito penal, não se fizer satisfatoriamente tutelada, revelando-se inidônea a intervenção punitiva, ter-se-á importante indicativo que a atuação jurídico-normativa pode estar desempenhando função simbólica, simulando instrumentalidade, ocultando seu déficit, em uma relação de dissimulação e ilusão incompatível com a própria teoria do crime e com o discurso oficial de proteção.

Igual indício seria verificado se a atuação do direito penal das drogas, ainda que adequada, apresente-se desnecessária, em decorrência de seu caráter subsidiário. Se de todas as intervenções possíveis, opta-se pela criminalização das drogas, a despeito da existência de alternativas menos gravosas à liberdade individual e ao pleno desenvolvimento da personalidade, mais uma vez torna-se plausível que se suspeite do desempenho de funções simbólicas, encobrindo a realidade e realizando controle social cujo imperativo não se encontra manifesto no discurso oficial.

Por outro lado, ainda que seja adequado e necessário utilizar a criminalização das drogas para fins de proteção à saúde pública, apresentada como bem jurídico de índole fundamental, estabelecer abstratamente cominação penal em relação de desproporção com o ato lesivo previamente definido e, sobretudo, insistir nessa estratégia quando a evidência demonstre a exasperação, pode indicar que a finalidade da punição está oculta, latente, não prevista expressamente no comando legal. O mesmo se pode afirmar quando a desproporção é apontada pela análise dos demais tipos penais e bens jurídicos por si tutelados, inseridos que estão em um mesmo sistema ou, também, por meio do juízo acerca da isonomia, cotejando o tratamento penal dado em situações absolutamente similares – aferindo-se, por exemplo, o *status* legal de determinadas drogas em contraposição à proscrição de outras, tidas como menos danosas à coletividade.

Mesmo que se mostre idônea, subsidiária e estritamente proporcional a intervenção penal realizada na questão das drogas tencionando a tutela da saúde pública, se de sua aplicação decorre para a coletividade dano maior do que o representado pela própria violação do comando normativo, sendo socialmente mais ofensiva, sua persistência também pode indicar a satisfação da necessidade de cumprir programa finalístico não previsto no discurso oficial. Causar à coletividade mal maior do que aquele que se quis ou quer evitar não é o que se pode racionalmente esperar do desempenho da norma criminal.

O passo inicial para a verificação do caráter simbólico da criminalização das drogas é, portanto, a investigação crítica quanto a racionalidade de seu desempenho no cumprimento das funções manifestas que enuncia: os resultados apresentados; a idoneidade de seu mecanismo punitivo; a necessidade da intervenção penal; a proporção e isonomia da cominação que impõe; as consequências sociais decorrentes de sua aplicação. Nessa tarefa, o bem jurídico tutelado é o parâmetro avaliativo comum.

Antes, porém, é preciso compreender que a criminalização das drogas encontra correspondência no que Gunther Jakobs (2012) intitulou de "direito penal do inimigo", segundo o qual o Estado pode, em situações que exponham a coletividade a grave perigo, negar a determinada categoria de criminosos (os inimigos) as garantias inerentes ao que chama de "direito penal do cidadão", cabendo-lhes apenas a coação estatal.

Com efeito, o direito penal das drogas, expressando-se na política de guerra às substâncias psicoativas, revela de forma explícita os métodos bélicos que conduzem à hodierna expansão globalizada do poder punitivo, incrementando os danos, os sofrimentos e os enganos provocados pela intervenção criminal sobre seus rotulados inimigos (Karam 2009). Como resultado, têm-se a desproteção do bem jurídico. Daí porque, para avaliar o sucesso da criminalização das drogas, é necessário investigar se de sua atuação decorreu a redução da oferta de substâncias consideradas ilícitas, a redução da demanda por drogas e a mitigação dos danos que lhes são decorrentes. Qualquer estudo científico que procure enfrentar essas questões terá como resultado inequívoco a resposta de que referida criminalização fracassou em seus objetivos declarados.

Mesmo tendo consumido vastos recursos financeiros e a vida de centenas de milhares de pessoas, além de ter encarcerado aos milhões, pode-se afirmar que a intervenção penal para o problema das drogas, assim também a estratégia de guerra que lhe é decorrente, não reduziu a oferta de substâncias consideradas ilícitas, nem sua demanda, muito menos mitigou os danos que lhes são intrínsecos. Na verdade, produziu o efeito inverso, posto que tornou o mercado ilegal mais lucrativo, a demanda mais estável e incrementou o problema de saúde pública relacionado ao consumo abusivo.

Esse déficit de instrumentalidade evidencia o caráter inidôneo da legislação penal que proscreve o uso e o livre comércio das drogas, enquanto instrumento de tutela à saúde pública, bem jurídico pretensamente tutelado pela criminalização. A história da proscrição das drogas, em matéria penal, demonstra sua completa inadequação à proteção da saúde pública.

Ademais, comparando-se as consequências da criminalização das drogas que, visando tutelar a saúde pública, proscreve o uso e a comercialização dessas substâncias, com os resultados atingidos ou possíveis de serem alcançados pelos meios alternativos à disposição do Estado, já experimentados ou idealizados, pode-se afirmar, com segurança, a desnecessidade da ingerência normativa criminal.

Não fosse o bastante, há ainda uma relação de arbitrária desproporção na rotulação das substâncias lícitas e ilícitas. Considerando a imposição de isonomia, cotejando o tratamento jurídico dado ao álcool e ao tabaco, por exemplo, em confronto com aquele dispensado às demais substâncias psicotrópicas, a partir do potencial lesivo intrínseco a cada uma delas, pode-se concluir que a criminalização do consumo e da comercialização das drogas consideradas ilícitas não atende ao critério da proporcionalidade em sentido estrito.

Por fim, a intervenção do direito penal na questão das substâncias ilícitas, além de incrementar os danos à saúde pública, causou sérios problemas no âmbito da segurança pública, outro direito de *status* constitucional. Os massivos recursos financeiros investidos no combate às drogas tornaram a atividade mais arriscada e, consequência disso, mais lucrativa. Da militarização do Estado, promovida a pretexto de fazer cumprir o imperativo legal, decorreu a militarização do narcotráfico – a sociedade, de forma geral, tornou-se mais violenta e insegura. A criminalização dos psicotrópicos, portanto, tem o condão de gerar mal maior do que aquele que se propôs a evitar.

Pretendia-se resolver ou, na pior das hipóteses, mitigar um problema de saúde pública. O resultado inequívoco, no entanto, é o surgimento e consolidação de um contexto social ainda mais nocivo, um grave problema de segurança pública.

Dessa análise crítica das funções manifestas da intervenção penal para o problema das drogas, aponta-se para uma provável caracterização típica do direito penal simbólico, a ser ou não comprovada pela existência ou não de funções latentes, cujo efeito pode coincidir com a confirmação de valores sociais, demonstração da capacidade de ação do Estado ou o adiamento da solução de conflitos sociais por meio de compromissos dilatórios.

3.1. O INIMIGO COMO FUNDAMENTO DO DIREITO PENAL DAS DROGAS

A sociedade, por vezes, ameaçada pela violência e pelo delito, posta-se encurralada. Em sua percepção, não pode se dar ao luxo de ter um direito penal dirigido à proteção da liberdade, como a "Magna Carta do delinquente". Seu medo impõe a exigência de uma "Magna Carta do cidadão", enquanto arsenal de efetiva luta contra o delito e repressão da violência. Determinados delinquentes se convertem tendencialmente em inimigos e o direito penal em "direito penal do inimigo" (Hassemer 1997, 448).

Percebe-se, atualmente, uma dramatização da violência e da ameaça. A consequência é o recrudescimento da política criminal e do direito penal, convertendo-se este em um mero instrumento de coerção estatal. Assim, perdem a regência os princípios que orientam o direito penal. E este, com o tempo, fica descaracterizado (Hassemer 1997).

É o que acontece com o direito penal das drogas. Desde o início, a criminalização do uso e do comércio de substâncias psicoativas consideradas nocivas ao indivíduo e à sociedade foi o fundamento jurídico da guerra contra as drogas. Além de fundamento, a criminalização também se fez método, sendo a principal frente de combate aos psicotrópicos. Além de método, a penalização passou a ser resultado – resposta ao anseio moral que permeia o tema. Ou seja, a criminalização, a partir do argumento ético, é o cerne da guerra às drogas, pelo que esta seria esvaziada sem aquela.

E esse modelo criminal proibicionista, destinado ao enfrentamento dos males relacionados ao consumo de substâncias psicoativas, encontra alicerce no que Gunther Jakobs (2012) intitulou de "direito penal do inimigo", segundo o qual o Estado pode, em situações que exponham a coletividade a grave perigo, negar a determinada categoria de criminosos, os inimigos, as garantias inerentes ao que chama de "direito penal do cidadão", cabendo-lhes apenas a coação estatal.

Nessa linha de raciocínio, o direito regularia o vínculo entre pessoas titulares de direitos e obrigações recíprocas, enquanto o inimigo tem sua relação regida apenas pela coação. Embora a coação seja ínsita ao direito, apresenta-se mais árdua no campo do direito penal, inclusive naquele que se dirige ao cidadão. Ainda mais intensa quando se trata do direito penal imposto ao inimigo, pois nesse caso é o único instrumento a reger a relação entre o Estado e o infrator (Jakobs 2012).

Segundo essa ideia, o direito penal garantista somente se dirigiria ao cidadão, enquanto o direito penal do inimigo aplicar-se-ia aos traidores do ordenamento jurídico, capazes dos atos mais nocivos à sociedade: o inimigo. Com a prática dos crimes considerados mais abjetos pela coletividade, o inimigo provocaria a rescisão do contrato social, pelo que ficaria sem a proteção das cláusulas que lhe resguardam contra a ação totalitária do Estado.

Portanto, o direito penal reconheceria dois polos ou tendências em suas regulações. Por um lado, o tratamento deferido ao cidadão, esperando-se até que se exteriorize sua conduta para reagir, com o fim de confirmar a estrutura normativa da sociedade, e por outro, o tratamento com o inimigo, que é interceptado já no estado prévio, contra quem se combate por sua periculosidade e se 'abate' por prevenção. O direito penal do cidadão manteria a vigência da norma, enquanto o direito penal do inimigo (em sentido amplo: incluindo o direito das medidas de segurança) combateria os perigos (Jakobs 2012).

De acordo com esse raciocínio, contra o inimigo deve-se usar a violência, legítimo monopólio do Estado[29], a qual estaria submetido antes mesmo de praticar o ato que o fez ser considerado hostil. O combate à criminalidade, quando o criminoso é o inimigo, não se faria pelos meios convencionais do direito, senão pela guerra – justificada pelo direito penal do inimigo: "frente ao inimigo, é só coação física, até chegar à guerra" (Jakobs 2012, 317).

Foi exatamente o que aconteceu com a questão das drogas, declaradas por Richard Nixon (Nutt 2012, 264) como o inimigo número um dos Estados Unidos da América, o que justificaria o uso de "uma nova ofensiva total", em nível global, com o apoio das Nações Unidas e seus Estados membros.

> O proibicionismo criminalizador voltado contra as drogas tornadas ilícitas, expressando-se na política "guerra às drogas", explicita, de forma eloquente, a partir dessa própria denominação, os parâmetros bélicos que orientam a atual e globalizada expansão do poder punitivo, exacerbando os danos, as dores e os enganos provocados pela intervenção do sistema penal sobre seus selecionados "inimigos". (Karam 2009, 7)

Rechaçou-se qualquer possibilidade de resolução do problema por meio de outros métodos. Nem mesmo o direito penal garantista foi reconhecido como hábil a mitigar o problema das drogas. A violência, monopólio do Estado, teria de ser invocada contra o inimigo. "Quem ganha a guerra determina o que é norma, e quem perde há de submeter-se a esta determinação" (Jakobs 2012, 395).

A eliminação do perigo justificaria os atos de guerra. A filosofia da criminalização das atividades relacionadas às drogas ilícitas

---

[29] Sobre ser a violência um legítimo monopólio do Estado, conferir Max Weber (2003). Em sentido contrário, conferir Slavoj Žižek (2014).

se alinha perfeitamente com o pensamento de Gunther Jakobs (2012, 376), segundo o qual "a punibilidade avança um grande trecho para o âmbito da preparação, e a pena se dirige à segurança frente a fatos futuros, não à sanção de fatos cometidos", enquanto que a noção de lesão se afirma pela mera sensação de constante ameaça que suscita o inimigo.

Assim foi instituída, em nível global, a criminalização das drogas, cunhada no direito penal do inimigo e construída, a partir de padrões ético-morais, pela força da política externa de um Estado hegemônico. E assim ela prossegue fomentando a guerra, sem qualquer perspectiva de se alcançar a paz ou, ao menos, uma saída honrosa. Prossegue, inclusive, sem apresentar os resultados um dia prometidos, não mais esperados e há muito esquecidos, não obstante ainda enunciados pelo direito penal das drogas.

3.2. O DÉFICIT DE INSTRUMENTALIDADE QUANTO A TUTELA DO BEM JURÍDICO

O bem juridicamente tutelado pelo tratamento penal dado às atividades relacionadas às drogas consideradas ilícitas é a incolumidade coletiva, especificamente no que é pertinente à saúde pública. Como visto, a criminalização das substâncias psicoativas fundamenta a guerra às drogas que, por sua vez, consubstancia-se em uma campanha de proibição e intervenção militar internacional, fundada no direito penal do inimigo, empreendida pelo governo dos Estados Unidos da América, com o auxílio de diversos outros países, tendo como objetivo manifesto definir e reduzir o comércio ilegal de drogas (Cockburn e St. Clair 1998), a fim de mitigar progressivamente os males a ela relacionados, até a erradicação total.

No entanto, a criminalização das drogas tem custado muito caro – em todos os sentidos, sobretudo quanto aos efeitos sociais e econômicos. Por isso, no dizer de David Nutt (2012), impõe-se o dever de descobrir se tem alcançado seus objetivos declarados. Assim, para avaliar o sucesso dessa política penal seria preciso, segundo o autor, responder três perguntas: a criminalização reduziu a oferta de substâncias consideradas ilícitas? Reduziu a demanda por psicoativos? Mitigou os danos decorrentes das drogas?

Qualquer estudo científico que procure responder a essas questões terá como resultado inequívoco a resposta de que a criminalização das drogas fracassou. O que se pode constatar é "a falência do modelo repressor, pelo menos nos seus fins declarados de erradicar o cultivo e a produção das substâncias hoje ilícitas e de reduzir o consumo" (Boiteux 2017, 197). Quando a Convenção Única de Entorpecentes de Nova Iorque foi aprovada na Organização das Nações Unidas em 1961 e, dez anos depois, no contexto histórico em que Richard Nixon declarou guerra às drogas, acreditava-se que a repressão rigorosa sobre as substâncias psicotrópicas e a implantação de políticas públicas contra os responsáveis por sua produção, distribuição e consumo, conduziriam a uma redução do mercado ilícito até o ponto da erradicação total, culminando em um mundo completamente livre de drogas (Comissão Global de Políticas sobre Drogas 2011). No entanto, o resultado obtido foi o extremo oposto: o crescimento exponencial do mercado internacional de substâncias ilícitas, largamente controlado pelo crime organizado (Commission of the European Communities 2009).

A própria taxa de homicídios avaliada durante um século (1900 a 2000) nos Estados Unidos da América guarda relação direta com o investimento no combate às substâncias consideradas ilícitas, indicando que, historicamente, do incremento no orçamento dirigido à guerra contra as drogas resulta, quase sempre, o aumento do índice de crimes dolosos contra a vida (Werb, et al. 2010).

Como consequência de décadas de proscrição severa nos Estados Unidos da América, enquanto o número de prisões por todos os crimes na década de 1980 havia sofrido incremento de 28%, os encarceramentos por delitos relacionados às drogas tiveram acréscimo de 126%, em relação à década anterior (Austin e McVey 1989).

No Brasil, em junho de 2016, 26% da população carcerária masculina era formada por homens condenados por tráfico de drogas (DEPEN 2016). Quanto às mulheres cumprindo pena pelo mesmo delito, o índice é ainda mais impressionante: em sua maioria mulheres negras (Borges 2018), 62% da população carcerária feminina, no mesmo mês e ano, estava presa em razão da prática de narcotráfico (DEPEN 2016). Esse quadro é agravado por diversos fatores ínsitos à realidade carcerária brasileira[30] que se torna ainda mais degradante em relação à mulher submetida à execução de pena criminal, tais como "as péssimas condições físicas de encarceramento, o tratamento discriminatório das mulheres presas e as violações de direitos fundamentais, em especial da saúde e da maternidade" (Castilho 2007, 39).

Voltando à situação norte-americana, considerando a evolução dos encarceramentos decorrentes de delitos relacionados aos psicotrópicos entre os anos de 1972, início da estratégia de guerra contra as drogas, e 2002, somente nos Estados Unidos da América, o número de pessoas aprisionadas evoluiu de menos de cinquenta mil para quase quinhentos mil – o décuplo (Werb, et al. 2010).

A realidade internacional não difere daquela que se apresenta nos Estados Unidos da América, até porque é o modelo norte-americano que tem orientado o direito penal das drogas nos mais diversos Estados. Atualmente, no mundo, existem cerca de dois milhões de pessoas presas por delitos relacionados às drogas, o que representa um quarto da população carcerária, sem que a demanda e a oferta de substâncias ilícitas tenham sofrido qualquer decréscimo. A maioria dos encarcerados são pequenos traficantes que não estão diretamente vinculados a qualquer atividade violenta (Nutt 2012).

Além do incremento na população carcerária, o tratamento do problema por meio da norma penal trouxe outra consequência deletéria, pois transformou usuários e dependentes em criminosos, na medida em que a posse de droga para o consumo também foi tipificada. Esse

---

[30] A esse respeito, conferir Nana Queiroz (2015).

fenômeno se observa desde o início da proscrição das substâncias psicoativas consideradas ilícitas. A proibição das drogas, enquanto estratégia de política criminal, cumpriu a função de transformar meros adictos em adictos delinquentes (Rowe 2006).

Estima-se que, desde o início da guerra às drogas, os países tenham gasto entre US$1 trilhão a US$2,5 trilhões (Nutt 2012) na erradicação da produção, repressão aos traficantes e criminalização das pessoas que fazem uso de psicotrópicos. Nem mesmo os recursos dispendidos foram hábeis a reduzir a oferta, muito menos o consumo, de substâncias consideradas ilícitas. Aparentes êxitos, obtidos em pequena escala, com a eliminação de determinadas fontes de produção, foram invariavelmente compensadas em razão do surgimento de outras organizações criminosas e pela migração do processo produtivo para outras áreas geográficas (Comissão Global de Políticas sobre Drogas 2011).

É que as organizações criminosas, relacionadas com o narcotráfico, estão em constante mudança, de modo a escapar aos esforços engendrados pelas agências de controle, sempre procurando novas fontes de matéria-prima e bens intermediários, rotas de exportação e mercados. Até mesmo o sigilo inerente à própria ilegalidade impede uma organização mais transparente e estruturada, na qual os encarregados conheçam os líderes, o que fazem e como operam (Woodiwiss 2005).

Não fosse o bastante, por mais alta que seja a quantia empregada pelos Estados na criminalização das drogas e na guerra que lhe é consequente, se comparada aos recursos do narcotráfico, torna-se ínfima. Estima-se que o rendimento anual da indústria das drogas ilícitas equivale a US$400 bilhões, o que correspondia a 8% de todo o comércio mundial no final dos anos noventa (Lima 2009). Número semelhante, quanto ao volume que o comércio ilícito de substâncias psicoativas representa, é exibido por David Nutt (2012), segundo o qual o narcotráfico movimenta £300 bilhões ao ano, cerca de 1% da economia global, sendo a segunda maior atividade econômica do mundo – atrás apenas da indústria petrolífera.

Deve-se observar que tamanho recurso, representativo de 1% da economia mundial, sendo movimentado por grupos criminosos, que se utilizam de vários negócios de fachada, paraísos fiscais e até países inteiros para torná-lo aparentemente legítimo, causa sérios danos ao sistema financeiro internacional (já volátil pela inerente especulação), sujeito que fica aos interesses escusos do narcotráfico.

O dinheiro proveniente do comércio ilícito de drogas, após ser lavado por meio de empresas de fachada e paraísos fiscais, é então integrado novamente ao sistema bancário convencional, para que as organizações criminosas possam ter acesso aos fundos 'legítimos'. Técnicas diferentes são utilizadas, como transferências eletrônicas em pequena escala e faturamento falso. Estima-se, por exemplo, que o Panamá apresente uma lacuna de £1 bilhão, todos os anos, entre o ingresso de capital e as mercadorias exportadas. A diferença estaria relacionada aos rendimentos de organizações criminosas, principalmente ao narcotráfico (Nutt 2012).

No mesmo fio condutor, vários estudos científicos (Rowe 2006, Cockburn e St. Clair 1998, Courtwright 2002, Escohotado 2002, Klotter 2001, Rodrigues 2017, Szasz 1996, Werb, et al. 2010) demonstram que quanto mais se investe no combate ao narcotráfico, quanto mais se recrudesce na criminalização das drogas, mais arriscada se torna a atividade e, consequentemente, lucrativa; de tal forma que, da expansão da guerra às drogas decorre, quase sempre, o incremento no número de indivíduos dispostos a assumir os riscos do negócio em razão do lucro oferecido.

As atuais revisões sistemáticas sugerem que as intervenções jurídico-penais para as drogas são ineficazes quanto a redução da violência a elas relacionada. Contrariamente ao pensamento convencional de que o aumento no rigor da criminalização reduz a violência, a evidência científica existente sugere, veementemente, que a proibição das substâncias psicoativas contribui para seu incremento no contexto do mercado ilícito, elevando as taxas de homicídio. Com base nestas conclusões, é razoável inferir que métodos cada vez mais sofisticados, destinados à interrupção das redes de distribuição de drogas, podem elevar os níveis de violência. Com efeito, pesquisas têm mostrado que ao remover os principais traficantes do lucrativo mercado ilegal, o desempenho da criminalização das drogas pode ter o efeito perverso de promover a significativa criação de incentivos financeiros, motivando outros indivíduos a preencherem este vazio (Werb, et al. 2010).

Aliás, enquanto se intensificaram os esforços de coerção, a produção das drogas proibidas ficou mais simples, mais racional e consideravelmente mais barata. A difusão do conhecimento quanto a produção, refino, adulteração e distribuição dessas drogas desenvolveu-se muito mais rapidamente do que os meios coercitivos legais. Mais importante, a margem de lucro na produção, contrabando e distribuição proporcionou fortunas a um pequeno grupo no topo da pirâmide do tráfico de drogas, especialmente em países com governos debilitados por conflitos ou corrupção. E, naturalmente, a proibição global das drogas forneceu a base financeira para o crime organizado internacional (Woodiwiss 2005).

Pode-se afirmar com segurança, então, que a criminalização das atividades voltadas à produção, distribuição e comércio das drogas ilícitas não surtiu o efeito prometido de reduzir sua oferta. O mesmo fracasso se pode apontar, embora por motivos diferentes, quanto à demanda por tais substâncias ilícitas. A proscrição, ainda quando consubstanciada na criminalização do usuário, não se mostrou apta a reprimir a procura por substâncias psicotrópicas.

Atualmente, mais de 200 milhões de pessoas, em torno de 5% da população mundial, usam drogas ilegais – exatamente a mesma proporção da década de 1990, não obstante o governo norte-americano destinar US$40 bilhões anuais para o controle de substâncias ilícitas em seu território e nos demais países. Somente nos Estados Unidos da América, em torno de 1,5 milhão de cidadãos são detidos todos os anos em razão de crimes relacionados às drogas, enquanto mais de 500 mil encontram-se encarcerados pelo mesmo motivo (Will 2009).

Com efeito, entre os anos de 1998 e 2008, período de maior recrudescimento no combate internacional às drogas, o número de consumidores de substâncias derivadas do ópio experimentou um acréscimo de 34,5%, passando de 12,9 milhões para 17,35 milhões usuários. O mesmo se verificou quanto aos consumidores de cocaína, de 13,4 milhões para 17 milhões, 27% a mais, e de maconha, de 147,4 milhões para 160 milhões, aumento de 8,5% (Comissão Global de Políticas sobre Drogas 2011).

Assim, pode-se afirmar não haver correlação entre o rigor na legislação (leia-se: criminalização) e o consumo de drogas. Os cidadãos sujeitos às leis mais rígidas, nas quais o uso de droga configura crime, não consomem menos do que aqueles sujeitos às leis menos rígidas, onde os usuários não são considerados criminosos. Nem mesmo as diferenças culturais explicam esse fenômeno.

Ao defender essa ideia, George Frederick Will (2009) toma por exemplo a realidade vivenciada pela Suécia e Noruega. Ambas têm o mesmo padrão institucional quanto ao respeito da legalidade. Mesmo a Suécia tendo legislação mais rígida no combate às drogas e sendo a Noruega bem mais liberal, apresentam os mesmos índices de consumo ilícito. O autor ainda ressalta que o progresso mais relevante quanto à diminuição do uso de drogas se dá justamente com o cigarro, droga com potencial de dependência maior que as substâncias consideradas ilegais.

Da mesma forma, também não se pode afirmar que décadas de proscrição e criminalização reduziram os danos causados pelas drogas ou delas indiretamente decorrentes. O direcionamento prioritário das ações repressivas às pessoas que fazem uso de substâncias ilícitas tem, reiteradamente, o efeito negativo de dificultar o acesso às medidas de saúde pública, capazes de mitigar o número de mortes causadas por overdose e doenças relacionadas ao consumo de drogas (como contaminação pelo vírus do HIV, por exemplo). A insistência em ações ineficazes de repressão e criminalização se consubstancia em grande desperdício de recursos públicos que poderiam ser dirigidos para ações tendentes à efetiva redução da demanda e dos danos (Comissão Global de Políticas sobre Drogas 2011), tal qual ocorre com o álcool e o tabaco.

Arquétipo desse efeito negativo da criminalização das drogas sobre a saúde pública, milhões de usuários de drogas injetáveis, no mundo, são portadores do vírus HIV e outro tanto, embora ainda não contaminados, enquadram-se no grupo de risco. Medidas preventivas, como o fornecimento de seringas descartáveis, por exemplo, não podem ser adotadas em diversos países em razão da proscrição e criminalização dessas mesmas substâncias (Nutt 2012). Ou seja, a intenção da criminalização era mitigar os danos inerentes às drogas, mas produziu o efeito inverso.

Na verdade, essa discussão sobre as consequências da criminalização das drogas não é recente. Sua conclusão em nada difere daquela alcançada pela *Comissão Wickersham*, a *National Commission on Law Observance and Enforcement*, instituída em 1931 pelos Estados Unidos da América, para avaliar o impacto da proibição do álcool naquele país. A experiência da Lei Seca, inserida no contexto histórico proibicionista do início do século passado, pode e deve servir de parâmetro emblemático para a política de penalização das substâncias psicoativas:

> O constante barateamento e simplificação da produção de álcool e de bebidas alcoólicas, o aperfeiçoamento da qualidade daquilo que pode ser produzido por meios ilícitos, a difusão do conhecimento da maneira de produzir bebidas alcoólicas e a perfeição da organização da manufatura e distribuição ilegais se desenvolveram com mais rapidez do que os meios de coerção destinados ao cumprimento da lei. Mais significativa, porém, é a margem de lucro no contrabando de álcool, no desvio da produção de álcool, na destilação e fermentação ilegais, no transporte clandestino e na fabricação e venda de produtos cuja maior parte sirva para obter bebidas alcoólicas fabricadas de maneira ilícita. Esse lucro possibilita a violação organizada e sistemática do *National Prohibition Act* em ampla escala e oferece ganhos idênticos às das indústrias legítimas mais importantes. Torna possíveis gastos milionários para corrupção. Coloca grandes tentações no caminho de todos os que se dediquem à aplicação e administração da lei. Proporciona base financeira para o crime organizado. (National Commission on Law Observance and Enforcement 1931, 92)

Assim, como resultado de sua inerente criminalização, mesmo tendo consumido, no mínimo, US$1 trilhão, custado a vida de centenas de milhares de pessoas e ter encarcerado aos milhões, pode-se dizer que a criminalização das drogas e a guerra que dela decorre não diminuiu a oferta de substâncias consideradas ilícitas, não reduziu a demanda por drogas, nem mitigou os danos dela decorrentes. Conforme sugere a Comissão Global de Políticas sobre Drogas (2016, 11), a abordagem penal fracassou em sua tarefa de demarcar e extinguir o mercado ilegal. Seu objetivo manifesto é a tutela da saúde pública, mas sua execução conduziu a "consequências sociais e de saúde devastadoras para os usuários de drogas, para outros atores no comércio de drogas e para a sociedade em geral". Incontáveis violações a direitos fundamentais são praticadas todos os dias a pretexto do combate às substâncias psicoativas, tais como "pena de morte, execuções extrajudiciais, tortura, brutalidade policial e programas de tratamento desumanos para usuários de drogas".

No entanto, não obstante o evidente fracasso da criminalização que orienta a guerra às drogas, persiste na sociedade e nos formuladores de políticas públicas, nacionais e globais, forte resistência a reconhecer a falência das estratégias repressivas, bem como para debater sobre alternativas mais eficientes e humanas. Uma revisão metodológica se impõe e seu ponto de partida é o reconhecimento de que o problema relacionado às drogas é um desafio interdisciplinar para a saúde e a segurança das sociedades, muito mais do que uma guerra a ser vencida (Comissão Global de Políticas sobre Drogas 2011).

E não é somente uma questão de desproteção o problema do bem jurídico tutelado na criminalização das drogas. Perpassa também pela própria legitimidade do bem que realmente se busca tutelar. A construção do direito penal das drogas, ao longo da história, demonstra a arbitrariedade na escolha e rotulação das substâncias que deveriam ser consideradas lícitas ou ilícitas, seja por uma ideologia de dominação, seja a partir de um juízo ético-seletivo a declarar, determinar e sancionar penalmente condutas tidas por reprováveis ou imorais, em nítida violação à teoria do bem jurídico.

No mesmo sentido, a proibição e criminalização do uso de substâncias psicoativas, na medida em que pretende proteger a saúde do indivíduo e resgatar sua dignidade enquanto ser humano, supostamente violadas pela autolesão consciente, consubstanciada na mera conduta de usar droga, não atende às restrições impostas ao alcance do bem jurídico tutelável por meio do direito penal. A noção de bem jurídico não pode alcançar esse nível de abrangência e abstração.

3.3. INIDONEIDADE DA CRIMINALIZAÇÃO DAS DROGAS

Não basta que a norma criminal enuncie a proteção do bem jurídico. A intervenção penal somente se legitima quando adequada a cumprir seu programa finalístico. Se não é apta a realizar os efeitos manifestos que se esperam decorrer do comando normativo, há de ser considerada inidônea, enquanto instrumento de tutela.

Adequada, então, será a medida legislativa que guardar conexão, fundada em hipóteses comprovadas sobre a realidade empírica, entre o estado de coisas alcançado pela intervenção e o estado de coisas no qual o propósito puder ser considerado realizado. Todas as medidas adotadas pelo Estado que não implicarem nessa conexão empiricamente comprovável são consideradas desproporcionais e, por via de consequência, inconstitucionais (Dimoulis e Martins 2011).

Verifica-se a adequação da norma penal, portanto, quando esta é capaz de tutelar o bem jurídico de índole fundamental – seu objetivo declarado, o programa finalístico que enuncia, uma vez que o direito penal deve ser entendido como um meio, o último recurso, para consecução dos bens garantidos constitucionalmente, não como um fim em si próprio, desvinculado de sua finalidade prática.

Dito isso, o ponto de partida para aferir a idoneidade da criminalização das drogas é a investigação de suas implicações materiais – equivale a indagar se alcançou o efeito enunciado. E o resultado a ser considerado é a proteção do bem jurídico, de ordem constitucional, tutelado pela norma incriminadora, a saúde pública.

Referida análise deve ser realizada a partir da forma como a lei que proscreve as drogas foi recebida pela sociedade[31], tomando-se por marco o próprio resultado da criminalização. A aferição de idoneidade através de juízo prognóstico, típico da ação legiferante, torna-se despicienda no atual contexto proibicionista – um século de experiência no combate às substâncias ilícitas e atuação do direito penal das drogas mostra-se suficiente para uma análise concreta, a afastar ilações de natureza abstrata.

Dessa forma, demonstrando-se que a norma penal (proscrevendo o uso, a produção e a comercialização das drogas) se fez útil à mitigação dos males decorrentes do consumo de substâncias psicoativas, têm-se por sua adequação. No sentido oposto, verificada a inutilidade da regra incriminadora à consecução da proteção do bem constitucional tutelado, deve-se concluir por sua inadequação e consequente desproporcionalidade. É que o direito penal somente se legitima quando sua intervenção se mostra útil (Mir Puig 2002).

A criminalização das substâncias psicotrópicas objetiva tutelar a saúde pública a partir de três frentes: 1) reduzir a oferta de substâncias consideradas ilícitas; 2) reduzir a demanda por drogas; e 3) mitigar os danos decorrentes das drogas. Na perspectiva do modelo proibicionista, "os efeitos perversos no campo da saúde pública devem ser resolvidos mediante a repressão penal" (Boiteux 2017, 185). Portanto, a análise da utilidade, a aferir sua adequação, deve ser sistematizada a partir dessa compartimentação. Isso porque as políticas de criminalização devem ter fundamento em evidências científicas sólidas e confiáveis, nas quais o principal critério seja "a redução de danos à saúde, à segurança e ao bem-estar dos indivíduos e da sociedade" (Comissão Global de Políticas sobre Drogas 2011, 5).

---

[31] Embora admitindo a análise em prognose, Mariângela Gama de Magalhães Gomes (2003, 131) defende ser "a partir do modo como a norma é recebida pela sociedade, demonstrada pela conformação dos comportamentos dos indivíduos aos valores nela explicitados, que se afere a sua adequação à tal tarefa".

No entanto, a criminalização que fundamenta a guerra às drogas não reduziu a oferta, a demanda, nem mitigou os danos delas decorrentes. Transcorridos mais de quarenta anos da promessa de Richard Nixon por um mundo livre das drogas, não se tem o mínimo controle quanto a oferta ou mesmo a demanda por substâncias ilícitas. As intervenções governamentais contra a venda representam para o narcotráfico apenas um custo comercial, ao invés de uma grave ameaça. Os recursos dispendidos em programas de educação e enfrentamento, bem como a prisão dos usuários, ainda não estancaram o inexorável aumento do consumo de drogas na maior parte do mundo. Em seus próprios termos, a criminalização das substâncias psicoativas falhou e a evidência mostra a utilização de uma estratégia equivocada para a redução dos danos. Adicionalmente, os efeitos perversos e intencionais da guerra às drogas têm espalhado doenças, inibido a pesquisa médica, colocado a lei em posição de descrédito e arruinado a vida de milhões (Nutt 2012). Além de não ter realizado o objetivo proposto, já não há sequer perspectiva que no futuro, próximo ou distante, a criminalização das drogas cumpra sua missão, a proteção da saúde e pública.

Desde a década de 1950, quando a Organização das Nações Unidas implantou um sistema global de proibição das substâncias psicoativas, muito se aprendeu sobre sua natureza e seus padrões de produção, distribuição, uso e dependência, bem como quanto a eficiência das estratégias para reduzir esses problemas. É até compreensível que há cinquenta anos, a par das escassas informações existentes, os formuladores do sistema acreditassem no acerto da proposta de erradicação da produção e do uso das drogas (Comissão Global de Políticas sobre Drogas 2011). O juízo em prognose apontava para utilidade na criminalização dos psicotrópicos, pelo que se justificava o argumento da adequação[32].

---

[32] Aliás, uma"[q]uestão importante acerca do juízo prognóstico diz respeito aos seus limites, uma vez que, durante a elaboração legislativa, é impossível antever todos os resultados advindos da existência da norma incriminadora, que é destinada a ir se adaptando, com o tempo à sociedade. O ponto nevrálgico da questão baseia-se na possibilidade de que o legislador se equivoque acerca dos resultados posteriores à sua

Entretanto, a experiência tem demonstrado inequivocamente a falência da estratégia de criminalizar o uso e o fornecimento de drogas consideradas ilícitas, de forma que, atualmente, o juízo concreto (e mesmo aquele realizado em prognose) da utilidade de tal medida legislativa aponta, necessariamente, para sua inadequação – inábil que se mostrou à consecução de seu fim enunciado.

Por isso, não se pode ignorar as evidências e as experiências acumuladas desde então. As políticas e estratégias de drogas continuam sendo fortemente influenciadas por preconceitos e visões ideológicas ou de conveniência política, que não levam em conta a crescente complexidade do mercado de drogas e das questões relativas ao uso e sua inerente dependência (Comissão Global de Políticas sobre Drogas 2011).

Como visto, quanto mais se investe no combate à circulação de substâncias ilícitas, mais arriscada se torna a atividade do narcotráfico e, consequentemente, os lucros são incrementados. Ou seja, do reforço na guerra contra as drogas e sua intrínseca criminalização decorre, quase sempre, o aumento no número de indivíduos dispostos a assumir os riscos do negócio em contrapartida ao ganho oferecido.

Criminalizar o comércio de drogas equivale a limitar o fornecimento da mercadoria proibida, aumentando o risco do empreendimento, pelo que o produto se torna mais caro. Com preços mais elevados, poder-se-ia supor que uma diminuição da demanda fosse provocada. Entretanto, "a experiência tem demonstrado que não é bem assim que as coisas funcionam, e as pessoas continuam a comprar entorpecentes, ainda que tenham que roubar, por exemplo, para pagarem o preço" (Gomes 2003, 147).

Os lucros relacionados ao narcotráfico são tão altos que compensariam, na ótica enviesada dos traficantes, a probabilidade de uma futura sanção de natureza penal. A criminalização da atividade, por suas peculiaridades, não põe o propalado temor aos que se propõem

---

análise, e diz respeito às consequências que isto gera para o juízo de proporcionalidade da lei" (Gomes 2003, 132).

a traficar, sendo, também por isso, inadequada aos fins perseguidos. Em uma atividade na qual a concorrência está disposta a sequestrar, extorquir e matar, o direito penal não terá o necessário condão coercitivo para se fazer cumprir, por mais rígido que seja e por maior o temor que suscite (Rowe 2006).

E o mesmo fracasso se verifica em relação à demanda por substâncias ilícitas. A proscrição, mesmo que consubstanciada na criminalização do usuário, não se mostrou apta a mitigar a busca por drogas. Não obstante configurar delito, 5% da população adulta mundial faz uso de alguma substância entorpecente ilícita ao menos uma vez por ano. Esse índice tem se mantido estável desde a primeira tentativa de controle das substâncias consideradas perigosas, com a *Pure Food and Drug Act of 1906*, passando pelo início da criminalização, com o *Harrison Narcotics Tax Act of 1914*, até os dias atuais.

Na verdade, as estimativas demonstram que o mesmo fenômeno manifesto na comercialização das substâncias ilícitas se verifica no nível do usuário: o investimento no combate às drogas é acompanhado do incremento no consumo. Conforme já mencionado, entre os anos de 1998 e 2008, período de maior recrudescimento no combate internacional às drogas, o número de consumidores de substâncias derivadas do ópio experimentou um acréscimo de 34,5%, passando de 12,9 milhões para 17,35 milhões usuários. O mesmo se verificou quanto aos consumidores de cocaína, de 13,4 milhões para 17 milhões, 27% a mais, e de maconha, de 147,4 milhões para 160 milhões, aumento de 8,5%.

Nesse sentido, Mariângela Gama de Magalhães Gomes (2003, 146-147) pondera que nem mesmo o aumento no preço das drogas, decorrente da criminalização da atividade, é fator relevante para mitigar a demanda, o que demonstra, mais uma vez, a patente inidoneidade do tratamento penal dado às substâncias ilícitas. É o que se pode inferir do pensamento a seguir registrado:

Efeito semelhante se observa quando se incrimina a conduta de comercializar substância entorpecente. Para se apreender o que se passa com esta modalidade delituosa, deve-se considerar, inicialmente, que o comércio, de maneira geral, comporta transações voluntárias entre vendedores e compradores, sendo que cada um procura realizar aquilo que deseja. Neste campo, a demanda por determinada mercadoria pode sofrer variações de acordo com a alteração de um ou alguns fatores influentes nas relações econômicas, tais como a preferência e o poder de compra do consumidor, o preço do próprio bem ou de bens substitutos ou complementares, sua qualidade, e assim por diante, de modo que a elasticidade da demanda é analisada de acordo com a sua mutabilidade perante a tais oscilações. Assim, apenas quando a demanda é elástica, o aumento de preços acarreta uma diminuição na procura; enquanto as pessoas que se dispõem a pagar determinado valor por um automóvel normalmente desistem de comprá-lo quando o seu valor é repentinamente dobrado, para determinadas mercadorias, como remédios, sal e entorpecentes, por exemplo, o desejo de adquirir o produto é tão forte que o preço não influencia a decisão.

Ademais, os fatores que influenciam na tomada de decisão individual para principiar a usar substâncias psicotrópicas guardam mais relação com a moda, a influência dos pares e o contexto socioeconômico, do que com o *status* legal da droga, o risco da prisão ou as mensagens de prevenção na propaganda oficial do governo (Comissão Global de Políticas sobre Drogas 2011).

Quando se trata de drogas ilícitas, nem mesmo campanhas publicitárias, por mais massivas que sejam, alcançam o resultado pretendido. Aliás, seria ingênuo sugerir que as políticas modernas contra as drogas são exclusivamente direcionadas por uma fria avaliação das evidências científicas sobre a efetividade. Muitos exemplos podem ser citados para demonstrar que este não é o caso, como o investimento de grandes somas de dinheiro nos meios de comunicação em massa com campanhas antidrogas, quando cada vez mais se evidencia que estas, na melhor das hipóteses, são ineficazes ou, na pior, produzem o efeito contrário (Davoli, Simon e Griffiths 2010).

Assim como não fez refrear a demanda e a oferta por substâncias ilícitas, a criminalização das drogas também não alcançou o objetivo de mitigar os danos à saúde relacionados ao consumo abusivo. Nesse aspecto, o resultado é ainda pior, sendo o oposto do pretendido. É nesse sentido a afirmação de Fernando Henrique Cardoso (2011, 3):

> Toda a evidência disponível demonstra que as medidas punitivas por si só, por mais duras que sejam, não são capazes de reduzir os consumos. Pior, em muitos casos têm consequências nefastas. Ao estigmatizar os usuários de drogas, o medo da polícia e o risco de prisão tornam mais difícil o acesso ao tratamento.

A criminalização das substâncias psicoativas provoca também outro deletério e grave efeito à saúde dos usuários, torna o consumo bem mais inseguro. Da falta de controle e regulação inerente à clandestinidade, própria da atividade ilícita, resulta a circulação de drogas impuras e, muitas das vezes, misturadas com substâncias ainda mais nocivas ao organismo humano.

Dessa forma, se o objetivo da criminalização das drogas é mitigar os danos relacionados a seu consumo, a legalização, seguida de regulação, se configuraria (em juízo prognóstico) na medida legislativa adequada, não a criminalização (Hamilton 2016). A regulação das substâncias psicoativas resultaria em ganho real para a saúde pública. Uma vez que os usuários são obrigados a comprar drogas de fontes clandestinas, nunca sabem o que efetivamente estão recebendo, nem podem ter certeza do potencial da substância adquirida. Uma pessoa que tenha desenvolvido dependência em heroína, por exemplo, pode esperar obter uma dose que seja 20% pura e receber alguma que é a metade ou o dobro disso. O cálculo da dosagem para ter um efeito ideal torna-se problemático (Rowe 2006), perigoso e até mortal. Não fosse o bastante, quase sempre a heroína vendida nas ruas é adulterada com outras substâncias nocivas à saúde.

Além disso, as pessoas que fazem uso de substâncias injetáveis podem não ter acesso a uma agulha limpa, o que pode trazer sérios riscos à saúde, os quais são causados não pela droga em si, mas pelo fato de se tratar de uma substância proscrita. Se regulamentada, poderiam obter o produto de uma empresa farmacêutica respeitável, saberiam exatamente o que estariam recebendo e, sem dúvida, teriam acesso a modos de entrega esterilizados (Rowe 2006). Ou, em um ambiente de maior controle e rigor, poderiam ter acesso à droga a partir de programas governamentais, como a prescrição de heroína.

Acrescente-se que os fatores preponderantes ao desenvolvimento de padrões de uso problemático (dependência, doenças delas decorrentes, atos de violência, dentre outros) se relacionam mais com traumas ou negligências na infância, condições de vida impróprias, marginalização social e problemas emocionais, fatores que não se suprimem por força da lei penal, do que com a fragilidade moral ou hedonismo (Comissão Global de Políticas sobre Drogas 2011).

Assim, a história da proscrição das drogas, em matéria criminal, demonstra sua completa inadequação à proteção da saúde pública, fazendo transparecer o argumento subjacente a sustentar a criminalização, não obstante seu completo fracasso – aquele de cunho moral. Entretanto, questões de ordem eminentemente moral não podem se tornar a razão de ser da norma penal.

As leis não se prestam a punir a imoralidade, senão para garantir a justiça – ao menos é o que se pode legitimamente esperar de seu desempenho. Por isso, devem ser justas, em vez de éticas. O proibicionismo se apoia no moralismo que 'legitima' a criminalização das drogas como resultado de um imperativo ético, desvinculando a natureza das substâncias psicoativas dos efeitos sociais decorrentes de seu consumo (Pizano 2013).

A própria noção do que significa crime não pode ter uma aproximação ética, senão pragmática. É nessa linha de raciocínio que Clarence Darrow (1922) o definia como ato proibido pela lei, suficientemente grave para justificar sua inerente pena, não implicando, necessariamente, que seja, na perspectiva ética, bom ou ruim. A *ultima ratio* da lei incriminadora demanda a proteção de um bem garantido constitucionalmente, não de um mero juízo valorativo (subjetivo, volátil, sazonal e territorial que é) acerca do comportamento humano. Demanda ainda que seja adequada à tutela pretendida. Por isso mesmo, não obstante ao tabu, ao caráter sagrado que permeia às discussões sobre as drogas,

> [l]íderes políticos e formadores de opinião devem ter a coragem de dizer em público o que muitos deles reconhecem em particular: que as pesquisas comprovam de modo irrefutável que as estratégias repressivas não são nem serão capazes de resolver o problema das drogas e que a guerra às drogas não foi nem pode ser vencida. Cabe aos governos discutir e adotar políticas mais abrangentes, apropriadas a suas realidades nacionais, e lidar com os problemas causados pelos mercados de drogas e pelo uso de drogas de modo a reduzir os níveis de violência e criminalidade associadas ao tráfico de drogas e a reduzir os danos que as drogas causam à saúde e bem-estar das pessoas. (Comissão Global de Políticas sobre Drogas 2011, 10)

Independentemente de sua legalização ou criminalização, as pessoas continuarão a comprar substâncias psicotrópicas. É uma decisão política se elas o farão em um *coffee shop* (a um *barman*), ou em guetos (a criminosos munidos de armamento pesado). Até porque a circulação das drogas não é passível de ser circunscrita a uma legalidade conclusiva, nem mesmo a uma idealizada normalização da conduta humana – "não há escolarização, educação continuada e adestramentos que interponham um não categórico à experimentação da vida" (Passetti 2017).

Enfim, pode-se afirmar, com segurança, que a criminalização das drogas é inadequada aos fins perseguidos. Em sendo inidônea, a insistência em sua manutenção revela indícios de motivos subjacentes, ocultos, a desempenhar função diversa daquela que se espera da norma penal. Pode ser o caso típico das leis que, "de várias formas, não estão mais em condições de atuação transformadora, mas, frequentemente, assumem funções meramente simbólicas" (Hill 1982, 37).

A saúde pública, enquanto bem jurídico, apresentada como fundamento da criminalização das drogas, porque as substâncias consideradas ilícitas lhe põem em risco, o que justificaria a operação do direito penal, não restou satisfatoriamente tutelada, mostrando-se inadequada, inidônea, a intervenção punitiva.

Há, pois, forte indicativo que a *ultima ratio* jurídico-normativa, posta à proscrição das drogas, pode estar desempenhando função simbólica, latente, simulando instrumentalidade, ocultando seu déficit, em uma relação de dissimulação e ilusão que em tudo se contrapõe à mais básica noção da política criminal. É que insistir nessa medida, inadequada aos fins enunciados, somente teria sentido prático se a função normativa for cumprir fins outros, não enunciados.

3.4. DESNECESSIDADE DA INTERVENÇÃO PENAL NA QUESTÃO DAS DROGAS

A utilização do direito penal, enquanto instrumento de sanção mais rigorosa, somente deverá ser cogitada quando as regulações menos gravosas se apresentem como insuficientes. O princípio da subsidiariedade que se estabelece, desse modo, manifesta-se como categoria comparativamente equivalente ao princípio de proteção de bens jurídicos e com este concorre em uma relação de igualdade quanto à relevância político-criminal. Assim, deve-se caracterizar a tarefa de direito penal como proteção subsidiária de bens jurídicos (Roxin 2016).

Dentre todos os meios adequados a alcançar os propósitos da norma, somente aquele que gravar o direito fundamental com menor intensidade será o necessário. Todos os demais, embora idôneos, devem ser considerados desnecessários. Se o legislador houver escolhido um meio mais gravoso do que o indispensável, sua escolha deve ser considerada inexigível, consequentemente desproporcional

(Dimoulis e Martins 2011). Pode-se, então, entender desproporcional a medida legal quando: 1) o meio alternativo for menos gravoso ao indivíduo; e 2) o meio alternativo for, no mínimo, tão eficiente quanto a outra medida, mais gravosa.

Assim, a intervenção de natureza penal somente se justifica constitucionalmente em razão da importância do bem jurídico protegido e da inexistência, dentro das circunstâncias, de outra medida de menor lesão ao particular (Yacobucci 2002). Decorrência do princípio da subsidiariedade, a análise da necessidade se sustenta na exigência constitucional de que o interesse a ser protegido, o bem juridicamente tutelado pela norma incriminadora, apresente relevância suficiente para poder justificar, em contrapartida, uma delimitação da esfera de liberdade individual.

Isso porque a intervenção punitiva se afigura como a técnica de controle social mais gravosamente lesiva da liberdade e da dignidade dos cidadãos, pelo que o princípio da subsidiariedade exige que se recorra a ela somente como remédio extremo (Ferrajoli 2006). No mesmo sentido é o raciocínio de Cezar Roberto Bitencourt (2008, 13):

> Se outras formas de sanções ou outros meios de controle social revelarem-se suficientes para a tutela desse bem, a sua criminalização será inadequada e desnecessária. Se para o restabelecimento da ordem jurídica violada forem suficientes medidas civis ou administrativas, são estas que devem ser empregadas e não as penais. Por isso o direito penal deve ser a *ultima ratio*, isto é, deve atuar somente quando os demais ramos do direito revelarem-se incapazes de dar a tutela devida a bens relevantes na vida do indivíduo e da própria sociedade.

Exclusivamente os bens valorados constitucionalmente, com absoluta relevância à consecução dos direitos fundamentais, podem ser tutelados pela via do direito penal. Além disso, há de se demonstrar que não seria possível a proteção de referido direito fundamental e suas garantias por meio de outro mecanismo que não fosse a lei incriminadora, *ultima ratio* por natureza.

Somente conjugadas essas duas faces da necessidade pode-se aferir a proporcionalidade da norma penal. Assim, a lei que proíbe e criminaliza a comercialização de substâncias psicoativas, base legal da guerra às drogas, somente será necessária: 1) demonstrando-se que a saúde pública, bem juridicamente tutelado, figura dentre aqueles considerados, constitucionalmente, essenciais ao pleno desenvolvimento do indivíduo; e 2) demonstrando-se que não seria possível a tutela de tal bem a partir de outro mecanismo (tão eficiente quanto), administrativo ou judicial, que não seja a incriminação (mais onerosa ao indivíduo).

A partir dessas premissas, sem recorrer ao debate que questiona ser ou não a saúde pública um direito fundamental palpável, passível de ser concretizado, tomando-se por partida o discurso oficial que assim a reconhece, para os fins da presente pesquisa, assume-se ser direito garantido constitucionalmente, diretamente decorrente da dignidade da pessoa humana, pelo que restaria atendido, portanto, o primeiro critério de verificação da necessidade da norma penal que proscreve e criminaliza as substâncias psicotrópicas. No entanto, restaria saber se a saúde pública, no específico contexto do problema das drogas, pode ser alçada à categoria de bem jurídico tutelável pela *ultima ratio* do direito penal, uma vez que

> [...] só poderá ser reconhecido como bem jurídico o que possa ser reduzido a um ente próprio da pessoa humana, quer dizer, para ser tomado como bem jurídico será preciso que determinado valor possa implicar, direta ou indiretamente, um interesse individual, independentemente de se esse interesse individual corresponde a uma pessoa determinada ou a um grupo de pessoas indistinguíveis. Por exemplo, a incolumidade pública, para assegurar sua qualidade de bem jurídico, não pode ser vista dentro do contexto da ordem pública, mas na de um estado de estabilidade da pessoa humana, sentida dentro de um grupo social ainda que

indeterminado, em face de perigos para a sua vida, saúde e patrimônio. [...] Se não se puderem reduzir os dados dessa atividade controlada a situações concretas de perigo ou de dano à vida, à saúde ou ao patrimônio de pessoas, não se estará diante de um bem jurídico, mas sim de uma verdadeira e simples função. (Tavares 2002, 217)

Considerando que não cabe ao direito penal punir a autolesão, o dado a se verificar seria se o consumo de drogas, afetando a saúde pública, tem o potencial de expor à perigo ou causar dano à saúde e segurança de terceiros. Algumas substâncias psicoativas, lícitas e ilícitas, efetivamente apresentam essa capacidade – álcool, tabaco, heroína e *crack*, por exemplo. Tratando-se das atividades relacionadas à oferta de drogas, admitindo-se que o terceiro lesionado é o próprio usuário, chega-se à mesma conclusão. No entanto, a partir do entendimento que tornar possível ou auxiliar a autolesão consciente não vulnera bens jurídicos de outros (Roxin 2016), poder-se-ia objetar que, nesses casos, à saúde pública não deveria ser dirigida a tutela penal. Uma vez que tal debate não é compatível com a delimitação proposta para a presente pesquisa, nem a ela grande diferença faria qualquer que fosse sua conclusão, partir-se-á da declaração oficial de que a saúde pública é bem jurídico passível de tutela pelo direito penal das drogas.

Passando, então, ao segundo critério, verificador da existência de meio menos oneroso e de (pelo menos) igual eficiência que a criminalização, apto à mitigação dos problemas de saúde pública decorrentes do consumo abusivo de drogas, faz-se por cogente uma análise mais detida. Para tanto, pode-se investigar as políticas de redução de danos que, embora não representem, atualmente, oposição à proscrição e criminalização das drogas (medida legislativa cuja necessidade ora se investiga), apresentam-se como métodos alternativos conducentes ao mesmo objetivo – a mitigação dos danos à saúde pública decorrentes do consumo abusivo de substâncias ilícitas.

Verificando-se que tais medidas alternativas à criminalização são, pelo menos, tão eficientes quanto a norma criminal que proscreve as substâncias psicoativas, ter-se-á pela desnecessidade desta para a proteção do bem juridicamente tutelado pelo direito penal das drogas. Considerando que a saúde pública representa um conjunto de bens protegidos pela ordem constitucional, cumpre indagar se é possível tutelar tais bens, de forma tão eficiente quanto a norma penal, por meios alternativos.

Importa grifar que as medidas adotadas pelos governos da Suíça, Holanda, Alemanha e Grã-Bretanha, como visto, não se opõem à criminalização das substâncias psicoativas, tanto em relação ao tráfico, quanto ao uso. No que é pertinente às políticas públicas desenvolvidas em Portugal, mesmo com a descriminalização da posse para uso próprio, as drogas continuam proscritas e o narcotráfico permanece sendo atividade delitiva das mais graves. A descriminalização da maconha no Uruguai, por seu turno, é experiência específica, limitada a um único tipo de substância, além de ser muito recente.

Entretanto, os resultados apresentados naqueles países demonstram que avançar mais é possível. As políticas alternativas de redução de danos deveriam se apresentar não como ação paralela à criminalização, mas como verdadeira oposição e substituição ao tratamento penal dado às drogas – tanto em relação à demanda, quanto à oferta. Isso porque as medidas alternativas lá experimentadas, no sentido da mitigação dos problemas de saúde pública decorrentes do uso inadequado de substâncias psicotrópicas, embora ainda tímidas e limitadas pela cogente (em razão dos tratados internacionais) proscrição, apresentam grau de eficiência maior que a norma penal utilizada para o mesmo fim.

Pode-se concluir que a criminalização das substâncias psicoativas é menos eficiente à tutela dos bens constitucionais, representados pela saúde pública, que as políticas de redução de danos. Custam mais ao Estado, em termos econômicos, e ao cidadão, em razão da própria tutela penal, e não obtém os mesmos resultados. A experiência, consubstanciada em dados empíricos, tem demonstrado isso.

Do ponto de vista financeiro, os muitos recursos econômicos dispendidos em razão da guerra às substâncias tornadas ilícitas, cujo fundamento legal é o direito penal das drogas, poderiam ser direcionados aos programas de prevenção e tratamento. Lidar com a questão das drogas no âmbito da atenção e educação tem se mostrado mais produtivo que uma abordagem retributiva, de natureza penal. Prover medidas de redução dos riscos, em contraposição à incriminação, equivale a garantir dignidade à pessoa humana.

Na mesma linha de raciocínio, com ênfase na dignidade da pessoa, pode-se afirmar que as políticas de drogas devem se basear no respeito aos direitos humanos e na preservação da saúde pública. Faz-se necessário promover o fim da estigmatização e marginalização das pessoas que usam drogas e daqueles que estão envolvidos nos níveis mais baixos de seu cultivo, produção e distribuição. É imperativo tratar os dependentes de substâncias consideradas ilícitas como pacientes e não como criminosos (Comissão Global de Políticas sobre Drogas 2011).

Ainda na mesma série de pensamento, com o viés da racionalidade, Escudero Moratalla e Frígola Vallina (1996) afirmam que a droga é, essencialmente, uma forma de fuga. Tentar afastar o indivíduo da droga por meio de uma lei repressiva é uma solução indireta – o ideal seria reformar a estrutura social, o arquétipo vital e a educação do cidadão, fazendo desaparecer as motivações que conduzem ao consumo abusivo. As mesmas motivações, eminentemente pessoais, coincidem em um grande número de indivíduos, permitindo vislumbrar a dependência como um fenômeno social. O homem bebe como consequência de sua natural tendência ao estado artificial progressivo de felicidade, segurança, euforia e bem-estar. A substância deve estar a serviço do homem como meio de alívio e comunicação social, matéria criadora de sonhos, que propicia um necessário afastamento das formas de pensar e viver cotidianas.

Pode-se afirmar também, em juízo prognóstico [33], que os programas de redução de danos seriam bem mais eficazes em um ambiente de legalização das drogas. A proscrição das substâncias psicotrópicas impede sua prescrição para fins não terapêuticos, ainda que promovida pelo Estado. É que, por traficantes ou pelo Poder Público, a demanda por drogas será sempre suprida. Se pelo último, mitigam-se os riscos inerentes ao consumo e tem-se a oportunidade de tratar o adicto. A regulação, já presente em relação ao álcool e o tabaco, mesmo se aplicada de forma mais rígida, mostra-se como meio alternativo menos gravoso que a norma penal. O controle da produção e distribuição também se apresenta como alternativa à proscrição das drogas.

A regulação, meio alternativo, mostra-se mais adequada que a clandestinidade do consumo e da distribuição das drogas, própria da proscrição (Hamilton 2016). É nesse sentido, embora reconhecendo que a legalização das substâncias psicoativas possa incrementar o número de usuários e adictos, que Thomas C. Rowe (2006, 2637) suscita pesquisa realizada pela *University of Maryland*, também citada por Mike Gray (1998, 291), na qual os estudantes de ensino médio relataram que a maconha é mais fácil de ser adquirida que as bebidas alcoólicas. É que, para os menores de idade, o consumo de drogas lícitas não é acessível, enquanto as drogas ilícitas são vendidas sem nenhuma exigência de comprovação etária.

No entanto, descriminalizar as substâncias psicoativas, tanto em relação ao uso, quanto em razão da produção e da comercialização, ou mesmo considerar inconstitucional a proscrição penal das drogas, demanda considerar a efetividade da medida alternativa proposta. Equivale a indagar se a legalização (ou descriminalização) das drogas seria apta a reduzir a demanda, o consumo e os riscos a ela relacionados.

---

[33] Se a necessidade pode ser inferida em prognose para limitar os direitos fundamentais, o mesmo é permitido para afastar a incidência de norma incriminadora ante a perspectiva de medida menos gravosa aos direitos do cidadão.

Por óbvio, tanto a legalização ou descriminalização das drogas, quanto a conclusão de desproporcionalidade da norma penal que as proscreve, devem ter em conta as consequências da liberação. Nesse caso, o juízo seria exercido em sede de prognose, a estabelecer medidas idôneas e necessárias à mitigação dos problemas relacionados às drogas, sobretudo no que toca à saúde pública.

Não atenderia ao interesse público, consubstanciado principalmente nos aspectos sanitários e de segurança, simplesmente legalizar ou descriminalizar todas as substâncias atualmente consideradas ilícitas, quanto ao consumo, produção e comercialização, sem a implementação de medidas alternativas eficazes a mitigar substancialmente os riscos que lhe são inerentes. Ou seja, a liberação deveria ser concomitante à regulamentação.

Nesse aspecto, é razoável afirmar que a Comunidade Internacional e os Estados soberanos têm larga e exitosa experiência em controlar e regulamentar drogas perigosas, sem a necessidade de proscrevê-las ou criminalizá-las. Álcool e tabaco são os exemplos mais enfáticos. A liberação das drogas, atualmente tida por ilícitas, poderia ser acompanhada de uma série de restrições que, não obstante limitar a liberdade do uso, produção e comercialização, atenderia a uma correta proteção do bem jurídico, tal qual já ocorre com as bebidas alcoólicas e com o fumo. Quanto ao usuário, por exemplo, o consumo de substâncias psicotrópicas, atualmente ilegais, ficaria limitado aos ambientes privados, adstrito ao recôndito da intimidade, não sendo permitido em locais públicos ou de livre acesso. O descumprimento dessa imposição implicaria em infração de natureza administrativa. Com menor rigor e extensão, tal limitação já se impõe ao cigarro.

Ainda exemplificando, não seria permitido desenvolver algumas atividades sob o efeito de substâncias entorpecentes, como dirigir, trabalhar, dentre outras, cuja infração estaria sujeita às mesmas cominações legais inerentes às bebidas alcoólicas. No que é pertinente à produção e comercialização, as restrições que se impõem à indústria farmacêutica, de bebidas alcoólicas e do fumo são experiências aptas a conduzir a elaboração de um marco regulatório para as demais substâncias psicoativas.

O controle da composição e pureza das drogas poderia ter por parâmetro aquela já exercida sobre a indústria farmacêutica. Assim como acontece com o álcool e o tabaco, a venda seria proibida para crianças e adolescentes. E, tal qual o cigarro e alguns medicamentos, a propaganda não seria permitida.

A produção e comercialização não regulamentar seria proibida, como já ocorre com as bebidas alcoólicas, fumo e medicamentos. No entanto, assim como no caso do álcool e cigarro, não seria um problema sério, face ao desestímulo à atividade clandestina provocado pela queda nos preços, decorrente da livre concorrência e da legalização em si, o que afastaria o crime organizado dessa atividade.

A sistemática de tributação poderia ter por base aquela cominada à indústria tabagista, responsável por recolher US$133 bilhões em impostos, anualmente, no mundo. Destes, menos de US$1 bilhão são atualmente empregados em medidas antitabagistas (WHO 2011). Os recursos provenientes da arrecadação poderiam ser integralmente direcionados aos programas de redução dos danos.

Enfim, comparando-se as consequências da criminalização das drogas que, visando tutelar a saúde pública, proscreve o uso e a comercialização das substâncias psicotrópicas, com os resultados atingidos ou possíveis de serem alcançados pelos meios alternativos à disposição do Estado, já experimentados ou idealizados, pode-se afirmar, com segurança, a desnecessidade da tutela penal.

Em sendo desnecessária, a insistência em sua manutenção revela indícios de motivos subjacentes, ocultos, bem como a realização de função diversa daquela que se espera da norma penal. Aliás, o desempenho do direito penal das drogas ilude o público quanto ao seu próprio déficit de instrumentalidade – o efeito colateral de sua aplicação (apreensões e encarceramento em massa, por exemplo) é apresentado como sendo o resultado normalmente esperado e desejado. Nesse sentido:

> Isto nos faz lembrar que as políticas de drogas inicialmente foram desenvolvidas e implementadas com a esperança de alcançar resultados em termos de redução de danos aos indivíduos e à sociedade – menos crimes, melhor saúde e mais desenvolvimento econômico e social. No entanto, até hoje continuamos avaliando o sucesso na guerra às drogas com base em parâmetros totalmente diferentes – parâmetros esses que informam sobre processos, como o número de prisões, as quantidades apreendidas ou a severidade das penas. Estes indicadores são capazes de comprovar o rigor com que determinada política está sendo executada mas não são capazes de medir em que medida esta política está sendo ou não bem sucedida em seu objetivo principal de melhorar "a saúde e o bem estar da humanidade". (Comissão Global de Políticas sobre Drogas 2011, 5)

Se de todos os métodos possíveis, o Estado prioriza a criminalização das drogas, não obstante a existência de alternativas menos danosas à liberdade individual e ao pleno desenvolvimento da personalidade, como as políticas de redução de danos, mais uma vez torna-se admissível que se suspeite do desempenho de funções simbólicas, a encobrir a realidade, realizando controle social cujo imperativo não foi manifestamente expresso no comando normativo. A opção por meio menos eficiente, além de mais nocivo ao indivíduo e seus direitos fundamentais, somente tem sentido se a função é outra, estranha ao programa finalístico enunciado para a proscrição das substâncias psicoativas, a demandar o instrumento mais gravoso para realização de seu efeito oculto.

3.5. A DESPROPORCIONAL CRIMINALIZAÇÃO DAS DROGAS

Segundo Virgílio Afonso da Silva (2002, 40), a ponderação acerca da proporcionalidade, *stricto sensu*, "consiste em um sopesamento entre a intensidade da restrição ao direito fundamental atingido e a importância da realização do direito fundamental que com ele colide e que fundamenta a adoção da medida restritiva". Em matéria penal, relaciona-se, portanto, com a avaliação crítica sobre a legitimidade dos meios coercitivos utilizados para proteção do bem jurídico posto sob tutela da norma incriminadora.

A proporcionalidade em sentido estrito, defende Alberto Silva Franco (2007), impõe que se faça um juízo de ponderação sobre a relação existente entre o bem de índole constitucional lesado ou posto em risco (gravidade do fato) e o bem (liberdade) de que pode alguém ser privado (gravidade da pena). Sempre que, nessa relação, houver desequilíbrio, haverá desproporção. No entanto, considerando ser delicado colocar sob ponderação a liberdade individual com qualquer que seja o bem que se busca proteção, mais segura é a noção de que a proporcionalidade deve ser aferida em um juízo de ponderação entre a carga coativa da pena e o fim perseguido pela cominação penal (Hassemer 1984).

Disso, decorrem duas consequências: 1) visando a tutela do bem jurídico, o Poder Legislativo deve estabelecer penas proporcionais, em abstrato, à gravidade do delito, do contrário impõe-se considerar inconstitucional a respectiva norma penal; 2) o Judiciário deve cominar ao autor do delito pena proporcional à sua concreta gravidade.

Esse juízo de valores deve ser realizado não somente entre o bem juridicamente tutelado pela norma penal e o quantitativo da pena, em abstrato, prevista na mesma norma. É preciso, também, a verificação da proporcionalidade, *stricto sensu,* numa interpretação sistêmica do direito penal, na qual os tipos incriminadores, os bens por eles tutelados e suas respectivas penas sejam mutuamente considerados, a fim de evitar não só a desproporcionalidade entre o delito e a sanção, mas entre os delitos e as sanções contextualizados em um mesmo sistema[34].

---

[34] Beccaria (2001, 665) tratou o tema da seguinte forma: "se dois crimes que atingem desigualmente a sociedade recebem o mesmo castigo, o homem inclinado ao crime, não

Deve-se verificar, ainda, se a conduta típica, em abstrato, tida como lesiva à sociedade, é análoga a outra, igualmente lesiva, mas não considerada como crime. Não atenderia ao princípio da isonomia, não sendo estritamente proporcional, que a lei tratasse de forma tão assimétrica situações que se apresentem como análogas. Sendo assim, além da ideal proporção entre a gravidade da ofensa e a pena cominada em abstrato, há de se considerar a sanção criminal como integrante de um sistema complexo, a ser sopesada em relação aos demais delitos, bens violados e cominações, valorados no ordenamento jurídico. Só assim poder-se-á aferir a proporcionalidade em sentido estrito da previsão sancionatória destinada à proteção do bem jurídico.

A partir desse ponto, pode-se afirmar que a razoabilidade da norma que criminaliza as substâncias psicoativas consideradas ilícitas está condicionada a: 1) demonstração da justa proporção entre a gravidade do dano causado (em referência à saúde pública) e a pena imposta em abstrato; 2) comprovação da proporção a partir da análise dos demais tipos penais e bens jurídicos por si tutelados, inseridos que estão em um mesmo sistema; e 3) ponderação acerca da isonomia, cotejando o tratamento penal dado às demais substâncias psicoativas a partir do potencial lesivo intrínseco a cada uma delas.

Investigar o atendimento às duas primeiras condições demanda analisar, ainda que em abstrato, a específica norma que incrimina condutas relacionadas às drogas ilícitas (posse para consumo e comercialização, por exemplo) no específico contexto social e no específico sistema jurídico a qual está inserida.

É nesse sentido que, por exemplo, verificar a proporcionalidade, *stricto sensu,* da lei penal argentina que tipifica o comportamento de vender substâncias psicoativas, implica, antes de tudo, em: 1) apurar se o dano causado pela conduta típica, naquela peculiar sociedade, é compatível com a pena prevista, em abstrato, na também particular

---

tendo que temer uma pena maior para o crime mais monstruoso, decidir-se-á mais facilmente pelo delito que lhe seja mais vantajoso; e a distribuição desigual das penas produzirá a contradição, tão notória quando frequente, de que as leis terão de punir os crimes que tiveram feito nascer".

norma; e 2) analisar o direito penal da Argentina para aferir a proporção da cominação imposta ao tráfico de drogas em cotejo com os demais tipos penais previstos naquele país, suas penas e bens jurídicos tutelados, numa ponderação sistêmica.

Por óbvio, essa investigação não tem pertinência na presente pesquisa, de objeto bem menos específico. Portanto, quanto às duas primeiras condições, ficam apenas os parâmetros para futuras investigações, de cunho mais restrito.

No que toca à terceira condição, o juízo de proporcionalidade em sentido estrito a partir do princípio da isonomia, a verificar se o tratamento penal dado às drogas guarda identidade com os riscos inerentes às diversas substâncias psicoativas (legais ou proscritas), em razão de seu caráter geral, típico da criminalização das drogas, pertence à investigação científica ora desenvolvida.

Uma vez que o direito penal das drogas se apresenta uniforme na comunidade internacional, as substâncias psicotrópicas consideradas proscritas nos mais diversos Estados são praticamente as mesmas, com poucas variações. "A lei antidrogas é basicamente a mesma no mundo inteiro" (Scheerer 2012). Assim, o rol de psicotrópicos ilícitos na Espanha é praticamente o mesmo daquele vigente nos Estados Unidos da América, China, Paquistão, Nova Zelândia e Egito.

Da mesma forma, os riscos inerentes a cada uma das substâncias psicoativas, lícitas ou ilícitas, são praticamente iguais nas mais diversas sociedades e culturas – o *crack* apresenta um potencial igualmente nocivo à incolumidade pública na Inglaterra e na Suíça quanto na Argentina. Por isso, uma análise geral quanto à proporcionalidade em sentido estrito da norma penal que integra o sistema do direito penal das drogas é possível com base nesse critério, o da verificação da isonomia acerca da criminalização em razão dos danos intrínsecos às substâncias consideradas ilícitas.

Decorre da razoabilidade, no viés da proporcionalidade em sentido estrito, o estabelecimento de penas proporcionais aos danos provocados aos direitos de terceiros. No que é pertinente à criminalização das drogas, equivale a dizer que as penas devem guardar certa relação com os riscos próprios das substâncias psicoativas, consideradas *de per si*. Ou seja, em tese, os danos decorrentes das drogas justificariam seu tratamento criminal, ao passo que a extensão dos danos daria medida às penas. E cada psicotrópico tem um potencial lesivo próprio, a demandar juízo avaliativo particularizado quanto a consequente tipificação e respectiva pena, numa análise comparativa com as demais substâncias consideradas ilícitas e seus peculiares riscos.

Não é suficiente apenas entender como uma determinada droga altera o estado mental; há de se avaliarem os danos, potenciais e reais, para o usuário e, principalmente, porque condição à criminalização, para estrutura social – representativa dos direitos e interesses individuais. Ao lançar o olhar para a pessoa que faz uso de droga, deve-se lembrar que a lesão não está restrita àquelas de natureza física – consequências psicológicas, emocionais e até mesmo espirituais precisam ser igualmente consideradas. Da mesma forma, os riscos à sociedade abrangem um leque geralmente maior do que costuma ser considerado, tais como o impacto em razão de condução automotiva sob o efeito de drogas, rompimento familiar, dias de trabalho perdidos, dos custos com a saúde, da criminalidade que lhe é intrínseca, dentre outros muitos fatores (Rowe 2006).

Assim, à tutela do bem jurídico, não atenderia ao critério da proporcionalidade em sentido estrito o estabelecimento, em abstrato, de penas semelhantes, aplicáveis ao crime de tráfico de drogas, mesmo quando as substâncias comercializadas ofereçam diferentes níveis de risco à sociedade. Não seria proporcional, dessa forma, a lei que determina a mesma cominação para quem comercializa maconha e aquele que vende heroína, considerando ser o potencial lesivo dos opióides muito maior que aquele verificado nos canabinoides.

Nesse mesmo sentido, maior grau de infringência à proporcionalidade se verifica na circunstância da norma penal proscrever determinada substância psicotrópica, enquanto outra, embora mais nociva ao ser humano e à coletividade, seja considerada legal, submetida apenas à regulação administrativa. Partindo do fato que existem várias drogas consideradas legais e outro tanto proscritas, submetidas ao tratamento criminal, cumpre verificar o potencial lesivo de cada uma delas para, só então, analisar a proporcionalidade em sentido estrito da criminalização das drogas a qual parte delas estão submetidas.

Vários estudos já foram realizados no sentido de mensurar os mais diversos tipos de danos que as drogas podem causar ao indivíduo e para a sociedade. Alguns, focando em um único aspecto, outros em uma análise mais ampla. Mas todos parecem indicar os mesmos resultados.

A potencialidade de tornar o usuário em adicto, por exemplo, é um dos critérios mais utilizados nos estudos científicos sobre os danos relacionados às drogas. É também um dos argumentos mais frequentes a justificar a proteção do bem jurídico tutelado no direito penal das drogas – a saúde pública.

Nesse sentido, Glen R. Hanson, Peter J. Venturelli e Annette Fleckenstein (2012) se propuseram, em estudo científico[35], a determinar o potencial de causar dependência psicológica inerente a algumas drogas (lícitas e ilícitas). Em uma escala de 0 a 100, à nicotina atribuiu-se o índice 100, metanfetamina (fumo), 98, *crack*, 96, Valium, 85, álcool, 82, heroína, 80 e cocaína, 75. Maconha, *ecstasy*, mescalina e LSD tiveram pontuação inferior a 20.

No entanto, ainda que o potencial de tornar dependentes seus usuários seja um dos mais relevantes critérios para determinar os riscos inerentes a cada droga, faz-se necessário uma investigação mais abrangente, em que outros aspectos sejam mutuamente ponderados, sobretudo se o que se busca são critérios e argumentos para a criminalização.

Nesse sentido, já na metade do século passado, Maurice Seevers (1958) propôs uma classificação do risco das drogas a partir de seis critérios: tolerância[36], dependência física, dependência psicológica,

---

[35] A descrição da metodologia empregada não atenderia aos fins da presente pesquisa.
[36] No sentido de quanto o organismo humano pode tolerar determinada droga de forma segura.

deterioração física e comportamento antissocial. A cada critério se atribuiu índice de 0 a 4. Assim, o risco de cada substância entorpecente seria medido numa escala de 0 a 24. Por esses critérios, as bebidas alcoólicas ficaram com índice 21, barbitúricos, 18, heroína, 16, cocaína, 14, maconha, 8 e mescalina, 1.

Tanto o resultado obtido por Glen R. Hanson, Peter J. Venturelli e Annette Fleckenstein (2012) como a conclusão de Maurice Seevers (1958), voltam-se aos danos que sofrem os usuários de drogas, em razão do consumo em si. Embora os dois estudos citados sejam relevantes ao conhecimento dos riscos intrínsecos às drogas, pouca influência têm à verificação da proporcionalidade, uma vez que os danos a serem considerados para fins da tutela penal são aqueles relacionados com terceiros, não os inerentes ao próprio usuário. É que não se deve punir, ao menos em matéria penal, a autolesão.

Não se pode negar, no entanto, a relevância desses dados para aferição da proporcionalidade de medidas legislativas ou administrativas, em relação aos psicotrópicos, a determinar, por exemplo, controle, regulação, taxação e indenização. São importantes também para desmistificação do argumento moral, uma vez que algumas das drogas aceitas socialmente (álcool e tabaco) são mais nocivas ao indivíduo que outras proscritas.

Assim, para os fins ora propostos, quanto à utilidade da pena à tutela da saúde pública, pode-se tomar por parâmetro o estudo coordenado por Jan van Amsterdam, Antoon Opperhuizena, Maarten Koeter e Wim van den Brink (2010), no sentido de investigar os danos (em nível individual e coletivo) associados às substâncias psicoativas. Um grupo de dezenove especialistas avaliou os efeitos nocivos de dezessete drogas ilícitas e duas lícitas, tomando por referência dados técnicos coletados na Holanda e na literatura específica, focando-se em critérios como toxicidade aguda; toxidade crônica, potencial viciante e danos sociais. Numa escala de 0 a 3, as drogas foram classificadas quanto seu potencial lesivo ao indivíduo e à coletividade.

Ainda que o minucioso detalhamento apresentado na pesquisa interesse, de formas diversas, às mais abrangentes áreas do direito e do conhecimento científico, apresenta-se como relevante à análise ora desenvolvida os resultados que tratam especificamente dos danos às estruturas sociais garantes dos direitos individuais, uma vez que, como dito, o bem jurídico, cujos danos (físicos ou sociais) foram experimentados pelo próprio usuário, não deve ser objeto de tutela em matéria penal.

Nesse quadrante, em ordem decrescente, as substâncias mais nocivas à coletividade, pelo estudo referido (Van Amsterdam, et al. 2010), são: álcool (2,76), tabaco (2,28), *crack* (1,89), heroína (1,78), cocaína (1,66), canabinoides (1,47), benzodiapezina (1,32), anfetamina (1,18), *ecstasy* (1,13), GHB (0,92), metadona (0,68), metanfetamina (0,56), anabolizantes (0,45), cogumelos alucinógenos (0,39), cetamina (0,39), metilfenidato (0,33), buprenorfina (0,29), *lsd* (0,26) e *khat* (0,13). Ou seja, especificamente quanto aos danos sociais intrínsecos às drogas, dirigidos à população de um modo geral, as substâncias mais nocivas são, justamente, as que gozam de *status* legal, álcool e tabaco.

Ainda, acerca dos danos relacionados às drogas, outro trabalho científico a ser levado em consideração é o levantamento coordenado por David Nutt, Leslie King e Lawrence Phillips (2010), realizado por diversos profissionais de várias áreas do conhecimento, utilizando dezesseis critérios (nove em razão do usuário, sete em relação à coletividade) para avaliar o risco inerente a vinte tipos diferentes de drogas[37].

---

[37] Os critérios são: "Mortalidade diretamente relacionada a drogas – letalidade intrínseca da droga expressada como proporção da dose letal e da dose padrão (para adultos); Mortalidade indiretamente relacionada com a droga – medida do quanto a vida é reduzida pelo uso da droga (exclui a mortalidade específica causada pela droga) – por exemplo, acidentes de trânsito, cânceres de pulmão, HIV, suicídio; Danos diretamente causados pela droga – danos específicos das drogas à saúde física – por exemplo, cirrose, convulsões, ferimentos, cardiomiopatia, úlceras de estômago; Danos indiretamente relacionados com a droga – danos à saúde física, incluindo consequências de, por exemplo, atividades sexuais indesejadas, automutilação, viroses sanguíneas, enfisema e danos por objetos cortantes; Dependência – a medida que uma droga causa propensão ou o desejo de continuar usando a mesma, apesar das consequências negativas; Comprometimento direto do funcionamento mental [...] – por exemplo, a psicose induzida por anfetamina, a intoxicação pela cetamina; Comprometimento indireto do funcionamento mental relacionados a toxicodependência [...] – por exemplo,

A pontuação atribuída a cada um desses critérios, em relação à cada específico psicotrópico mutuamente considerado, foi estabelecida a partir do método MCDA (*multiple criteria decision analysis*)[38][39] e, ao final, somada para aferir o índice geral (danos pessoais e sociais) em uma escala de 0 a 100. O estudo (Nutt, King e Phillips 2010) apresenta em ordem decrescente: álcool (72), heroína (55), *crack* (54), metanfetamina (33), cocaína (27), tabaco (26), anfetamina (23), canabinoides (20), GHB (19), benzodiapezina (15), cetamina (15),

---

transtornos de humor, acompanhando o uso de droga ou estilo de vida do usuário de drogas; Perda de bens – medida da perda de coisas tangíveis (por exemplo: renda, habitação, trabalho, realizações educacionais, ocorrência de registro criminal e prisão); Perda de relacionamentos – perda de relacionamentos com a família e amigos; Lesões – medida em que o uso de uma droga aumenta as chances de lesões a outros, direta e indiretamente – por exemplo, violência (incluindo violência doméstica), acidente de trânsito, dano fetal, uso abusivo, transmissão secundária de vírus pelo sangue; Crime – medida em que o uso de uma droga envolve ou leva alguém a praticar atos criminosos (além do ato de uso de drogas), direta ou indiretamente (a nível populacional, não a nível individual); Dano ambiental – danos causados ao meio ambiente pelo uso e pela produção de uma droga de forma localizada – por exemplo, resíduos tóxicos das fábricas de anfetamina, agulhas descartadas; Adversidades familiares – adversidades familiares causadas pelo uso de uma droga – por exemplo, degeneração da família, do bem-estar econômico, do bem-estar emocional, das perspectivas futuras para as crianças, negligência infantil; Danos internacionais – medida de como o uso de drogas no Reino Unido provoca danos internacionais – por exemplo, desmatamento, desestabilização dos países, a criminalidade internacional e novos mercados; Custo econômico – danos econômicos causados pelo uso de uma droga nos custos diretos para o país (por exemplo, cuidados com a saúde, polícia, prisões, serviços sociais, costumes, seguros, crimes) e os custos indiretos (por exemplo, perda de produtividade, absentismo); Comunidade – medida dos danos criados com a diminuição da coesão social e a perda da reputação da comunidade" (Nutt, King e Phillips 2010, 1560).

[38] A metodologia multicritério de apoio à decisão "consiste em um conjunto de técnicas para auxiliar um agente decisor – indivíduo, grupo de pessoas ou comitê de técnicos ou dirigentes – a tomar decisões acerca de um problema complexo, avaliando e escolhendo alternativas para solucioná-lo segundo diferentes critérios e pontos de vista" (Jannuzzi, Miranda e Silva 2009, 71).

[39] "Analise de Decisão Multicritério (MCDA) é uma técnica frequentemente usada em situações em que a tomada de decisão demanda a consideração de diferentes tipos de critérios, onde existem tantas dimensões que não se pode facilmente tirar conclusões de discussões simples. A MCDA considera uma questão através de diferentes critérios e, em seguida, compara-os mutuamente para avaliar a sua importância relativa. Esses critérios podem incluir medidas objetivas e juízos de valor subjetivo. Podem também incorporar um elemento de incerteza" (Nutt 2012, 35).

metadona (14), mefedrona (13), *butane* (11), anabolizantes (10), *khat* (9), *ecstasy* (9), *lsd* (7), buprenorfina (7) e cogumelos alucinógenos (6).

Tais resultados expõem a contribuição de cada um dos dezesseis critérios para formação do índice geral de periculosidade intrínseco às substâncias psicoativas objeto do estudo. No entanto, considerando apenas os sete critérios para aferição do risco das drogas dirigidos a terceiros, as quatro substâncias psicotrópicas mais nocivas são, em ordem decrescente: álcool, heroína, *crack* e tabaco (Nutt, King e Phillips 2010).

Ou seja, considerando os danos individuais e às estruturas sociais em conjunto, das vinte drogas objeto do estudo, álcool e tabaco, substâncias lícitas, figuram, respectivamente, como a primeira e a sexta mais perigosas. Ponderando apenas em relação aos danos experimentados pela coletividade, o álcool permanece como o psicotrópico mais nocivo e o tabaco figura em quarto (à frente dos canabinoides, cocaína, *ecstasy*, metadona, LSD, dentre outras).

Aliás, de todos os estudos até então apresentados, as bebidas alcoólicas e o tabaco sempre se fazem presentes no grupo das drogas mais nocivas à sociedade. A nocividade do álcool relaciona-se com a desagregação familiar, violência, acidentes de todos os tipos, dias de trabalho perdidos e crimes. Inclusive, em comparação com o cigarro, os custos para saúde pública são muito mais elevados quando se tratam dos problemas relacionados ao alcoolismo. As doenças causadas pelo alcoolismo, somadas, constituem a terceira principal causa de morte nos Estados Unidos da América, por exemplo. Não obstante aos inerentes riscos sociais, é bastante improvável que as bebidas alcoólicas se tornem algum dia novamente proibidas (Rowe 2006).

Mesmo quando os critérios para aferição do potencial lesivo dos psicotrópicos são aqueles que se aplicam no nível individual, como as mortes e doenças indiretamente decorrentes do consumo de drogas, tratando-se de álcool e tabaco, de tão expressivos os números, configuram-se em danos à coletividade.

A título ilustrativo, no ano 2000, mais de 3% dos óbitos no mundo guardavam relação com o consumo de bebidas alcoólicas

(Rehma, et al. 2003) e, a cada ano, 6 milhões de pessoas morrem em decorrência do tabaco, incluindo 600 mil fumantes passivos (WHO 2011). Tais números demonstram que, quanto a essas duas substâncias, os danos causados aos próprios usuários acabam por se confundir com os riscos impostos à sociedade.

O uso do tabaco é extremamente nocivo ao ser humano. A relação entre tal droga e o câncer de pulmão é de conhecimento universal. Pesquisas demonstram que o hábito de fumar aumenta em vinte e cinco vezes o risco de desenvolver câncer de pulmão, sendo responsável por 95% de todas as mortes por este tipo de doença. Também aumenta o risco em relação aos outros tipos de câncer. Estima-se que 47% de todas as mortes por câncer são causadas pelo uso do tabaco. Mais importante, o cigarro é responsável por cerca de metade de todas as mortes por doenças cardiovasculares. Na contabilidade geral, o fumo é responsável por cerca de 25% das mortes de adultos nos Estados Unidos da América, por exemplo. Os tratamentos médicos para o câncer, doenças cardiovasculares e pulmonares que lhes são decorrentes, custam dezenas de bilhões de dólares por ano (Rowe 2006).

Quando se observa que duas das drogas mais nocivas à sociedade são consideradas lícitas, reforça-se a ideia de que a proscrição e o tratamento criminal decorrente do direito penal das drogas encontra guarida apenas no campo moral e político, não em dados técnicos e científicos acerca dos danos inerentes aos mais diversos tipos de psicotrópicos.

Não são os danos a terceiros, intrínsecos às drogas, a fundamentar a criminalização, como faz crer o discurso oficial, senão a percepção moral que a sociedade guarda sobre elas. Álcool e cigarro são legais por razões políticas, não por serem inofensivas, pois inofensivas não são. Da mesma forma, as drogas proscritas são ilícitas também por motivos políticos, não meramente porque são ofensivas. A atual abordagem em relação às substâncias psicoativas não é proporcional. Somente o seria, se aplicada igualmente para todas as substâncias recreativas ou viciantes (Rowe 2006) ou, então, se a nenhuma delas fosse aplicada.

Uma determinada substância provoca níveis maciços de problemas de saúde de todos os tipos e milhões de mortes prematuras por ano, mas é legal em qualquer quantidade para qualquer adulto. As únicas restrições envolvidas dizem respeito ao local e a partir de que idade pode ser usada. Da mesma forma, outra substância permitida para todos os adultos é amplamente reconhecida, em todo o mundo, como a mais nociva da história. Quando suficientemente abusada, causa morte, destruindo gradativamente o corpo de seu usuário. Mesmo quando não muito abusada, provoca comportamentos aberrantes que podem arruinar famílias e causar danos à sociedade. Tabaco e álcool, respectivamente (Rowe 2006). Enquanto isso, substâncias menos nocivas são consideradas ilegais.

Portanto, ponderando acerca da isonomia, cotejando o tratamento jurídico dado ao álcool e ao tabaco, em confronto com aquele dispensado às demais substâncias psicoativas a partir do potencial lesivo intrínseco a cada uma delas, pode-se concluir, com segurança, que a criminalização do consumo e da comercialização das drogas consideradas ilícitas não atende ao critério da proporcionalidade em sentido estrito. E, uma vez que não se presta à proteção do bem jurídico, a saúde pública, revela indícios da existência de motivos subjacentes, ocultos, a desempenhar função diversa daquela que se espera do direito penal.

É que estabelecer abstratamente cominação penal em relação de desproporção com o ato lesivo previamente definido e, sobretudo, insistir nessa estratégia, ainda que a evidência demonstre a exasperação, pode indicar que a finalidade da punição está oculta, latente, não prevista expressamente no comando legal. O mesmo se pode afirmar quando a relação de desproporção é apontada pela análise dos demais tipos penais e bens jurídicos por si tutelados, inseridos que estão em um mesmo sistema ou, também, por meio da ponderação acerca da isonomia, cotejando o tratamento penal dado em situações absolutamente similares. Este último é o caso da criminalização das drogas. Punir para além do razoável ou violando a isonomia é realizar função não autorizada na sistemática do direito penal.

3.6. QUANDO AS CONSEQUÊNCIAS DA CRIMINALIZAÇÃO SÃO MAIS DANOSAS QUE O MALES QUE SE QUIS EVITAR

Tratando-se de direito penal, mais que em outros ramos do direito, existe a possibilidade da criminalização de determinada conduta ou atividade humana ter efeitos negativos para a coletividade, inclusive, não raro, maiores do que aquilo que se quer evitar pelo desempenho da norma, como o efeito criminógeno da própria lei criminal. Sobre a hipótese, convém transcrever:

> No plano do direito penal, fala-se da função ou efeito criminógeno da própria lei penal. Poder-se-ia objetar que se trata aqui de um caso de antiefetividade. Mas a hipótese é mais abrangente. A pesquisa criminológica aponta situações em que a atuação coercitiva do aparelho estatal contra a criminalidade juvenil leva a estreitar os laços entre os respectivos jovens, que, em reação, passam a praticar atos puníveis mais graves. Em muitos casos, à promulgação de uma nova lei penal seguem-se contra-reações, atos de resistência e de ajuda aos autores, implicando outras condutas puníveis. Por fim, entre os penalistas considera-se como incontroverso que a criminalização de uma conduta tem frequentemente por consequência a prática de novos atos puníveis para sua execução e encobrimento, incluindo-se também a extorsão. (Neves 2011, 49-50)

No entanto, a proteção do bem jurídico, promovida pela ação do direito, não pode causar à coletividade dano maior do que aquilo que a lei se propõe a tutelar. Em se tratando do direito penal das drogas, equivale a dizer que da tutela da saúde pública, que se busca pelo desempenho da norma incriminadora, veda-se a ocorrência de consequências sociais mais nocivas do que aquelas que se pretende evitar – a saúde pública, então, torna-se o parâmetro.

Por isso, a legitimidade da proteção do bem jurídico tutelado pela criminalização das drogas não pode ficar adstrita às questões de idoneidade, subsidiariedade e proporcionalidade em sentido estrito, pelo que se impõe submeter-se ao crivo da menor ofensividade social.

A análise da menor ofensividade social investiga se as consequências da criminalização das drogas, por si só, são mais graves que os resultados dos fatos que se pretendem proibir. Equivale a negar legitimidade às incriminações que, mesmo adequadas, necessárias e proporcionais (*stricto sensu*) a atingir a finalidade proposta, produzem, por sua própria atuação, danos à coletividade relativamente superiores às vantagens almejadas.

Essa ponderação acerca dos malefícios impostos diretamente à sociedade em razão do direito penal, consequência da criminalização em si, ou mesmo da pena, não está presente no conteúdo dos juízos de idoneidade, subsidiariedade e proporcionalidade da pena. É que a norma penal será adequada se apta a proteger o bem por si tutelado, cumprindo seu programa finalístico; necessária, se não há meio menos gravoso à liberdade individual apto a proteger o bem tutelado; proporcional, estrito senso, se a pena imposta for harmônica à gravidade do delito praticado e simétrica às demais incriminações previstas no sistema penal. Os bens postos à ponderação nesses três critérios correspondem, de um lado, àquele tutelado pela norma penal (de interesse geral) e, do outro, a medida do gravame que incide sobre a pessoa (de caráter individual).

Assim, não se pode fazer, a partir desses critérios clássicos, a ponderação dos bens que, embora contrapostos, interessam ambos, precipuamente, à coletividade. Ou seja, a norma penal, ainda que idônea, necessária e estritamente proporcional, pode trazer em si prejuízos sociais, antagônicos aos benefícios que ela própria se propôs a trazer. A avaliação desse custo-benefício é o campo de atuação da menor ofensividade social.

Dessa forma, cumpre investigar se do tratamento penal dado às substâncias psicotrópicas, típico da criminalização das drogas, resultou à coletividade danos maiores que a tutela (dirigida à saúde pública) alcançada – ou mesmo idealizada. Para tanto, importante ter em foco seus resultados: a expansão do mercado clandestino criminoso, financiado pelos lucros progressivamente crescentes do narcotráfico; deslocamento dos recursos públicos para o financiamento das ações repressivas contra o comércio ilícito de substâncias psicoativas; deslocamento geográfico da produção de drogas entre países, iludindo o sistema de controle; migração do consumo para substâncias mais nocivas, em razão da dificuldade de acesso a determinadas drogas; estigmatização e marginalização das pessoas que desenvolvem uso problemático (Nadelmann 1991, European Cities on Drug Policy 1990, Erickson, Adlaf, et al. 1994, Costa 2008, Comissão Global de Políticas sobre Drogas 2011).

O uso abusivo de drogas é ruim. A guerra às drogas é exponencialmente pior (Frye 2012). Na América Latina, por exemplo, as políticas de repressão às drogas propiciaram que a produção artesanal e o pequeno tráfico fossem completamente substituídos pelas organizações criminosas, tais como os cartéis de Medellín e Cali, cuja dificuldade de se combater decorre tanto da profissionalização da atividade e dos recursos envolvidos, como também da densa trama de ramificações políticas que promovem a estabilização e desestabilização dos mais diversos países no continente (Escohotado 2002).

Além de não produzir efeitos positivos para o quadro da saúde pública na América Latina, a guerra às drogas incrementou sua miséria e corrupção. Assim como em muitas cidades colombianas, o narcotráfico transformou regiões como a do Rio de Janeiro e de São Paulo, por exemplo, em verdadeiras zonas de guerra. Em toda a América Latina, muitos fazendeiros tiveram suas propriedades rurais e vidas arruinadas – os herbicidas utilizados na destruição de lavouras ilícitas frequentemente causam danos ambientais e às terras agricultáveis. O enorme deslocamento econômico para atividades clandestinas e a intensificação da inquietação social nessa porção americana, no mais das vezes, decorreram da criminalização das drogas, não das substâncias psicotrópicas em si (Nadelmann 2003).

Esses danos impostos à coletividade decorrem do desempenho da própria norma incriminadora. É que existem algumas medidas legislativas que têm um forte caráter criminógeno, provocando na sociedade efeitos que se opõem ao pretendido. A norma que criminaliza as substâncias psicotrópicas pertence a esse grupo, na medida em que promove o surgimento de vários crimes que passam a orbitar a atividade do narcotráfico.

Em raciocínio semelhante, ponderam Escudero Moratalla e Frígola Vallina (1996) que a lei proibitiva, repressiva, tem mais de corrupta que de corretora, uma vez que agravam os problemas de marginalização, ao conduzir jovens que não ocasionam problemas sociais a uma evolução problemática, além de abrir a porta para determinados delitos (falsidades, coações, homicídios, dentre outros problemas).

A criminalização das drogas, dessa forma, "impede que a sociedade e os governos enxerguem a grande variedade de razões pelas quais as pessoas usam drogas, seja de maneira controlada, seja de forma problemática" (Dreifuss 2016, 5). É por meio dessa estratégia que a proibição das substâncias psicoativas, promovida pela lei penal, tem transformado meros usuários em pessoas que passam a desenvolver atividades delitivas (Rowe 2006). E é assim que a criminalização das drogas tem sido um campo fértil para as organizações criminosas, envolvidas em atividades que dão suporte ao narcotráfico, como tráfico de pessoas (que passam à condição análoga a de escravo), corrupção, sequestro, terrorismo (Nutt 2012) e lavagem de dinheiro.

Ainda que se desconsidere a criminalização, é ínsito da proibição em si provocar uma série de consequências negativas, incluindo o aumento da violência, a vulneração da saúde das pessoas usuárias de drogas, a transformação destes em transgressores e a mitigação das liberdades civis; assim, a proscrição das substâncias psicotrópicas exacerba muitos dos problemas que pretensamente resolveria. A redução do uso de drogas não é, em geral, um objetivo racional para a política governamental. Mesmo que desejável a redução do consumo de drogas, a proibição é a pior estratégia para alcançar esse fim (Miron 2004).

Sobre o impacto negativo da criminalização das drogas na saúde pública, por exemplo, 80% das mortes associadas à heroína e cocaína (incluindo *crack*) não resultam de seu uso abusivo, mas da natureza ilegal do mercado. Uma análise dos homicídios relacionados com o *crack*, na cidade de Nova Iorque, indica que 85% dos casos eram sistêmicos, ou seja, decorriam dos perigos inerentes ao mercado ilícito e não da droga em si (Eldredge 2000).

Um outro aspecto deve ser destacado: a criminalização das drogas e o posterior combate ao seu comércio ilícito têm contribuído para a expansão da militarização do Estado, como agente repressor, assim também do narcotráfico, resultando no incremento do número de homicídios relacionados a esse mercado clandestino. Pode-se citar, a título de exemplo, como produto do recrudescimento da guerra aos cartéis de drogas na Colômbia, o fato de que, no ano de 1991, um a cada mil colombianos foi assassinado, taxa três vezes maior que a brasileira e mexicana e dez vezes maior que a norte-americana, considerando o mesmo período (Werb, et al. 2010).

Mais recentemente, após 2006, quando foi lançada campanha ostensiva de combate às drogas em todo o México, os índices que medem a violência cresceram abruptamente, de forma que, entre aquele ano e 2010, cerca de dezessete mil homicídios relacionados ao narcotráfico foram registrados no país (Werb, et al. 2010). Além disso, os cartéis de drogas mexicanos são responsáveis por outras atividades criminosas, tais como sequestro, falsificação e extorsão (Nutt 2012).

A natureza ilícita da atividade é a grande responsável pela violência relacionada às drogas – os mercados de produtos legais e regulamentados, mesmo não isentos de problemas, são incapazes de proporcionar as mesmas oportunidades para que o crime organizado obtenha expressivos lucros, desafie a legitimidade de governos soberanos e, em alguns casos, financie a insurgência e o terrorismo (Comissão Global de Políticas sobre Drogas 2011).

Como se não bastasse, as ações governamentais no combate às drogas são igualmente nocivas à sociedade (Rowe 2006), muito disso em razão da carência de critérios para o estabelecimento das leis que criminalizam as substâncias psicoativas, bem como pela indiferença estatal em relação às consequências sociais de tais medidas legislativas.

A imposição de leis mal concebidas resulta no incremento da violência, intimidação e corrupção associadas ao mercado das drogas. As agências governamentais e o crime organizado relacionado com o tráfico de drogas terminam por promover uma "corrida armamentista", inerente à guerra em si, na qual a coação estatal é prontamente respondida com o incremento da força e violência do narcotráfico (Comissão Global de Políticas sobre Drogas 2011, 15).

A violência urbana, outro efeito colateral da criminalização aludida, guarda relação direta com a própria guerra às drogas, não com as substâncias consideradas ilícitas, de forma que quanto mais se investe em seu combate, mais insegura se torna a sociedade. Com efeito, pesquisa conduzida por Dan Werb, et al. (2010), demonstra que, nos Estados Unidos da América, entre os anos de 1900 até o final da década de 1990, é diretamente proporcional o investimento na guerra contra as drogas e o índice de homicídios registrados, corroborando a ideia ora exposta. Do aumento no investimento financeiro contra as drogas decorre, reiteradamente, o incremento na taxa de homicídios. Referida investigação científica acerca das consequências da proibição das substâncias psicotrópicas, notadamente no que é pertinente à violência dela consequente, evidencia a mais grave sequela da criminalização das substâncias psicoativas.

A mesma conclusão se obtém nos diversos estudos levantados por Jeffrey A. Miron (2004), segundo os quais a proibição das drogas (inclusive do álcool) coincidiu com o aumento da taxa de homicídios, uma vez que as disputas, comuns a toda espécie de concorrência, no comércio ilegal são resolvidas pela força das armas, não pela mediação ou judicialmente. Todas as evidências científicas, segundo o autor, demonstram a relação entre proibição e violência nos mais diversos países.

Há uma direta relação de proporcionalidade entre a estratégia de guerra às drogas e o preço das substâncias consideradas ilícitas. Da mesma forma, quanto mais caras são as drogas, mais violenta se torna a sociedade. Para Travis Wendel, Geert Dhondt, Ric Curtis e Jay Hamilton (2016), por exemplo, a mitigação do crime na cidade de Nova Iorque, entre os anos de 1985 e 2016, produziu toda uma literatura acadêmica incapaz de explicar o fenômeno. A partir de uma pesquisa etnográfica e econométrica, os autores argumentam que referidos estudos ignoraram a explicação mais simples de todas: o simultâneo aumento na oferta e diminuição na demanda conduziu a uma queda no preço das drogas ilegais, cuja consequência foi o decréscimo dos índices de criminalidade.

Também é certo, conforme já mencionado, que o mercado ilícito de psicotrópicos incrementa a violência urbana, uma vez que usuários e traficantes, por óbvio, não resolvem suas disputas por meio de tribunais, advogados ou arbitragem, senão pelo uso das armas. Além disso, fomenta corrupção, sendo da natureza do próprio negócio clandestino o suborno a policiais, promotores, juízes e agentes carcerários. Não fosse o bastante, a ilegalidade do negócio inviabiliza o controle de qualidade da substância, o que potencializa o risco de overdose acidental (Miron 2014).

E sobre essa natureza criminógena da norma penal que proscreve as substâncias psicotrópicas, convém transcrever:

> Também o tráfico de entorpecentes se enquadra entre aquelas infrações em que o próprio bem jurídico tutelado acaba sendo posto sob ameaça. Percebe-se que a incriminação do comércio de entorpecentes acaba por gerar problemas de saúde pública mais sérios do que aqueles que se intentava evitar, uma vez que os consumidores das drogas são postos numa situação de clandestinidade e têm de afrontar não apenas o risco inerente à própria substância entorpecente que desejam consumir, mas a concreta possibilidade de que a droga esteja adulterada e repleta de impurezas de todo o gênero – e tais adulterações fazem com que as substâncias que

> realmente vêm a ser consumidas sejam muito mais perigosas para a saúde do que as originais. E isto sem contar, ainda, que o fato de os consumidores encontrarem-se na marginalidade dificulta que os programas destinados à saúde pública atinjam esta importante parcela da população. (Gomes 2003, 149)

Em decorrência desse caráter criminógeno da criminalização das drogas, à exceção de poucos países, prisões no mundo inteiro estão esgotadas, superlotadas de pessoas condenadas por crimes relacionados com as substâncias consideradas ilícitas. Muitas delas viram-se envolvidas com o consumo ou tráfico de drogas devido a problemas relacionados à dependência e pobreza. As altas taxas de encarceramento têm um impacto negativo para além da vida dos reclusos, pois afetam suas famílias e a sociedade, para quem representam um enorme fardo econômico. Frequentemente, a punição é largamente desproporcional, com longas penas de prisão atribuídas a pequenos traficantes (Malinowska-Sempruch 2011). Tudo isso, sem que a demanda e a oferta de substâncias ilícitas tenham sofrido qualquer decréscimo. A situação atual, em relação à proscrição das drogas e suas consequências, moveu Luigi Ferrajoli (1993) a defender a revogação do que considera ser a absurda e criminógena lei de drogas.

Outro aspecto a revelar danos à coletividade, decorrentes do direito penal das drogas, diz respeito à dificuldade de se estabelecerem novas e mais eficazes políticas públicas fundadas em medidas de redução de riscos, enquanto o tratamento dispensado aos psicotrópicos tiver foco na criminalização. O controle da produção e distribuição, bem como a regulação da comercialização das substâncias ora consideradas ilícitas, medidas aptas a mitigar os danos às estruturas sociais a elas relacionados, não são possíveis no presente ambiente de proscrição e criminalização.

Ou seja, o atual tratamento penal dado às drogas, além de gerar danos à população como um todo, ainda impede que os problemas relacionados à saúde pública sejam enfrentados de maneira adequada. É que o "proibicionismo criminalizador voltado contra as drogas tornadas ilícitas oculta o fracasso de seus objetivos explícitos, oculta paradoxos, como os maiores riscos e danos à saúde, enganosamente apresentada como objeto de proteção, e ainda promove a violência" (Karam 2009, 8).

Enfim, quando a guerra às drogas foi declarada, seu objetivo era mitigar os danos à incolumidade pública relacionados ao consumo abusivo de substâncias psicoativas. A norma penal tinha o escopo de tutelar esse bem garantido constitucionalmente. No entanto, além de incrementar os danos à saúde pública, a proscrição das drogas sob o manto do direito penal causou sérios problemas no âmbito da segurança pública, outro bem de *status* constitucional. No que é pertinente às drogas, a humanidade convivia com um sério problema. Hoje, tem de conviver com dois. Por isso, têm-se defendido ser chegada a "hora de os Estados assumirem sua responsabilidade plena e retirarem as drogas das mãos do crime organizado. É hora de assumir o controle" (Dreifuss 2016, 6).

Dessa forma, pode-se concluir que em sua função de proteger a saúde pública, a criminalização das drogas não atende ao critério da menor ofensividade social, pelo que se pode supor, ante a insistência em sua manutenção e até em seu recrudescimento, a existência de funções e efeitos ocultos a lhe garantir a aplicação.

É que, se da intervenção realizada pela norma penal, no sentido de promover a tutela da saúde pública, enquanto bem jurídico, decorre para a sociedade dano maior do que o representado pela própria violação do comando normativo, no caso o grave e crescente problema de segurança pública, sendo socialmente mais ofensiva, sua persistência indica a satisfação da necessidade de cumprir programa finalístico não previsto no discurso oficial e, até mesmo, incoerente com os preceitos do direito penal. Causar à sociedade mal maior do que aquele que se quis ou quer evitar não é o que se pode normalmente esperar do desempenho da norma criminal.

4. CRIMINALIZAÇÃO SIMBÓLICA DAS DROGAS

    Entender o comando normativo como artifício estatal hábil a condicionar as relações sociais a partir de seu enunciado conduz à formulação de um modelo circular e simplista. Nessa concepção, a promulgação da lei seria suficiente à execução pelo administrador, aplicação pelo julgador e cumprimento pelos destinatários finais, o público em geral. Ter-se-ia, nesse mundo idílico, a pronta concretização dos valores representados no preceito legal, com a consequente e voluntária observância social (Costa Júnior 2011).

    No entanto, a realidade não homologa essa ingênua representação. A prática do direito e as interações sociais revelam que a lei, enquanto instrumento de controle, possui sérias limitações, não obstante as diversas situações em que se faz possível atestar sua efetividade. É necessário reconhecer que a norma jurídica, muitas vezes, tende apenas a atribuir juridicidade (ou antijuridicidade) à realidade cotidiana e aos valores ínsitos à vivência social, em um dado momento e lugar (Costa Júnior 2011).

    A compreensão de que a ingerência estatal, consubstanciada na expedição do ato legislativo, por si só, seria apta a transformar a realidade social, produz o equívoco cíclico das repetidas produções normativas que visam, a cada tentativa, reparar os erros e lacunas da lei anterior, sem que se perceba, já em sua elaboração, a presença germinal do vício que se pretende reiteradamente evitar – o ínsito déficit de instrumentalidade.

A capacidade transformadora da norma jurídica, a modificação da realidade coletiva por meio do decreto estatal, somente é possível quando presentes as condições sociais para validação, aceitação e cumprimento do programa finalístico enunciado na lei. Assim, quanto mais próximo o ideal representado na norma for da realidade que pretende modificar, maior a probabilidade de sua efetividade. Por outro lado, quanto mais profunda for a transformação tencionada pelo texto normativo, menor será seu caráter instrumental.

Em casos tais, a lei se torna um símbolo, criando um dilema para o executivo e o judiciário. Tratando-se da necessidade de transformação social, tendo-se como instrumento uma norma que não se presta a esse fim, embora se proponha, ainda que haja relutância por parte do judiciário e do executivo em usurpar as prerrogativas do legislativo quanto à formulação das políticas públicas, substituindo-as por sua própria versão que lhes pareça apropriada, também não estão dispostos a implementar e aplicar um estatuto cujos custos são grosseiramente desproporcionais em relação a seus benefícios. A questão crítica, então, passa a ser se, e como, a administração ou o judiciário deve tomar a iniciativa de transformar a legislação simbólica em um programa funcional (Dwyer 1990).

Nem sempre isso é possível. Muitas vezes os objetivos enunciados pela norma são formulados com caráter instrumental, mas seu verdadeiro significado só pode ser alcançado pela difusão de seus aspectos simbólicos (Hassemer 1995) – a função de incutir na sociedade determinados padrões e valores seria, nesses casos, mais relevante que a da efetiva transformação da realidade.

Isso ocorre porque parte do debate de como deve ser a lei e a que fim se destina, com acentuada frequência, circunscreve-se aos aspectos meramente ideológicos, com maior ênfase sobre a mensagem que se extrai de seu comando normativo do que em sua real capacidade de modificação social. Questões relativas ao aborto[40], pena de morte e

---

[40] A discussão sobre a legalização do aborto, não raro, é equivocadamente travada no campo do significado da maternidade e da sexualidade (uma questão simbólica) e

eutanásia, por exemplo, dizem respeito mais a capacidade comunicativa da norma, a ideia que se transmitirá à sociedade, do que aos respectivos bens jurídicos suscetíveis de proteção. Trata-se, pois, de um equívoco coletivo.

Tal equívoco se repete na questão dos psicotrópicos. O discurso oficial, enunciado no comando normativo que criminaliza as substâncias psicoativas, fundamenta a proscrição das drogas a partir da necessidade de proteção à saúde pública, bem juridicamente tutelado. No entanto, muito do debate jurídico e social acerca do tema restringe-se ao que representa, no campo ético, o consumo das drogas recreativas consideradas ilícitas. Pouco se procura identificar o que significa, na prática, a criminalização, o combate que lhe é consequente e a estratégia de guerra para imposição da norma penal. Menos ainda, denunciar o déficit de instrumentalidade quanto à tutela do bem jurídico sob resguardo.

Demonstrou-se que a criminalização das substâncias psicoativas, tanto em relação ao uso, quanto no que é pertinente a seu cultivo, produção e comercialização, é inadequada à proteção do bem juridicamente tutelado, a saúde pública, revelando indícios da existência de motivos subjacentes, latentes, a desempenhar função diversa daquela anunciada no discurso oficial. Assim, é provável que se esteja diante do típico caso das leis que, por algum motivo, não mais se apresentam hábeis a transformar a realidade social e que, não raro, assumem funções predominantemente simbólicas.

A intervenção jurídico-criminal, posta à proscrição das drogas, pode estar desempenhando função simbólica, de forma a simular instrumentalidade e ocultar seu próprio déficit, em uma prática de dissimulação e ilusão, progressivamente mais afastada da realização de seu programa finalístico – a tutela da saúde pública. Insistir nessa medida inadequada aos fins enunciados somente tem sentido prático quando a função normativa seja cumprir fins não enunciados.

---

apenas subsidiariamente quanto ao direito à vida, livre disposição do corpo e inviolabilidade da intimidade (Luker 1984).

Não fosse o bastante, restou ainda evidenciado, comparando-se as consequências do direito penal das drogas que, visando mitigar os danos à saúde pública, proíbe o uso e a comercialização das substâncias psicoativas, com os resultados atingidos ou possíveis de serem alcançados pelos meios alternativos à disposição do Estado, já experimentados ou idealizados, a patente desnecessidade da tutela penal.

Porque desnecessária, a insistência em sua manutenção revela indícios de motivos ocultos, possivelmente consubstanciados na realização de funções diversas daquelas que legitimamente se esperam da norma penal. Aliás, o desempenho do direito penal das drogas ilude o público quanto ao seu próprio déficit de instrumentalidade – o efeito colateral de sua aplicação (apreensões e encarceramento em massa, por exemplo) é apresentado como sendo o resultado normalmente esperado e desejado.

Como já observado, se de todos os métodos postos à disposição para lidar com os problemas de saúde pública decorrentes do consumo abusivo de drogas, elege-se a criminalização dessas substâncias, a despeito da existência de opções menos danosas à liberdade individual e ao pleno desenvolvimento da personalidade, como as ainda tímidas políticas de redução de danos, mais uma vez torna-se plausível que se suspeite do desempenho de funções simbólicas, encobrindo a realidade e realizando controle social cujo imperativo não foi expresso no discurso oficial do direito penal das drogas. Optar por meio menos eficiente, além de mais nocivo ao indivíduo, somente tem sentido se a função for outra, não expressa, estranha ao programa finalístico enunciado para a proscrição das substâncias psicotrópicas, a demandar o meio mais gravoso para realização de seu efeito oculto.

De igual forma, instituir abstratamente pena privativa de liberdade em relação de desproporção com o ato lesivo previamente definido e, principalmente, persistir nessa metodologia, ainda que as evidências demonstrem a exasperação, pode ser indicativo que o móvel da punição está oculto, latente, não previsto expressamente no comando legal. Semelhante afirmação se pode fazer sempre que a desproporção for apontada pela análise dos demais tipos criminais e bens jurídicos por si tutelados, inseridos que se encontram em um mesmo sistema ou, também, por meio da ponderação acerca da isonomia, cotejando os tratamentos penais díspares atribuídos em situações absolutamente semelhantes. Esta última hipótese coincide com o caso da criminalização das drogas. Punir para além do razoável, ou violando a isonomia, equivale a realizar função não autorizada na sistemática do direito penal, pois não se presta à efetiva proteção do bem jurídico, sua condição de legitimidade.

O mesmo indicativo se extrai do sopesamento dos benefícios sociais previstos (ainda que não cumpridos) no programa finalístico da criminalização das drogas, a promessa de mitigar a demanda, produção e oferta das substâncias psicotrópicas, anunciando resultados positivos à tutela da saúde pública, com as consequências do desempenho da norma penal em si, quais sejam os sérios problemas de segurança pública relacionados ao estabelecimento do mercado ilícito, próprio do bloqueio legal. Do direito penal das drogas emanam mais danos à coletividade do que os benefícios que seriam alcançados se cumpridas as promessas enunciadas no discurso de criminalização. A permanência dessa estratégia, negativa que é aos interesses sociais, também aponta para a possível existência de efeitos latentes, imanentes ao mecanismo criminal eleito.

No entanto, à caracterização da criminalização simbólica não basta a denúncia de inadequação, desnecessidade, desproporcionalidade em sentido estrito ou maior ofensividade social decorrente da aplicação da norma penal. Faz-se necessário, ainda, que se demonstre o desempenho de funções latentes específicas, diferentes ou opostas daquelas oficialmente enunciadas no comando normativo, inclusive de forma a simular e iludir instrumentalidade. São, portanto, características marcantes do direito penal simbólico: 1) déficit de instrumentalidade; 2) desempenho de funções simbólicas; 3) dissimulação dos efeitos simbólicos.

Em outros termos, os indícios descritos podem ser confirmados ou refutados pela existência ou não de efeitos simbólicos, encobertos pelas funções manifestas. Confirmando-se, o real significado político do controle social executado por meio da criminalização das drogas, bem como de seu respectivo sistema punitivo-criminal, estaria contemplado nas funções latentes típicas do direito penal simbólico, encoberto pelas funções manifestas do discurso oficial de guerra às drogas, consubstanciadas na criminalização primária das substâncias psicotrópicas e na criminalização secundária realizada pelas agências de controle, sobretudo por meio da polícia, justiça e o instituto da prisão.

No direito penal simbólico, as funções latentes se sobrepõem às manifestas. Como já evidenciado, compreendem-se por funções manifestas apenas aquelas concretizações que a própria formulação da norma anuncia, ou seja, a disciplina dos casos concretos futuros por ela definidos, ou, em outras palavras, a proteção dos bens jurídicos por si tutelados. As funções latentes revelam-se tanto pela satisfação de uma necessidade de ação, como por um apaziguamento social, até à demonstração de um estado forte. A prevalência das funções simbólicas estabelece o que se designa por ilusão ou dissimulação, circunstância em que os objetivos de regulamentação proclamados pela norma são, comparativamente, diversos dos efetivamente desejados, não sendo possível, por isso, confiar naquilo que publicamente expressa (Hassemer 1995).

Portanto, tal qual a legislação simbólica, aquela que, carecendo de condições objetivas à realização de seu programa finalístico, cumpre o papel de concretizar realidade distinta da enunciada pela própria norma ou, ainda, de mera transmissão à coletividade de determinados padrões valorativos, em ambos os casos simulando desempenhar função instrumental, no direito penal simbólico há uma sobreposição das funções latentes, ocultas, sobre aquelas enunciadas pela lei, as manifestas. O déficit de instrumentalidade revela-se pela não realização do vínculo meio-fim, este consubstanciado na proteção dos bens jurídicos – finalidade e fator de legitimação do direito penal.

Nesse sentido crítico, portanto, a norma penal simbólica se caracteriza pela sobreposição de suas funções latentes, ocultas, às funções manifestas, projetando a perspectiva que seu desempenho e efeito concretizarão situações diversas daquelas enunciadas, representando um comando esvaziado de eficácia instrumental. Sua instituição, assim, passa a ter sentido como legitimação retórica do poder punitivo estatal, que o realiza por meio da criação e difusão "de imagens ilusórias de eficiência repressiva na psicologia do povo" (Cirino dos Santos 2017, 451).

Esse fenômeno tornou-se possível em razão do muito que se espera (e pouco se realiza) a partir do direito penal: segurança, proteção do bem jurídico, combate à criminalidade – o alívio social, em última instância. O direito penal simbólico, por sua vez, não apenas promete o referido alívio, como o realiza, ainda que de forma simulada. Com efeito, o ganho preventivo por ele possibilitado não é creditado exatamente na proteção de bens jurídicos, mas precisamente no resguardo à imagem do poder legiferante e dos grupos de interesse. Na proporção em que a norma incriminadora consegue dissimular funções latentes e manifestas, o logro consiste em evitar questionamentos sobre sua real capacidade de tutelar os bens jurídicos que proclama proteger (Hassemer 1995).

Essa pretensão de prevenção geral positiva é, na verdade, típica do direito penal contemporâneo, produzido a partir da pressão corporativista de sindicatos, associações de classes, partidos políticos, organizações não governamentais, dentre outros, conducente à criminalização de 'situações sociais problemáticas' nas mais diversas áreas "em que o Estado não parece interessado em soluções sociais *reais*, mas em soluções penais *simbólicas*, com generalizada subordinação de direitos humanos a exigências de funcionalidade do sistema [...]" (Cirino dos Santos 2017, 455). Se o direito penal não se presta a atender a maior parte das demandas sociais, ao direito penal simbólico cumpre dissimular o déficit de instrumentalidade e gerar no público a ilusão que a norma incriminadora atende as expectativas nela depositadas.

É assim que o direito penal tem sido o campo mais profícuo para produção da legislação simbólica, sobretudo para fins de manipulações sociais, ignorando seus princípios mais básicos (Díez Ripollés 2001). Se há muitas áreas em que o direito é usado de forma expressiva, em grande parte para administrar as normas sociais, a lei penal é uma "arena privilegiada para a função comunicativa da lei" (Sunstein 1996, 2044).

E quando uma dada norma é concebida nos moldes da legislação simbólica, "a lei em mãos significa algo mais do que possa parecer à primeira vista. Pela simples promulgação da lei, o legislador pretende construir um signo cujo sentido transcenda as regras enunciadas" (Kindermann 1989, 265). Nesse contexto, faz-se necessário identificar se a criminalização das drogas é simbólica e, em sendo, quais efeitos latentes são promovidos a partir de sua aplicação, de forma a se sobrepor às funções manifestas presentes no discurso oficial.

Deve-se analisar, em consequência, em que medida a criminalização das drogas responde à finalidade de tutelar a saúde pública, como continuadamente proclama o poder, ou se, pelo contrário, tem objetivos distintos, tais como a função de estigmatizar determinados tipos de indivíduos ou grupos, de consolidar mecanismos de controle, de reforçar a legitimação do poder, ou de ocultar deficiências na política social, que se pretendem escamotear mediante a ação do direito penal. Se assim ocorre, a promulgada tutela penal serve de pretexto para que não se recorra a outros meios de proteção mais eficazes. Tem-se como consequência, então, uma desproteção programada (Terradillos Basoco 1995) a partir da enunciação da própria norma.

Nesse aspecto, no que diz respeito à motivação, destaque-se que a criminalização das drogas tornadas ilícitas reiteradamente esteve relacionada com problemas de segurança nacional, interesses econômicos, conflitos políticos, disputas por posições burocráticas, defesas de prerrogativas culturais, vicissitudes de personalidade (McAllister 2000) e, principalmente, *status* social. Na verdade, quase sempre a proibição das drogas se torna um símbolo político para um grande leque de problemas coletivos (Mosher e Mahon-Haft 2012).

Como resultado, identifica-se uma tendência geral das legislações de drogas a apartarem-se dos princípios gerais do direito penal. O discurso, nesse caso, funda-se na hipótese de que uma guerra eficaz contra as substâncias psicotrópicas não se concilia com o quadro tradicional de direito, nem com a separação de funções constitucionalmente consagradas, porque requer intervenção do exército em áreas civis, presunção de culpa, validade de mecanismos de indução ao delito, suspensão da inviolabilidade do domicílio, relativização do sigilo bancário quando se tratar de suspeitos de tráfico (Escohotado 2002), dentre outras tolerâncias.

Em razão do mecanismo de ilusão e dissimulação que estabelece no desempenho de suas funções latentes e manifestas, encobrindo seu déficit de instrumentalidade, o direito penal simbólico provoca uma conjuntura de confiança no que proclama mais facilmente que ao próprio direito penal tradicional nunca se esperou. No entanto, conservar esse crédito que lhe assenta o público em geral não se constitui em tarefa simples. Isso porque a ilusão de instrumentalidade, a dissimulação de seu déficit e a simulação de tutela ao bem jurídico dissipam-se naturalmente com o transcurso do tempo, o que revela e denuncia o caráter inidôneo da norma incriminadora. A criminalização simbólica, portanto, não se sustenta pela simples produção de seus efeitos latentes, necessitando de constantes e cíclicos reforços sociais para sua manutenção e estabilização.

Trata-se de uma sociedade de tal ordem complexa que cria "monstros para garantir a sua produção e reprodução" (Carvalho Netto 2003, 144), em uma progressiva e sistemática violação aos direitos humanos (Petters Melo 2014). Nesse sentido, a política de criminalização das drogas constitui um sistema auto-referencial, auto-reproduzido ideológica e materialmente. Essa é a conclusão de Alessandro Baratta (2004), a partir de uma hipótese sociológica. Por reprodução ideológica, o autor entende como o mecanismo geral por meio do qual cada ator ou grupo de atores, inseridos em um sistema, encontra confirmação da própria imagem da realidade na ação dos demais. Esse mecanismo pode ser representado por um processo circular, no qual cada ator depende da percepção dos outros, de tal modo que esta vinculação torna difícil ou improvável a modificação da própria imagem da realidade e das ações lhe são consequentes. É que situações definidas como reais, tornam-se reais em suas consequências (Thomas e Thomas 1970), ainda que irreais na origem.

Por reprodução material, entende-se o processo pelo qual a ação geral no sistema, determinada por uma imagem inicial da realidade, modifica parcialmente a própria realidade, de tal modo que provoca, em uma fase posterior, uma aproximação à imagem inicial. Ou seja, trata-se do processo em que o sistema produz uma realidade conforme a imagem da qual se parte e que o legitima. Se pode representar esse processo como uma espiral, na qual quanto mais se abre, mais próxima se torna a realidade da imagem inicial dominante do sistema (Baratta 2004).

Paradoxalmente, nas sociedades complexas, sujeitas a processos de rápida transformação, o círculo auto-referencial alcança a máxima estabilidade não quando há total homogeneidade nas atitudes dos atores, mas quando há homogeneidade da maioria, com exceção de um grupo de atores. Nestes casos, o grupo desviante desempenha a função simbólica de bode expiatório. A hostilidade geral dirigida a tal grupo suscita um alto grau de consenso e estabiliza a integração da maioria; isto se verifica sobretudo quando, como no caso do círculo vicioso da droga, está-se na presença de sistemas de controle social e a minoria desviante é também o grupo contra o qual o dito controle se exerce (Baratta 2004).

Na reprodução do círculo da droga, cada grupo de atores depende e se afeta mutuamente. Assim, para exemplificar, os políticos dependem da imagem do problema social que as substâncias psicotrópicas suscitam e da representação desempenhada para o público, onde estão os eleitores. Os meios de comunicação em massa, por sua vez, existem em função da seleção das notícias, dependendo das ações promovidas pelo público espectador e sua demanda por informação, a ser respaldada pela imagem da realidade. Validando e atualizando as tendências já existentes no público espectador e oferecendo um elemento massivo de agregação e consenso, afetam não só a imagem da realidade, senão a própria realidade (Baratta 2004). É que a mídia "dificilmente abre mão do senso comum imposto ao público quando o assunto é sistema penal" (V. M. Batista 2003b, 7).

Os expertos e cientistas, assim como as instâncias da justiça penal, dependem em seu agir da seleção de informações realizadas pelos meios de comunicação. Essa seleção afeta a percepção da realidade, a qual não escapa nem mesmo o enfoque científico sobre os problemas das drogas – a seleção dos assuntos por analisar, os problemas, as hipóteses, os métodos e marcos teóricos e conceituais das investigações (Baratta 2004). Dessa forma, a estratégia de guerra às drogas e a criminalização que lhe é inerente se reforçam a cada atuar dos atores envolvidos, em um círculo vicioso difícil de ser percebido, mais ainda de ser quebrado.

O discurso que eleva a questão das drogas à condição, segundo Antonio Escohotado (2002, 6), de "quinto selo do Apocalipse, inimigo público número um", bem como o irracional medo que o uso indevido de drogas causa na sociedade, associa-se com a estratégia de poder que se encobre. Enquanto artifício que altera o sentir e o pensar, as substâncias ilícitas são capazes de afetar a vida cotidiana. Em uma civilização na qual a esfera privada é cada vez mais conduzida pelos meios de comunicação, qualquer mudança na vida cotidiana constitui potencialmente uma revolução.

E, como visto, a estratégia de criminalização das drogas, em suas três fases, marca-se pelo profundo déficit de instrumentalidade quanto à proteção do bem juridicamente protegido. Dissimulando esse déficit, "o proibicionismo cria e apresenta como fato a prisão do traficante, os números da prisão, como demonstrativos de sua eficiência no cumprimento da promessa de livrar a sociedade do perigo da droga e, sobretudo, daquele que representa a encarnação desse perigo, o traficante" (Vargas 2011, 3).

Portanto, faz-se necessário identificar, em cada uma das fases da criminalização das drogas, se está presente o desempenho de funções simbólicas, encobertas pela errônea sensação de efetividade decorrente dos efeitos colaterais da norma penal aplicada, de forma a confirmar valores sociais, evidenciar a capacidade de ação do Estado ou adiar a solução de conflitos por meio de compromissos dilatórios – a clássica tipologia proposta por Harald Kindermann (1988) para legislação simbólica.

Quando um delito, anteriormente desconhecido, eleva-se à categoria de fonte principal das condenações, crescendo, ao invés de se retrair, com o recrudescimento da repressão, cabe suspeitar que encobre um processo de reorganização da moral vigente (Escohotado 2002), uma necessidade de resgatar a confiança no governo ou uma estratégia de postergar a necessidade de mudança.

Não se ignora que, para além desses efeitos latentes, possam existir outros que melhor se identifiquem a partir das classificações oferecidas por Díez Ripollés (2002) e Winfried Hassemer (1995). No entanto, para fins de delimitação, buscar-se-á verificar o caráter simbólico da criminalização das drogas na possível identificação de suas funções latentes de reconhecimento e afirmação de valores sociais, álibi ou compromisso dilatório.

Também não se pode negar que a proibição das drogas acabou por propiciar o desempenho de funções ou efeitos outros não previstos no discurso oficial. Aos Estados Unidos da América, por exemplo, tem sido fundamental instrumento de exercício de seu poder hegemônico e interferência na política interna dos mais diversos países. Mas esse aspecto não será investigado quanto à sua coincidência com a teoria do direito penal simbólico.

De igual sorte, não se tem como afastar a constatação de que a proscrição das drogas promoveu a massiva criminalização da pobreza, sobretudo em países subdesenvolvidos, além da marginalização dos negros (Davis e Shaylor 2001, Sirin 2011, Alexander 2012) e latino-americanos nos Estados Unidos da América e dos imigrantes na Europa. Embora importante, esse aspecto não cabe na delimitação ora proposta.

É possível que o sistema criminal de proibição de drogas tenha sido largamente utilizado pelos Estados Unidos da América e vários outros Estados soberanos como importante técnica de gestão de toda a população. A vigilância sobre o comportamento dos que se utilizavam das substâncias proibidas, bem como os que se drogavam a partir de prescrições médicas, abriu um campo para a regulação da conduta da população, cuja tentação de explorá-la não teria sido evitada (Rodrigues 2017). É o caso da "delinquência útil", a que se referia Michel Foucault (2004, 232), da qual se propicia o controle estatal. No entanto, essa análise passa necessariamente pela intenção do legislador, ou mesmo do legislativo, tarefa difícil de ser executada em uma pesquisa científica (Kindermann 1988, Engisch 2008). O que se deve buscar apreender para aferição do caráter simbólico da criminalização das drogas são dados mais objetivos, sobretudo quanto às funções desempenhadas em cada fase de sua implementação.

4.1. A CRIMINALIZAÇÃO DAS DROGAS ENQUANTO CONFIRMAÇÃO DE VALORES SOCIAIS

O caráter da legislação simbólica predominantemente conduzida à afirmação de valores sociais se consubstancia em sua função de distinguir grupos e seus respectivos interesses e valores. Não raro, o que se exige do Estado, enquanto autor das normas jurídicas, é um arquétipo a respeito de conflitos sociais em torno de valores. Nessas situações, as congregações que se apresentam em disputa aberta pela prevalência de certos modelos veem na vitória legislativa uma espécie de confirmação da superioridade ou predominância social de sua concepção ideológica, sendo-lhes secundária a eficácia normativa, ou mesmo a efetividade, da respectiva lei (Neves 2011).

Nessa perspectiva, a legislação pode ser compreendida como um procedimento ritualístico e cerimonial, com a função de sancionar determinadas normas sociais. Seria um gesto no sentido de enaltecer o valor de um grupo em detrimento dos demais, de forma a transmitir a mensagem que sua cultura é dominante, enquanto a outra seria subalterna. Tal mensagem tem nítida repercussão prática, uma vez que a lei influencia o comportamento social. Assim, o grupo vitorioso que impôs a legislação simbólica é fortalecido pela própria norma, ficando seus integrantes livres para seguirem sua cultura sem a ingerência do Estado. Do outro lado, a cultura do grupo subordinado passa a ser estigmatizada, o que tem sérias repercussões no que toca ao comportamento social – alguns assumirão o estigma e se sujeitarão à cultura pretensamente dominante, ao passo em que outros manterão seu peculiar modo de ser e agir, inserindo-se em subculturas (Kindermann 1989) transgressoras e, até mesmo, delinquentes.

A diretiva a ser seguida no processo de produção legislativa, nesse caso, é determinada pela moral dos atores (Kindermann 1988), promotora de uma atividade legiferante tendente a tornar formalmente proibidos os comportamentos que se apresentem potencialmente incompatíveis com seus preceitos, assim como permitidos, senão cogentes, aqueles que lhes sejam harmônicos, restando atendidas suas expectativas a partir da simples promulgação do ato normativo (Neves 2011).

Nessa espécie de legislação simbólica, portanto, produz-se a diferenciação entre grupos sociais e seus respectivos valores e interesses, prestigiando-se uns em detrimento dos outros (Costa Júnior 2011). As campanhas contra todos os vícios, para exemplificar, integra a moralidade dos grupos puritanos, o que resulta em uma constante batalha pela proibição da prostituição, do livre mercado da pornografia, do álcool e das drogas (Kindermann 1988), como forma de marcar e afiançar seus valores sociais, além de subjugar aqueles que lhes são de alguma forma opostos ou incompatíveis.

Tratando-se de direito penal simbólico, na acepção de confirmação de valores sociais, a marca que lhe distingue encontra-se na sua função de impor padrões culturais representativos de um peculiar grupo, em detrimento dos demais, não obstante às dificuldades de tornar concreto, efetivo, o cumprimento do arquétipo reconhecido pela norma, a proteção dos bens jurídicos que enuncia tutelar.

Para compreender o fenômeno da criminalização das drogas, tanto em seus aspectos instrumentais como naqueles considerados simbólicos, ainda mais em relação aos motivos que lhes foram determinantes, a chave é o processo de proscrição desenvolvido nos

Estados Unidos da América e exportado, via comunidade internacional, para os demais Estados soberanos. Também importante não perder de foco o fato de que "os ordenamentos jurídicos proibicionistas são terminais, pontos de condensação, cristalizações de ferozes conflitos que se desenrolam no *bas-fond* e que irrompem no cenário histórico" (Rodrigues 2017, 27-28).

Como já evidenciado, enquanto sistema político, o Proibicionismo surgiu em Ohio a partir de uma aliança entre as igrejas locais, cuja plataforma defendia o fim do comércio do álcool, negócio associado ao jogo, prostituição e dança, em tudo oposto, portanto, ao pensamento puritano representado pelo movimento, que o julgava a causa da degradação moral e física que supostamente teria acometido aquele país. Na segunda metade do século XIX, a ideia foi reproduzida em vários espaços da sociedade civil norte-americana, o que propiciou a fundação do Partido Proibicionista (1869), além de diversas sociedades e ligas, bem como o surgimento de muitas editoras, periódicos e jornais dedicados exclusivamente ao tema da proibição. Não fosse o bastante, com a estratégia de massificar sua posição, angariar novos adeptos e ocupar agendas já estabelecidas, o movimento proibicionista se associou a outros grupos de interesse, passando a compor a pauta da luta feminina pelo sufrágio universal e das campanhas antitruste (Ribeiro 2013), por exemplo. Tal engajamento, mantido até o início da década de 1930, pode ser identificado como movimento da Temperança.

Para muitos observadores da vida norte-americana, conforme afirma Joseph R. Gusfield (1986), o movimento da Temperança evidenciava um perfeccionismo moral demasiado e uma inclinação excessivamente legalista contra a própria cultura daquele país. Traduzia-se na ação de sectários inábeis a conviver com os impulsos humanos. Pregava que as medidas legislativas, no sentido de impor a abstinência, seriam aptas a corrigir todos os males. Nesse específico contexto, tratava-se da imposição de um padrão ético-cultural aos demais grupos de interesses. Não representava um conflito de classes ou de interesses econômicos, senão uma disputa por *status* e prestígio.

Isso porque a economia não figurava, bem como ainda não figura, entre os principais pontos de dissenso da sociedade civil norte-americana (Hartz 1955, Benson 2015). Seu sistema social não experimentou a contrastante organização de classe tão marcante na história europeia. Sob condições relativamente estáveis e sem uma resistência feudal ao comercialismo e à industrialização do século XIX, tal sociedade sempre apresentou um consenso comparativamente alto nas questões econômicas. Em decorrência disso, historicamente, as controvérsias políticas nos Estados Unidos da América em torno de antagonismos econômicos são rarefeitas. Conflitos relacionados à personalidade, diferenças culturais, estilo de vida e moralidade ocuparam, então, parte da arena política. O consenso em torno da condução do governo, livre iniciativa e poder da igreja deixou um vácuo na política, em parte preenchida pela agenda moral. Diferenças entre grupos étnicos, culturas e organizações religiosas assumiram uma parte significativa do Estado, circunstância nunca observada em sociedades marcadas por profundas diferenças no modo de ver e viver a economia (Gusfield 1986).

Assim, tal consenso permitiu que quase todos os tipos de conflitos, tensões e diferenças encontrassem relevante expressão política (Benson 2015), como no caso das empreitadas morais. A luta contra o jogo, prostituição, consumo de álcool e todos os vícios, desenvolveu-se no que deveria ser o campo fértil para a disputa por direitos. A ética, os padrões de conduta, a forma de se portar, ocuparam esse espaço. Não se tratava de confirmar direitos, senão valores sociais, nem de afirmar posições econômicas, senão *status*. Não se tinha uma questão de classe, mas de prestígio.

O conceito de classe é geralmente usado por sociólogos para se referir ao controle e alocação de bens e serviços. Classes são diferenciadas por degraus de controle sobre bens de produção e produtos. Burguesia e proletariado, classe média e classe trabalhadora, operário e gerente, fazendeiro e banqueiro são categorias relevantes para a análise da divisão do trabalho e sua relação de distribuição do poder econômico. Classe é uma noção sociológica de grupo, no sentido de que seus membros, em razão da posição que ocupam na estrutura econômica, compartilham interesses comuns (Gusfield 1986).

Classe social, portanto, diz respeito à detenção dos meios de produção e da relação de exploração que deles decorrem, o que tem repercussão na repartição de bens e serviços. *Status* social, por sua vez, refere-se à distribuição de prestígio, consideração e importância, no sentido de honorabilidade. Por prestígio se entende "a aprovação, respeito, admiração, deferência pessoal ou coletiva em virtude de suas qualidades ou performances que lhes são imputadas" (Johnson 1960, 469).

E uma "hierarquia de status tende a se desenvolver entre grupos que diferem quanto as características de estilo de vida" (Gusfield 1986, 14). Onde os grupos de interesses (inclusive por *status* social) e as classes estão configurados em justaposição acentuada, os valores e os costumes de cada um são justapostos. Da oposição do grupo surge uma intensa dissensão de valores, que se projeta por meio da ordem social e serve para solidificar sua estratificação (Copeland 1939).

Os fazendeiros, os protestantes evangélicos, os pretensos nativos norte-americanos e a inculta classe média configuravam um grupo que progressivamente perdia o *status* social, assim como poder político e liderança. Eram adeptos da cultura do autocontrole e da renúncia aos impulsos humanos. Qualquer lapso era tratado de forma severa pelo seu sistema de respeito, vigente em sua estratificação. Sobriedade era uma virtude necessária à aceitação em uma comunidade dominada pela classe média protestante (Gusfield 1986).

Mais que os bens de consumo a que tinham acesso, o estilo de vida associado às bebidas alcoólicas ligava-se à classe alta e aos mais pobres, bem como aos imigrantes católicos e à parcela social mais instruída. Era o aspecto que mais os distinguia da abstêmia e conservadora classe média inculta protestante.

Precisamente porque fazer ou não fazer uso de bebidas alcoólicas representava um mecanismo para identificar os membros de determinada cultura, beber ou ser abstêmio se tornaram símbolos de *status*, identificando níveis sociais e os separando por estilo de vida e padrão cultural. Referido hábito indicava a qual tradição o usuário pertencia e, consequentemente, em qual grupo social se encaixava, com todas as consequências positivas e negativas quanto ao julgamento por parte dos outros. A ingestão de bebidas alcoólicas era mais que um conveniente sinal distintivo de grupo (Gusfield 1986).

Tal ato tinha uma conotação moral associada à forma pela qual o indivíduo se inseria em determinado contexto da vida social – um sistema de padrão de comportamento regulando uma ampla gama de ações e distinguindo um grupo de outro. As bebidas alcoólicas representavam uma especial função como símbolo de um estilo de vida associado a níveis de *status* social. Usar ou não usar álcool se tornou um símbolo de grupo porque passava a imagem de um conjunto de compromissos morais relacionados ao trabalho, jogo e associação familiar. Uma vez que a abstinência passou a ter um significado simbólico no estilo de vida, "conflitos acerca de beber ou não beber assumiram propriedades simbólicas, de forma a afetar a distribuição de prestígio na sociedade norte-americana" (Gusfield 1986, 24).

O movimento da Temperança era, portanto, antes de tudo, uma disputa aberta pelo prestígio, cuja repartição estava em franco processo de repactuação a partir das profundas mudanças sociais, econômicas e dos meios de produção experimentadas à época. Um dos primeiros gestos cobrados por esses setores da sociedade, no sentido de ver reconhecido pelo Estado os seus valores culturais, em detrimento daqueles representativos de outros grupos, dizia respeito, justamente, à proibição das bebidas alcoólicas.

Havia duas formas de impor a abstinência: converter o 'pecador' em 'virtuoso' ou impor a 'virtude' por meio da coerção que decorre da lei. Ocorre que, enquanto os movimentos de classes sociais são instrumentais em seus objetivos, os movimentos por *status* são orientados a incrementar o prestígio de grupos (Gusfield 1986). Assim, mais importante que modificar o comportamento dos desviantes, era ver sua cultura reconhecida pelo Estado como o padrão a ser observado. Tal reconhecimento significa, necessariamente, conferir prestígio social.

Aliás, isso é típico dos conflitos em torno de prestígio e honra. Os movimentos políticos que apelaram com sucesso aos ressentimentos de *status*, ao menos quanto aos objetivos práticos, apresentavam caráter irracional, produzindo bodes expiatórios que serviam, convenientemente, para simbolizar uma ameaça à posição almejada pelo grupo (Hofstadter 1955) e estigmatizar as culturas consideradas desviantes, transgressoras. O apoio público a uma concepção da moral, em prejuízo de outras, aumenta o prestígio e a autoestima dos vencedores e degrada a tradição dos perdedores.

Na análise científica do Proibicionismo, efeito legislativo primeiro da Temperança, depara-se com os fenômenos dos empreendimentos morais e das cruzadas simbólicas. É ingênuo supor, nessas situações, que a criminalização teria a função de reprimir ou mesmo mitigar as condutas proibidas. Observadas com profundidade, elas encobrem culturas e morais que simbolizam estilos de vida específicos, os quais, por via da intervenção punitiva, acabam conquistando um espaço social mais amplo (Hassemer 1995).

A proibição do álcool, então, tornou-se um símbolo cultural de dominação e submissão. Se os proibicionistas vencessem, seria uma vitória do ruralista, do protestante e do pretensamente nativo sobre o urbano, o católico e o imigrante. Seria o triunfo da moral (Gusfield 1986). De um modo geral, não se tratava apenas de proscrever o álcool, a proibição tinha o condão de incutir na sociedade um padrão ascético, que em tudo representava o projeto de vida rural e protestante.

A diferenciação produzida pela norma a partir de concepções morais funciona, ao mesmo tempo, como produção de um padrão moral. Aos desviantes e para aqueles a quem se destina o controle, além do restante da população enquanto público passivo do espetáculo, corresponde a atualizar o sistema de valores, que se encontra em crise por um plexo de possíveis motivos (Escohotado 2002). Se a tutela das relações de produção e de circulação de bens da vida social abrange o resguardo das forças produtivas (cidadãos e meios de produção) e, por isso, "certos tipos penais parecem proteger bens jurídicos gerais ou comuns a todos os homens, independentemente da posição social ou de classe respectiva", o desempenho da norma penal para "a proteção desses valores gerais é desigual, como demonstra qualquer pesquisa empírica" (Cirino dos Santos 2017, 11), o mesmo ocorre, ainda com mais veemência, quando o efeito decorrente da norma penal é simbólico.

No processo de criminalização primária, a posição social dos sujeitos, destinatários da norma penal, revela sua função determinante para o resultado prático (condenação ou absolvição). Na criminalização secundária, o preponderante é a posição social do específico sujeito, vulnerável, selecionado a partir de estereótipos enunciados na própria norma, construídos por preconceitos e outros mecanismos ideológicos dos agentes de controle social. A reprimenda é idealizada a partir desses dados, não pela gravidade do crime ou pela extensão coletiva do dano que dele decorre (Zaffaroni, et al. 2011). Se isso ocorre no contexto da disputa de classes, cujos objetivos, em tese, são instrumentais, mais grave quando o conflito é por *status* social, de gênese primordialmente simbólica.

Assim, tencionando impor seu estilo de vida e ver reconhecido pelo Estado o padrão ético-cultural por ele representado, os movimentos religiosos norte-americanos passaram a exigir a promulgação de leis estaduais e federais estabelecendo a proibição das drogas nos Estados Unidos da América, bem como a criação de um regime global de proibição na comunidade internacional, representada pelas agências de controle das organizações internacionais (Andreas e Nadelmann 2006). A proibição das bebidas alcoólicas, a criminalização do consumo, produção e distribuição era o foco principal, sem embargo da repressão contra outras drogas que passaram a ser consideradas ilícitas, tais como ópio, cocaína e maconha.

Dessa forma, no início do século XX, surgiu a primeira lei dos Estados Unidos da América a, na prática, efetivamente restringir a distribuição e uso específico de certas drogas, intitulada *Harrison Narcotics Tax Act* (1914), que regulamentava e tributava a produção, importação e distribuição de opióides e derivados de cocaína, criminalizando o comércio e a prescrição contrária ao regulamento. A partir de então, o Estado passou a ter atribuição de eleger quais substâncias seriam perigosas, a demandar rígido controle do aparelho burocrático, e quais seriam inofensivas, portanto livremente negociadas e consumidas. Inaugurava-se a obrigatoriedade da receita médica para a aquisição de substâncias cujo princípio ativo havia sido rotulado como nocivo, sobretudo os derivados do ópio e cocaína (Rodrigues 2017). A medicina poderia delas fazer uso para fins de tratamento, mas tais substâncias seriam proscritas para satisfação hedonista.

A rotulação e diferenciação estabelecidas por força do *Harrison Narcotics Tax Act of 1914* para os opióides e cocaína, portanto, tiveram sustentação na base moral e puritana da sociedade norte-americana, configurando o marco inicial do controle estatal, por meio da suposta articulação entre as ciências médicas e jurídicas, para as práticas relacionadas ao uso e livre comércio das mais diversas substâncias psicoativas (Lima 2009). Essa medida legislativa, para além de seu caráter comercial e tributário, transcendia o interesse de regulamentação e taxação, pois sua função principal configurava verdadeiro esforço no sentido de mitigar o consumo de drogas e seu livre trânsito.

Com efeito, referido argumento moral já se fazia presente no discurso assumido pelos Estados Unidos da América durante a Conferência de Xangai, em 1909, ocasião em que exortou os demais países participantes a encamparem "a grande cruzada moral do século XX", com supedâneo na "eterna lei do céu" e na "consciência cristã", no sentido de proibir total e imediatamente o uso recreativo do ópio (Wissler 1931, Gootenberg 1999).

A ideia central que os movimentos puritanos lograram alçar à esfera governamental, representativa de sua visão de mundo, era o diagnóstico de uma sociedade doente que necessitava de cuidados (Welch 2003). O argumento ético era o cerne da proscrição então inaugurada, enquanto que o racismo era a propaganda mais eficiente à criminalização – o próprio Hamilton Wright, após ter representado seu país em diversas reuniões internacionais sobre a questão do ópio, inclusive como delegado na Conferência de Xangai (1909), ao defender a aprovação do *Harrison Narcotics Tax Act of 1914*, declarou no Congresso dos Estados Unidos da América que a cocaína seria um incentivo direto e natural para o crime de estupro cometido pelos negros contra as mulheres brancas (Gray 1998). Os imigrantes chineses também foram inseridos nessa fórmula, em relação ao consumo de ópio.

Como consequência, em 1928, pelo menos um terço da população carcerária em prisões federais nos Estados Unidos da América decorria de violações às normas instituídas no *Harrison Narcotics Tax Act of 1914*. A proibição do ópio e da cocaína propiciou o surgimento de um mercado criminoso, tornou tais drogas mais caras, o que motivou o cometimento de crimes por parte das pessoas que delas faziam uso para sustentar a própria dependência, inclusive ingressando em seu comércio ilegal (Mosher e Mahon-Haft 2012).

Uma vez que os médicos estavam proibidos de receitar ópio em casos que não fossem estritamente medicinais e, principalmente, porque essa avaliação era subjetiva e arriscada, acabaram por deixar de prescrever a substância. No entanto, as pessoas dependentes de ópio passaram a recorrer ao mercado clandestino, com todos os problemas que lhes são inerentes, sobretudo em relação à qualidade da substância (Mosher e Mahon-Haft 2012).

Outra consequência negativa reside no fato que os servidores públicos ficaram mais suscetíveis à corrupção. No que pode ser considerado o maior escândalo envolvendo agentes federais norte-americanos responsáveis pelo combate às drogas, entre 1920 e 1929, quase um terço dos policiais que desempenhavam a função de combater o comércio ilegal foi demitido por prevaricação ou, o que é pior, por estar de qualquer forma envolvido com o tráfico (Mosher e Mahon-Haft 2012). Entre 1914 a 1926, vinte e cinco mil médicos foram presos em consequência da proibição de prescrever ópio e seus derivados, muitos perderam a licença (Baer, Singer e Susser 2004).

Não obstante todos os esforços governamentais, não houve mudança significativa quanto ao consumo abusivo de heroína e cocaína nos Estados Unidos da América nos anos que sucederam à criminalização do uso e comercialização dessas substâncias, não havendo qualquer impacto substancial quanto à questão da saúde pública, bem protegido pela norma, o que denuncia o déficit de instrumentalidade da intervenção penal. No entanto, o progressivo encarceramento e as constantes apreensões realizadas contra o negócio ilegal, cumpriram a função de encobrir a inefetividade da lei, que prosseguiu em pleno vigor para desempenhar sua função latente – a confirmação dos valores sociais e a estigmatização dos desviantes.

O ato ritualístico seguinte, talvez o mais importante para a confirmação dos valores sociais envolvidos, foi criminalizar as atividades relacionadas ao álcool. Pouco tempo depois da investida contra cocaína e ópio, a Décima-oitava Emenda à Constituição dos Estados Unidos da América (US Constitution, amend. 18 1919) estabeleceu a proibição de bebidas alcoólicas naquele país, declarando ilegais sua produção, transporte e venda. Posteriormente, em 16 de janeiro de 1919, foi ratificada pela maioria dos Estados Federados, entrando em vigor em 17 de janeiro de 1920. Na sequência, ainda em 1919, os Estados Unidos da América aprovaram a *National Prohibition Act* (1919), também conhecida por *Volstead Act*, que além de proibir, passou a criminalizar, a venda, a fabricação e o transporte de bebidas alcoólicas em todo o território americano.

A promessa enunciada no discurso oficial era livrar os Estados Unidos da América de todos os males e problemas sociais que se atribuíam às bebidas alcoólicas. Com efeito, em 17 de janeiro de 1920, as emissoras de rádio e os mais diversos jornais divulgaram um texto otimista do então senador Andrew John Volstead (Montalbán, et al. 1977, 151):

> Esta noite, um minuto após as doze, nascerá uma nova nação. O demônio da bebida será morto. Tem início uma era de ideias claras e modos purificados. Os guetos serão, de pronto, coisa do passado. Os cárceres e o sistema correcional quedarão vazios; os transformaremos em armazéns e fábricas. Todos os homens voltarão a caminhar erguidos, sorrirão as mulheres e serão felizes os meninos. Se fecharão, para sempre, as portas do inferno.

Assim como na questão da proibição do ópio e da cocaína, estereótipos racistas foram criados e utilizados na propaganda pela criminalização do álcool nos Estados Unidos da América. No Sul, voltava-se contra o negro bêbado e sua suposta natural propensão para o excesso de álcool. No Oeste, contra os índios bêbados. No Norte, contra os trabalhadores imigrantes bêbados (Provine 2007).

Instaurava-se, com a proscrição da comercialização e consumo das bebidas alcoólicas, o período da Grande Proibição, modelo de intervenção estatal que, na promessa dos seus idealizadores, eliminaria o vício e restituiria a dignidade e a retidão moral aos cidadãos norte-americanos. O que se assentava na lei representava a vitória dos segmentos sociais puritanos, a partir do controle e da ingerência sobre o comportamento individual e coletivo. No entanto, em direta decorrência do que se convencionou chamar de Lei Seca, surgiu oficialmente o crime organizado nos Estados Unidos da América. A estrutura jurídica que prometia proteger a nação contra os males do vício, na verdade fomentava o franco desenvolvimento das mais diversas atividades criminosas. A ilegalidade tornou possível o estabelecimento, fortalecimento e a prosperidade das máfias americanas e, também, do próprio Estado (Rodrigues 2017) que se propunha a combatê-las.

A Décima-oitava Emenda à Constituição dos Estados Unidos da América (US Constitution, amend. 18 1919) foi o ponto alto do esforço para afirmar a imposição, ao público em geral, dos valores da classe média. De sua promulgação, estabeleceu-se a vitória do protestante sobre o católico, do ruralista sobre o urbano, da tradição contra a modernidade, da classe média sobre todas as outras (Gusfield 1986).

O significado do Proibicionismo está no fato de como ocorreu. O estabelecimento das leis proibicionistas foi uma batalha de força por *status* entre dois divergentes estilos de vida. Marcou a posição do público pela abstinência, qualidade ascética do protestantismo norte-americano. Nesse sentido, foi um ato de deferência cerimonial em favor da cultura da velha classe média. "Se a lei foi muitas vezes desobedecida e não aplicada, a respeitabilidade dos seus adeptos foi honrada na violação. Afinal, era 'sua' lei que os não abstêmios tiveram que violar" (Gusfield 1986, 8). Os grupos de interesse são frequentemente satisfeitos politicamente pela mera aprovação da legislação que representa sua visão (Edelman 1960), não necessariamente pelas consequências práticas que se esperam do comando normativo.

Havia na proibição do álcool uma forte carga simbólica subjacente à criminalização em si: a confirmação de valores sociais de um determinado grupo em disputa por *status* social. No entanto, no aspecto instrumental, a proscrição das bebidas alcoólicas fracassou em sua enunciada missão de banir o consumo dessa droga nos Estados Unidos da América. As grandes apreensões de bebidas ilegais, o significativo aumento no encarceramento e a condução dos usuários e comerciantes para a clandestinidade, não confirmavam a efetividade da lei, mas iludiam sua instrumentalidade, encobriam sua função latente e reforçavam os motivos que lhe foram determinantes.

Levar à ilegalidade o estilo de vida do grupo rival, significava aprofundar a estigmatização, ponto de partida do círculo da criminalização promovida – quanto mais a cultura transgressora se tornava estigmatizada, mais a tradição vencedora, cujo estilo de vida havia sido chancelado pela norma jurídica, fazia-se forte no contexto político e social.

Não houve, em razão da proibição das bebidas alcoólicas, nenhuma melhora para a saúde pública (Miron 2004), bem juridicamente tutelado. Aliás, vários efeitos colaterais negativos foram sentidos em razão de sua criminalização, tais como o surgimento do mercado ilícito criminoso, das máfias urbanas, além da falta de regulação e controle da substância, o que tornava o consumo um risco ainda maior.

Uma consequência negativa da proibição do álcool, por exemplo, foi a substituição da cerveja pelo uísque. De maior teor alcoólico e mais fácil de ser adulterado, tal destilado passou a substituir a cerveja entre os usuários de bebidas alcoólicas, vez que, mais compacto, fazia-se mais fácil de ocultar e transportar ilicitamente (Gray 1998).

Nenhum progresso para a saúde pública foi sentido pela população em geral. Não obstante, em 1932, com doze anos de vigência da *National Prohibition Act* (1919), quarenta e cinco mil pessoas haviam sido condenadas à prisão em decorrência de delitos relacionados ao álcool. O triplo desse número sofreu pena de multa e detenção preventiva (Szasz 1996). A cada cinquenta mil litros de álcool industrial, cinco mil eram desviados para a produção de bebidas alcoólicas. Cerca de trinta mil pessoas morreram por beber álcool metílico e outros destilados nocivos. Outras cem mil ficaram com lesões permanentes, como cegueira e paralisia (Sinclair 1964). Uma tragédia para a saúde pública, bem que se pretendia tutelar.

Não obstante o déficit de instrumentalidade ter sido prontamente identificado desde o início da proibição das bebidas alcoólicas (National Commission on Law Observance and Enforcement 1931, Courtwright 2002, Rowe 2006), sua legalização uma década depois não se deu em decorrência do fracasso quanto às funções manifestas, enunciadas no tipo legal.

A própria legalização do álcool nos Estados Unidos da América, promovida pela Vigésima-primeira Emenda à Constituição dos Estados Unidos da América (US Constitution, amend. 21 1933), encontra explicação também na questão de disputa por *status*. Na medida em que a sociedade norte-americana cada vez mais se convertia ao consumo, o "ter", mais que o "ser", apresentava-se como fator distintivo de reconhecimento.

Aos poucos, os norte-americanos passaram a ser menos influenciados, mais urbanos e menos teológicos. O mesmo comportamento que uma vez trouxe recompensas e autoconfiança para o abstêmio, tornava-se frequentemente motivo de desprezo e rejeição. As demandas por autocontrole e individualismo contam negativamente em uma atmosfera de trabalho em equipe, onde a tolerância, boas relações interpessoais e a capacidade de se socializar são muito apreciadas. O ato de beber entre amigos ou colegas de trabalho era associado a essas características. A abstinência perdia grande parte da sua capacidade de conferir prestígio e segurança (Gusfield 1986).

Enquanto a sociedade mudava de comercial para industrial, desenvolveu-se um novo conjunto de valores nos quais autocontrole, renúncia aos impulsos, disciplina e sobriedade já não seriam virtudes tão sagradas. Uma nova sociedade baseada no consumo se desenhava. Os modernos americanos estavam substituindo os valores do trabalho e da moralidade por interesses em relações interpessoais, consumo e lazer. Em uma comunidade dirigida ao consumo, prega-se que as pessoas devem aprender a se divertir e se relacionar para alcançar o reconhecimento (Gusfield 1986).

A legalização do álcool somente se fez possível porque a abstinência deixou de ser considerada um fator distintivo a conferir *status*. Assim, os interesses econômicos passaram a se impor. Em 1926, a DuPont mudou sua posição, apoiando a legalização do álcool. Até mesmo os proeminentes proibicionistas John D. Rockefeller e S. S. Kresge, em 1932, deixaram de dar suporte a proibição. Nesse período, os agentes de receita federal se colocaram a favor legalização do álcool (Dabney 1970). Tudo em nome da economia e da saúde das finanças públicas.

O golpe final na proibição do álcool foi a Grande Depressão. O modelo proibicionista para as bebidas alcoólicas já havia sobrevivido à eleição presidencial de 1928 e contava com o apoio do maior partido político em 1932. No entanto, com a Grande Depressão, havia um progressivo clamor pela rápida geração de empregos para a população e de impostos para o governo. A regularização da indústria do álcool se apresentou como uma das alternativas. As questões relacionadas ao *status*, já mitigadas pelos novos tempos, tornaram-se secundárias em comparação ao apelo econômico (Gusfield 1986).

A própria crise econômica produziu o efeito de minimizar a importância do *status* para a política. Os interesses econômicos eram, mais que antes, a prioridade. Quaisquer que fossem as diferenças morais e culturais entre os trabalhadores urbanos e rurais, ambos estavam em extremas dificuldades financeiras. Assim, já não eram os grupos de *status*, mas as classes sociais que movimentavam as forças políticas (Gusfield 1986).

No entanto, se a Grande Depressão aliviou a situação para os usuários de álcool, piorou para os consumidores da maconha, droga então geralmente associada aos trabalhadores imigrantes mexicanos, que disputavam postos de emprego com os operários norte-americanos. Como já evidenciado, o hábito de fumar maconha se instalou nos Estados Unidos da América com a chegada de mais de um milhão de trabalhadores mexicanos, que adentraram pelo Sudoeste nas três primeiras décadas do século XX. Dezenas de milhares destes recém-chegados espalharam-se do Meio Oeste, trabalhando em construções, ferrovias, fábricas e moinhos, até a cidade de Chicago. Ao mesmo tempo, a maconha se disseminava pelo Norte e pelo Leste de Nova Orleans, onde marinheiros caribenhos e sul-americanos a inseriram a partir de 1910 (Courtwright 2002).

Por isso, nos Estados Unidos da América da década de 1930, a maconha era associada a certos grupos étnicos, principalmente em relação aos trabalhadores mexicanos. Na mesma época, ainda sob a sombra da Grande Depressão, os cidadãos norte-americanos residentes nos Estados do Sul, pressionavam os congressistas a resolverem o problema da imigração mexicana – viam naquela etnia uma concorrência para os já escassos empregos. O resultado foi a repatriação em massa daqueles (Rowe 2006).

O contexto de crise econômica e social impulsionava a expansão do proibicionismo. Os milhões de desempregados não tardaram a eleger seus bodes expiatórios, materializando a crença racista de que os empregos dos trabalhadores brancos estavam sendo usurpados por negros e mexicanos que se propunham a trabalhar recebendo menos. O passo seguinte foi reacender a tradicional associação da maconha com a cultura negra e mexicana, o que era considerado imoral pelos brancos protestantes. A propaganda de desinformação alardeava supostas epidemias de uso da maconha pelo país, bem como de crimes cometidos por hispânicos e afrodescendentes sob o uso dessa substância (Rodrigues 2017).

Como visto, referido quadro social possibilitou que William Randolph Hearst[41], por meio de seus vários jornais e veículos de comunicação, no contexto da xenofobia já instalada, passasse a promover uma forte campanha contra a maconha e as pessoas que dela faziam uso, associando-as, sem qualquer base empírica, aos atos de violência e comportamentos degenerados que sobressaltavam a maioria branca. Novamente se apresentava em evidência o argumento ético a partir de uma concepção étnica.

Repetindo a estratégia já utilizada para a heroína, cocaína e álcool, para criminalizar a maconha, plantaram-se histórias baseadas no xenofobismo pela imprensa dos Estados Unidos da América. Referida droga era apresentada como "assassina da juventude", que levava os negros e hispânicos a cometer todo tipo de atos de violência, inclusive sexuais (Mosher e Mahon-Haft 2012, 287). Ironicamente, em 1936, a indústria de bebidas financiou um filme intitulado *Reefer Madness* (1936), no qual havia a representação de um homem tornando-se louco por fumar maconha, até o ponto de matar toda a família, utilizando-se, para tanto, de um machado (Frye 2012).

Essa relação de causa e efeito entre o consumo de maconha e a violência urbana nunca foi demonstrada cientificamente. Pelo contrário, desde cedo haviam evidências de não existir qualquer nexo de causalidade (Bromberg e Rodgers 1946). Segundo Walter Bromberg (1934), em Nova Orleans, onde se detectaram os primeiros sinais de alarme sobre o consumo de *cannabis*, um promotor de distrito realizou um trabalho monumental, revisando fichas de 17 mil delitos graves e 75 mil leves, com o objetivo de estabelecer correlações entre o uso dessa específica droga e a criminalidade. Ao final, a hipótese não se confirmou, nem foi possível demonstrar a associação da substância aos

---

[41] Embora não se possa afirmar, ao certo, as intenções de William Randolph Hearst, não há evidências que possam tornar claras suas razões, pode-se apenas especular que o tenha feito no intuito proteger sua participação na indústria do papel (Herer 2010). O importante é que sua campanha contra a maconha foi decisiva para o advento da *Marihuana Tax Act of 1937* e a proscrição do cânhamo – o que acabou por beneficiar sua própria indústria.

crimes sexuais e de homicídio. Atualmente, em relação à promoção do fenômeno crime, a evidência científica é predominantemente no sentido de ser inócua a maconha e, provavelmente, não há uma substância que tenha sido mais analisada e estudada tão detida e cuidadosamente quanto essa (Lamo de Espinosa 1983).

No entanto, foi nesse contexto de xenofobismo e desinformação que, em 1937, a *Marihuana Tax Act* (1937) foi aprovada. O uso pessoal e terapêutico do cânhamo continuava permitido. Conforme já exposto, a lei estabelecia um imposto simbólico, a partir de US$1,00 por qualquer atividade comercial ou medicinal remunerada do cânhamo, ao passo em que previa multa US$2.000,00, podendo ser cumulada com prisão de cinco anos, por qualquer violação aos seus preceitos ou ao seu regulamento, que, por sua vez, mostrava-se extremamente complexo e invasivo à privacidade.

Assim, sempre que um profissional da saúde, fosse médico, odontólogo ou veterinário, prescrevesse a *cannabis*, deveria obrigatoriamente informar ao Tesouro, com todos os detalhes possíveis, sobre a pessoa do paciente, sua doença, motivos da prescrição e demais pormenores que o caso demandasse, pois a omissão de qualquer dado atraía as penas previstas na lei. Cumprir fielmente o regulamento era praticamente impossível para qualquer usuário, profissional ou empresa. Não fosse o bastante, duas décadas depois, ainda nos Estados Unidos da América, o *Narcotics Control Act* (1956) tornou mais rígido o controle de maconha, dando suporte a criminalização irrestrita do uso e comercialização dessa substância psicoativa e seu princípio ativo.

Quando da proibição da maconha, em 1937, haviam cerca de 50 mil usuários negros e hispânicos. Dez anos depois, já eram 100 mil (Lee 2013). Tal qual ocorreu com a criminalização do ópio, cocaína e das bebidas alcoólicas, a proibição da maconha não produziu o efeito enunciado de mitigar os danos relacionados a saúde pública que dela decorreriam. As funções manifestas da norma penal postas a serviço do controle social, também nesse caso, não foram desempenhadas a contento. O resultado prático foi o encarceramento dos usuários e traficantes, além da expatriação dos imigrantes quando flagrados portando a substância proibida. Mais uma vez, os efeitos colaterais da norma serviram ao encobrimento de seu real significado, o desempenho de sua função simbólica, a confirmação de valores sociais.

Desde a proibição do ópio e cocaína (Harrison Narcotics Tax Act 1914), bem como da maconha (Marihuana Tax Act 1937), o problema das drogas se tornou epidêmico no mundo inteiro, o que se agravou em decorrência da paulatina construção e implementação da estratégia de guerra às substâncias psicotrópicas e do recrudescimento do sistema criminal. Tudo inerente ao direito penal das drogas. Desde a inauguração da metodologia de criminalização dos psicoativos, no início do século XX, decorreram graves consequências sociais e econômicas, não obstante as evidências científicas no sentido de que essa abordagem falhou na prevenção do uso e abuso de drogas (Mosher e Mahon-Haft 2012) e, consequentemente, na proteção da saúde pública.

Do começo do século XX, quando tem início a proscrição das substâncias pretensamente perigosas, até Richard Nixon declarar guerra às drogas e implementar essa estratégia em 1971, a criminalização dos psicotrópicos apresenta contornos nitidamente simbólicos, em sua modalidade de confirmação de valores sociais. As funções manifestas, enunciadas em seus dispositivos legais, no sentido de tutelar a saúde pública contra os malefícios sociais decorrentes do uso abusivo de substâncias consideradas ilícitas e o comércio que lhe é consequente, não restou devidamente desempenhada.

Com efeito, ao final da década de 1960 e, consequentemente, da primeira fase da criminalização das drogas, aproximadamente 53% da população adulta havia consumido álcool pelo menos uma vez nos sete dias que antecediam a entrevista. No mesmo período e critério, colheu-se que 38% haviam feito uso de tabaco; 16%, de maconha; 3%, de cocaína; 1%, de heroína (Fort 1970). Os índices, portanto, não são diferentes daqueles observados antes do sistema de proibição e criminalização.

Toda evidência demonstra que, inábil a cumprir seu programa finalístico, esboçado no discurso oficial, nessa fase, a criminalização das drogas cumpriu a função de marcar a posição de determinado grupo social, representado pelo homem do campo, pelo pretenso nativo norte-americano e pela classe média protestante. Para referida congregação, mais que os efeitos práticos da lei, interessava ver reconhecido seu peculiar estilo de vida ascética, os tradicionais valores que carregavam desde a colonização, em tudo incompatíveis com o vício, a prostituição, o jogo e o uso de drogas.

Proibir as bebidas alcoólicas e demais substâncias psicoativas, como dito, significava a vitória do protestante sobre o católico, da classe média sobre os ricos e pobres, do rural contra o urbano, do tradicional contra o moderno. Tratava-se de conferir *status* social a partir da homologação de seu padrão cultural e estigmatização do outro. Criminalizar os desviantes tinha a função de aprofundar as diferenças entre os grupos, tornando cada vez mais honorífica a abstinência e potencialmente desonrosa a adicção.

A corrupção dos costumes, conforme a ética da classe média protestante e do homem do campo, não deixou de existir, mas passou a ser o fundamento "sobre o qual o Estado construiu a categoria do vício como doença passível de tratamento. O hábito tornou-se doença e o Estado trouxe para si a capacidade de decidir que droga era prejudicial ou não para a saúde" (Rodrigues 2017, 97).

Nessa primeira fase, então, a criminalização das drogas cumpriu prevalentemente a função de impor padrões culturais representativos de um peculiar grupo, em detrimento dos demais, não obstante as dificuldades de tornar concreto, efetivo, o cumprimento do modelo reconhecido pela norma, a proteção dos bens jurídicos que enunciava tutelar. Identifica-se, portanto, o fenômeno da criminalização simbólica na exata acepção de confirmação de valores sociais.

4.2. A GUERRA ÀS DROGAS: CRIMINALIZAÇÃO-ÁLIBI

No que concerne à sua tipologia, em seu aspecto denominado legislação-álibi, enquanto exposição da capacidade de ação do Estado, a função predominantemente desempenhada pela legislação simbólica traduz-se em obter, confirmar ou reforçar a crença da sociedade no governo ou, de uma forma geral, no próprio Estado e seu sistema jurídico-político. Não são raras as situações em que, sob pressão direta, o poder estatal produz normas para satisfazer as expectativas dos cidadãos, não obstante a ausência do mínimo de condições necessárias para efetividade das respectivas leis. A pretensão se satisfaz, então, no alijamento das pressões políticas, na exata medida em que se apresenta o Estado, ou seu governo, como sensível às exigências e esperanças do público (Neves 2011).

No desempenho dessa espécie de legislação simbólica, o álibi que se utiliza o Estado consiste, precisamente, na exibição de um diploma legal como método de enfrentamento e resolução do problema que irrita a coletividade, incômodo esse que motiva as mais diversas pressões sociais, pelo que se confirma a ideia de comprometimento estatal com a causa e, principalmente, reforça a confiança no governo e em suas instituições.

O direito pode se apresentar como álibi por uma série de motivos. A intervenção estatal que se extrai na norma jurídica, dirigida ao enfrentamento de determinado problema, necessita de tempo para seu satisfatório desempenho e aferição dos resultados. No entanto, a avaliação política realizada pelo público em geral se dá em um lapso temporal exponencialmente menor, na maioria das vezes delimitado ao período de uma legislatura. Nesse curto ciclo de avaliação, tanto é difícil demonstrar a ocorrência de êxitos palpáveis como, demonstrando-se, que podem ser imputados à específica intervenção estatal decorrente da lei.

Assim, torna-se mais eficiente convencer o público espectador sobre o interesse, capacidade e boa intenção governamental em resolver o problema do que efetivamente resolvê-lo. A prova do interesse, capacidade e boa intenção é, justamente, a expedição do ato normativo. O debate, do qual participa inclusive o público e a oposição, passa então a ficar circunscrito a se o gesto governamental, consubstanciado na mudança legislativa, dirige-se ou não à resolução pretendida.

Decorrência disso, a discussão permanece situada menos na solução empírica, bem-sucedida ou definitiva dos problemas, e mais na opinião se o Estado tem ou não boa intenção na edição da lei. O direito se converte em um mero símbolo.

No mais das vezes, a pressão sobre o processo legislativo é externada pelos meios de comunicação social na forma de denúncia à inadequação do ordenamento jurídico vigente para o enfrentamento do problema, a qual a classe política não se atentou ou, para atender outros interesses, prefere permanecer inerte. Intensificando-se o clamor público por mudança, apresenta-se como resposta a promulgação da lei, ainda que não haja perspectiva de efetividade quanto as funções manifestas que enuncia. Disso decorre que os problemas ensejadores da mudança legislativa ficam sem solução e, o que é ainda pior, obstrui ações outras tendentes à efetiva resolução.

Há, nesses casos, uma verdadeira encenação pública em torno do texto legislativo e de suas funções manifestas. Dessa encenação, participam a classe política, enquanto atores, e os eleitores, como atento auditório. Aos juristas cabe um papel coadjuvante, pois são tratados como a parte menos importante – se o decreto estatal visa dar uma rápida resposta à sociedade, de forma a, primordialmente, demonstrar a boa intenção do governo, a teoria do direito e, principalmente, seu significado prático, muitas vezes se torna um óbice instransponível.

Essa sistemática de manipulação ou de ilusão que protege o sistema político contra medidas alternativas, com razoável frequência, configura logro que engana o próprio ator legiferante, efeito dessa função predominantemente simbólica. Tratando-se de problema complexo, no contexto de uma dinâmica social igualmente complexa, habitualmente se produz nos líderes políticos o engodo de que a empreitada legislativa se destina eficazmente ao enfrentamento da questão posta. Assim, tal representação simbólica pode ou não ser consciente. E quanto mais inconsciente, maior será sua eficácia como símbolo, enquanto menos se apresentará como instrumento.

Portanto, os atores políticos não são apenas produtores, mas também sujeitos passivos das interpretações simbólicas que emergem na sociedade. Trata-se de um fenômeno decorrente da alta complexidade típica da sociedade moderna, bem como de sua crescente taxa de mudança e contínua transformação. A primeira consequência disso apresenta-se na perda do ponto referencial, no sentido de orientação dos indivíduos, pelo que se incrementa a dificuldade na avaliação dos símbolos e rituais. A essa perda de realidade não estão imunes os atores políticos e a classe dominante. Assim, a legislação se converte em uma fábrica de ilusão, não somente para as pessoas que nela depositam seu crédito (Kindermann 1988), mas também em quem as produz.

O campo do direito penal tem sido fértil para a ocorrência desse fenômeno. Uma parte significativa das intervenções criminais da atualidade, antes de funcionar como garante do bem jurídico que promete tutelar, presta-se primordialmente a mitigar as preocupações do público quanto ao sentimento geral de insegurança e desproteção. Com isso, constrói-se um direito penal cada vez mais abrangente, genérico e vago, prevalecendo os tipos abertos, de perigo abstrato e de conteúdo marcantemente simbólico.

Porque simbólico, apresenta como característica o déficit de tutela real dos bens jurídicos, revelando sua carência instrumental quanto às funções manifestas enunciadas no comando normativo. De efetivo, sobressaem-se os efeitos latentes, encobertos pela criação, dirigida ao público em geral, de uma ilusão de segurança e de um sentimento de crença no ordenamento jurídico e confiança no sistema de justiça criminal. É o triunfo do direito penal simbólico, cujo significado somente pode ser entendido, nesse específico caso, para confirmação da capacidade de ação do Estado.

Desse engano, tem-se como consequência a inépcia da norma penal para cumprir o programa finalístico que enuncia, de cuja inefetividade se estabelece o propício ambiente para que se produza outra lei, também com caráter predominantemente simbólico, sucedendo a então revogada na missão de enfrentar o problema do qual o público aguarda solução, com o compromisso de sanar as omissões instrumentais, descuidando-se, porém, de seu próprio déficit. Trata-se de em um círculo vicioso de difícil ruptura.

Ainda que patentes os aspectos subjetivos produtores da dissimulação e ilusão no processo legislativo, para distinção do direito simbólico, enquanto legislação-álibi, o que se deve ter em conta são as qualidades objetivas da norma. Assim, caracteriza-se como direito penal simbólico, na categoria da legislação-álibi, quando se cumpre primordialmente a função de demonstrar a capacidade de ação do Estado, como produção de efeitos latentes, não obstante apresentar insuperável déficit de instrumentalidade em relação ao programa finalístico que se propõe a cumprir, sua função manifesta, qual seja a proteção de bens jurídicos.

Na segunda fase da criminalização das substâncias psicotrópicas, quando é inaugurada a estratégia de guerra às drogas e o direito penal assume o encargo de banir, de uma vez por todas, os psicoativos e seus negativos efeitos para a saúde pública, não obstante todos os esforços estatais no sentido de cumprir o programa enunciado na norma jurídica, acentuou-se o problema do déficit de instrumentalidade. No entanto, a mensagem simbólica transmitida à sociedade já não era a de simplesmente confirmar valores sociais, de forma a caracterizar e aprofundar a diferenciação entre grupos de interesses, mas a de demonstrar a capacidade de ação do Estado.

Mais uma vez, a chave para a compreensão do problema se encontra no desempenho da intervenção estatal punitiva no plano interno dos Estados Unidos da América e a imposição de sua política aos demais Estados soberanos, por meio das relações e do direito internacional. Embora a estratégia norte-americana para o controle de drogas tenha se aperfeiçoado no início da década de 1960, ainda não se configurava um rompimento essencial com o cerne da política até então estabelecida, cujo fundamento se identificava na convicção irracional da honradez moral dominante naquele país no início do século XX. Mas uma nova forma de controle começava a ser idealizada: se o comando normativo não havia sido suficiente a resolver os problemas de saúde pública relacionados com o consumo e comercialização das substâncias consideradas ilícitas, a coerção estatal seria. Se o exemplo não havia sido suficiente, a força seria.

Enquanto na primeira fase da criminalização das drogas os modelos religioso e ético-jurídico fundamentavam a 'necessidade' da ingerência penal, a partir da década de 1960, com o incremento do consumo entre os jovens provenientes dos estratos sociais dominantes, além do agitado contexto de inconformismo juvenil e protesto político, "gestava-se no discurso manipulado das drogas a ideia do inimigo interno (que seria um sucesso nos anos setenta, especialmente se conjugado à doutrina da segurança nacional)" (N. Batista 1990, 10).

Dessa forma, intensificando o controle sobre as substâncias consideradas ilícitas, deu-se início à "guerra às drogas" com o *Comprehensive Drug Abuse Prevention and Control Act of 1970* que, além de regulamentar e classificar o uso de medicamentos com base em sua intrínseca capacidade de dependência e abuso, promoveu a consolidação de toda a legislação precedente quanto à identificação, proscrição e criminalização das drogas então consideradas ilegais.

Embora o debate público sobre as drogas ainda fosse desenvolvido no campo da ética, seus contornos eram mais práticos, pois se prestava a justificar a política de guerra contra as substâncias ilícitas, em nome do combate ao mal, tendo como objetivo um mundo livre dos psicotrópicos. A guerra seria travada em duas frentes: redução da produção e diminuição da demanda, tudo por meio da coação própria ao direito penal. A criminalização, portanto, era o meio pelo qual os Estados livrariam a sociedade do consumo de drogas. O governo se apresentava como apto a assumir o controle da situação.

Ainda que o argumento moral tenha permanecido forte, a criminalização das drogas portava, nesse período, um discurso oficial alinhado com o pragmatismo – "o problema doméstico se agravava e era preciso fazer algo para acalmar a opinião pública" (Olmo 1990, 42). O direito penal se apresentava ao público perseguindo um fim, a eliminação de todas as substâncias ilícitas. Na verdade, a questão ética que continuava a empolgar as discussões passou a ser relevante de uma outra forma: era algo do qual não podia o governo fugir, mas, sobretudo, apresentava-se como a própria necessidade de agir.

É que os quase 60 anos, até então, de proibição e criminalização das drogas incutiram no público a sensação de que os psicoativos realmente precisavam ser banidos da sociedade, pois, de acordo com esse sentir, provocavam comportamentos imorais e perigosos, nocivos ao pleno desenvolvimento da personalidade, usurpadores de projetos de vida, destruidores de famílias e das mais legítimas tradições morais, ocidentais e cristãs. A revolução sexual e de costumes do final da década de 1960, bem como os ideais que lhe inspiravam, reforçaram esses temores.

Por essa época, a sensação generalizada de ter aumentado o consumo de substâncias psicoativas, inclusive as de efeitos alucinógenos, em práticas de experimentação transcendental e de contestação moral, estética, política e social, estabeleceu um ambiente propício para se se recrudescessem os discursos e valores conservadores mais arraigados na sociedade norte-americana. Havia uma sensação superdimensionada e generalizada acerca do potencial revolucionário inerentes às drogas e aos grupos que defendiam sua livre utilização (Rodrigues 2017). O receio era que fossem atacados os princípios morais que fundamentavam a cultura hegemônica (diga-se, da classe média branca e protestante) daquele país.

Algo precisava ser feito e o Estado se apresentou como guardião da incolumidade de corpos e mentes. Ou seja, o recrudescimento da criminalização das drogas não era propriamente uma pauta sugerida pelo governo, mas foi por ele convenientemente apropriada a partir do sentimento público em torno da questão. Mais cedo ou mais tarde, os políticos e agentes estatais teriam que dar satisfações, com óbvias repercussões eleitorais, sobre o 'crescente' problema das drogas. A solução mais rápida era demonstrar a boa vontade dirigida a resolver o problema, apresentar as estratégias de enfrentamento e consolidar a ideia em um texto legal.

O debate, por isso, não seria estabelecido no campo de dados empíricos, hábeis a fixar estratégias eficazes, conducentes à mitigação do problema de saúde pública que se pretendia arrostar, senão na capacidade de ação do Estado, os recursos que seriam disponibilizados para arcar com o combate às drogas, o comovente interesse governamental de cuidar das pessoas e definitivamente livrar o mundo do dilema relacionado aos psicotrópicos.

E não bastava combater as drogas no território local, uma vez que o narcotráfico era, como ainda é, um fenômeno transnacional. Tornou-se comum, então, a elaboração de métodos de persuasão positiva, inclusive com incentivos financeiros para cooperação quanto a identificação e controle do tráfico internacional, assim como a retaliação contra países que se recusassem a cooperar. O direito penal das drogas, então atualizado, foi assim exportado às demais nações, inclusive com o conteúdo simbólico que carregava e o inato déficit de instrumentalidade que sempre lhe foi marcante.

O encarceramento em massa, hoje facilmente identificado em muitas sociedades, tem origem com a declaração de guerra às substâncias psicoativas e desde então vem experimentando acentuado incremento (Werb, et al. 2010), o que evidencia a plena eficácia normativa do direito penal das drogas, não obstante sua patente inefetividade quanto ao bem juridicamente tutelado, a saúde pública.

No contexto histórico em que se declarou guerra às drogas, muitos acreditavam que a repressão progressivamente rigorosa contra o uso e comercialização de substâncias psicotrópicas, além da implementação de estratégias transnacionais contra os responsáveis por sua produção e distribuição, levaria a uma redução do mercado criminoso até o ponto de sua integral erradicação, o que propiciaria um mundo completamente livre de drogas (Comissão Global de Políticas sobre Drogas 2011). Entretanto, a consequência dessa estratégia representa o extremo oposto, pois dela resultou o crescimento exponencial do mercado internacional de substâncias ilícitas, largamente controlado pelo crime organizado (Commission of the European Communities 2009), além do incremento no consumo e nos danos que lhes são decorrentes.

Também em consequência da guerra às drogas então inaugurada, a sociedade se tornou mais insegura. É que do aumento no investimento financeiro contra as substâncias psicotrópicas decorre, reiteradamente, o incremento na taxa de homicídios (Werb, et al. 2010), sendo este o mais grave efeito colateral de sua criminalização. A lógica é bastante simples: o Estado investe em segurança pública contra o narcotráfico; a primeira consequência é a prisão e desativação do tráfico não organizado ou não violento; os que restam, investem em uma contraofensiva, seja em organização ou mesmo em armamento – muitas das vezes, nos dois; o Estado responde recrudescendo na estratégia de guerra, investindo em pessoal, inteligência e armamentos pesados; parte dos traficantes são presos e sua atividade desmobilizada; os que sobram, mais uma vez recorrem à contraofensiva. E assim, em um verdadeiro exemplo de seleção natural, segue o círculo vicioso que produz um Estado cada vez mais forte e um narcotráfico progressivamente violento. Sobretudo nos países menos desenvolvidos, é a população mais pobre que sofre as piores consequências, ínsitas à violência generalizada, proveniente dos agentes estatais ou do crime organizado.

A mesma conclusão se obtém nos diversos estudos levantados por Jeffrey A. Miron (2004), segundo o qual a proibição das drogas coincidiu com o aumento da taxa de homicídios, uma vez que as disputas, comuns a toda espécie de concorrência, no comércio ilegal são resolvidas pela força das armas, não judicialmente. Todas as evidências científicas, segundo o autor, demonstram a relação entre proibição e violência nos mais diversos países.

Não obstante à toda prognose de fracasso, os governos que se seguiram ao *Narcotics Control Trade Act of 1974* mantiveram a estratégia de combate às drogas consubstanciada naquele texto normativo. No mesmo sentido, a comunidade internacional prosseguiu adotando a política de proscrição e criminalização norte-americana. Os resultados, no entanto, foram aquém do esperado. Ao final da década de 1970, tanto a demanda quanto a oferta eram empiricamente maiores e os danos à saúde pública relacionados ao uso abusivo de drogas haviam crescido sensivelmente.

O que marca, então, esse período da criminalização das drogas, em que ao direito penal se outorga a missão de livrar o mundo do consumo abusivo de substâncias entorpecentes, cujo início se dá no final da década de 1960, desempenha-se durante toda a década de 1970 e se encerra no início dos anos 1980, é a crença geral na capacidade de ação do Estado, reforçada pela estratégia de guerra aos psicotrópicos.

O déficit de instrumentalidade observado no período anterior, em que o direito penal das drogas cumpriu a função de confirmar valores sociais, moveu a sociedade a pressionar o governo por uma solução definitiva para o problema de saúde pública que decorria do consumo abusivo de psicotrópicos. A resposta do Estado se consubstanciou na promulgação de normas penais mais rígidas que propiciaram uma investida mais rigorosa contra o comércio ilegal e, inclusive, contra os usuários.

A progressiva criminalização das drogas satisfazia, assim, as expectativas dos cidadãos, embora desde a apresentação de seu novo formato já não houvesse as condições de efetivação de seus pretendidos efeitos manifestos: a mitigação dos danos à saúde pública, decorrente da queda na demanda e oferta das substâncias psicoativas. As evidências demonstram que, no final desse período, os índices de consumo de substâncias consideradas ilícitas, na melhor das hipóteses, não teriam diminuído, em relação à fase anterior (Fort 1981, Kozel e Adams 1986). Esse déficit de execução era encoberto pelos efeitos colaterais provenientes do desempenho da norma aplicada – as muitas prisões, apreensões e confiscos.

Embora tenha se configurado em uma solução inadequada ao verdadeiro enfrentamento do problema, foi a mais conveniente para o reforço da confiança na classe política e no próprio Estado. A questão das drogas é por demais complexa para que se resolva no curto período de um ou dois mandatos eleitorais. Aliás, isso é da própria natureza dos problemas relacionados à incolumidade pública, seja no aspecto da saúde ou no da segurança em geral.

Ainda que a resolução do problema fosse projetada a longo prazo, as expectativas da população indicavam uma solução urgente, imediata. A curto prazo, tanto seria difícil para o governo e a classe política apresentar resultados efetivos, quanto demonstrar que tais resultados, porventura existentes, decorreriam diretamente da intervenção estatal. O recrudescimento da criminalização das drogas e sua consequente estratégia de combate deram as respostas que a população 'necessitava'. Demonstrava-se, assim, a preocupação governamental em resolver o problema e seu alinhamento ao sentimento social. De real, o 'ganho' obtido foi o alijamento das pressões sociais por uma efetiva e verdadeira solução.

Em outras palavras, era mais eficiente convencer a sociedade sobre o interesse, preocupação, capacidade e boa intenção da classe política e do governo do que direcionar esforços a verdadeiramente lidar com o problema das drogas. A prova dessa boa intenção e do atendimento às expectativas do público foi a declaração de guerra às drogas.

O debate seguinte já não se dava no campo do empírico, mas sobre quão intenso teria que ser o combate para erradicar os psicotrópicos, sobre quanto deveria ser investido e o papel de cada agência de controle. Em caso de insucesso, a fórmula permaneceria, como de fato permaneceu, exatamente a mesma, mudando apenas a dosagem. Assim, recrudescia progressivamente o direito penal das drogas. A cada pressão do público, uma reação do governo. O sistema político imunizava-se.

Os meios de comunicação desempenharam um papel relevante. Reverberava a opinião pública sobre o tema que, por isso mesmo, era reforçada. A classe política aproveitava o espaço para demonstrar interesse e apresentar suas 'soluções', ao que respondia prontamente a sociedade. Nesse teatro, pouco atuava a comunidade médica e jurídica, que muito poderiam contribuir ao debate. Na cortina de fumaça que se formava, quase nada se podia perceber de real. As ações tendentes à efetiva resolução ficavam, na melhor das hipóteses, obstruídas – na pior, sequer eram identificadas.

O que tornava essa encenação ainda mais eficiente quanto a demonstração da capacidade de ação do Estado, por meio do desempenho do direito penal das drogas, era o compartilhamento geral da ilusão e dissimulação. Não se pode dizer que o processo de criminalização simbólica das drogas ocorrido nessa segunda fase tenha sido planejado, idealizado de forma a promover o engodo coletivo. Não há qualquer evidência científica nesse sentido.

É correto afirmar, portanto, que se esperava da criminalização das drogas o cumprimento de suas funções manifestas, a tutela da saúde pública, que seria alcançada pela substancial redução do consumo e comercialização das substâncias psicoativas. Intencionalidade não é o relevante nesse ponto. O importante é que, não cumprindo as funções por si enunciadas, a legislação penal desempenhou predominantemente a função de demonstrar a capacidade de ação do Estado, imunizando o sistema político contra as pressões sociais pela efetiva resolução do problema.

Portanto, em sua segunda fase, a criminalização das drogas exibe caráter marcadamente simbólico, apresentando sério déficit de tutela real da saúde pública, bem jurídico sob proteção, sobressaindo-se de seu desempenho os efeitos latentes, dirigidos à demonstração da capacidade de ação do Estado, ocultos pela ilusão e dissimulação de instrumentalidade obtidos na estratégia de guerra às drogas e suas consequências.

4.3. O RECRUDESCIMENTO DA CRIMINALIZAÇÃO E AS POLÍTICAS DE REDUÇÃO DE DANOS: UM COMPROMISSO DILATÓRIO

Tratando-se de direito simbólico, na categoria de compromisso dilatório, os conflitos em torno do texto normativo, desempenhados entre grupos sociais em disputa, permanecem não resolvidos por meio da lei que, no entanto, será aprovada com certa concordância entre os interessados, justamente em razão da perspectiva de sua ineficácia.

Assim, o acordo não se funda prioritariamente no teor do diploma normativo, mas exatamente no adiamento da solução do dissenso para um futuro indeterminado (Neves 2011). Em outros termos, o compromisso consiste em uma fórmula procrastinatória, cuja pretensão é satisfazer todas as exigências contraditórias e, de forma ambígua, tornar não decididas as controvérsias (Kindermann 1988).

Carentes da força política necessária, aquela apta a fazer prevalecer seus interesses, os grupos em disputa por determinado direito ou categoria jurídica contemporizam quanto ao adiamento da resolução do conflito, mantendo o *status quo*, pactuando texto normativo de pouca ou nenhuma instrumentalidade em relação ao programa finalístico enunciado, cujo conteúdo será, em algum momento posterior e incerto, componente de nova disputa, seja por meio da elaboração de outro diploma legal ou, ainda, pela interpretação da norma anteriormente compactuada que lhe constitua mais favorável e exequível.

Assim, será simbólico o direito penal, enquanto compromisso dilatório, se desempenha predominantemente a função de adiar a solução de conflitos sociais, seus efeitos latentes, ainda que inexequível ou inefetivo quanto ao programa finalístico que anuncia, a função manifesta de promover a proteção de bens jurídicos. Tudo em uma relação de sobreposição dos aspectos ocultos em detrimento daqueles promulgados, tenha ou não sido a legislação expedida com essa específica finalidade.

A criminalização das drogas, produzida em sua terceira fase[42], tem desempenhado exatamente essa função. Mudou-se o caráter simbólico, mas ainda se trata de criminalização simbólica. Nesse sentido, importante perceber o reiterado fato de que, quando as expectativas instrumentais originais falham, os grupos envolvidos em

---

[42] Assim como nas duas primeiras, a terceira fase do direito penal das drogas se apresenta uniforme nos mais diversos Estados soberanos. Se nas décadas que lhes são anteriores restou observado uma convergência dos problemas e 'soluções', nos anos oitenta "resulta manifesto que todo o planeta apresenta claros sinais de homogeneização. A cruzada é incondicionalmente mundial, e aquilo que acontece em um lugar guarda estreitas relações com o que acontece em todos os outros" (Escohotado 2002, 820).

disputa conseguem, muitas vezes, desenvolver símbolos que se prestam prioritariamente a substituir os objetivos reais (Gusfield 1986, Mannheim 1940), tornando perene o caráter simbólico do texto normativo, ainda que assumindo um outro aspecto latente.

Em uma relação de causa e efeito aparentemente contraditória, o mesmo fracasso da estratégia de guerra às drogas, evidenciado na segunda fase da criminalização, que implicou no recrudescimento do combate ao narcotráfico, inclusive com a militarização do Estado, propiciou o surgimento no mundo inteiro, principalmente no continente europeu, de políticas públicas direcionadas à redução dos danos inerentes ao uso abusivo de substâncias ilícitas, tendo por princípio o tratamento da pessoa usuária de droga, que passou a ser considerada como alguém que necessita de cuidados, deixando de ser tratada como delinquente. Em síntese, o que pode ser considerado irônico, a criminalização arrefeceu sensivelmente quanto aqueles que criam a demanda e recrudesceu substancialmente contra os que a suprem[43].

Portanto, dois grandes movimentos, ilusoriamente opostos, marcam a terceira fase da criminalização das drogas. Ambos tiveram início na década de 1980, emblemática quanto à adoção do modelo norte-americano de combate ao crime pelos mais variados Estados soberanos e, ao mesmo tempo, pela criação, expansão e exportação das políticas públicas de redução de danos, conforme o modelo europeu. Esses dois fenômenos mostram-se ainda mais nítidos em relação as substâncias consideradas ilícitas.

Em relação ao primeiro movimento, o da intensificação da estratégia de combate às drogas, os Estados Unidos da América, a partir do ano de 1981, empreenderam uma progressiva campanha jurídica e militar contra o narcotráfico, sobretudo aquele de características

---

[43] A extensão dos programas de redução de danos para aqueles que suprem a demanda também seria possível, segundo Fernando Argañarás (1997). O autor propõe, para o específico contexto da Bolívia, por exemplo, elevar a qualidade de vida dos produtores de folha de coca, além de promover uma alternativa comercial para seu cultivo, tais como o direcionamento da produção para medicamentos e outros produtos que lhes sejam derivados, como forma a afastá-los do narcotráfico.

transnacionais. No plano interno, as penas em razão do comércio ilícito de psicotrópicos foram majoradas e se instituiu, como regra, o confisco dos bens utilizados para o tráfico ou adquiridos em sua decorrência (French e Manzanárez 2004).

Essa estratégia restou paulatinamente incorporada à legislação dos demais países. As prioridades do sistema de justiça criminal norte-americano, assim como seu modelo de criminalização e persecução penal, foram e continuam sendo exportadas para os outros Estados por meio da comunidade internacional. Os países cedem às influências, incentivos e padrões dos Estados Unidos da América, passando a adotar novas leis criminais em relação ao tráfico de drogas, lavagem de dinheiro, comércio ilegal e crime organizado, inclusive modificando a legislação acerca do sigilo financeiro e empresarial, bem como os respectivos códigos de processo penal, tudo com o desígnio de melhor atender às políticas que lhes foram impostas (Nadelmann 1993) ou sugeridas.

Foi nesse contexto que o Brasil, por exemplo, no final da década de 1980, por força de normativa constitucional, equiparou o tráfico ilícito de psicotrópicos ao terrorismo, à prática de tortura e aos crimes hediondos, determinando que lei infraconstitucional os considerasse inafiançáveis e insuscetíveis de graça ou anistia (Brasil 1988, Art. 5, XLIII), o que efetivamente se realizou, inclusive com sérias restrições ao regime inicial do cumprimento de pena, sua posterior progressão e às possibilidades de aguardar o julgamento em liberdade (Brasil 1990). Nesse mesmo período, as "agências reguladoras foram criadas no Brasil [...] imitando o modelo norte-americano" (Soares e Zackseski 2016, 145).

Como resultado dessa nova ofensiva, preservou-se os interesses dos grupos de pressão que insistem na proibição das substâncias psicotrópicas e no recrudescimento do direito penal das drogas. Embora ainda se faça presente o déficit de instrumentalidade quanto à real tutela do bem juridicamente protegido, a saúde pública, o que importa é a mensagem de um modelo de vida sendo transmitido ou reforçado a partir da norma penal e a estigmatização dos grupos desviantes.

Por outro lado, uma significativa e crescente parte da população não mais aceita que as pessoas usuárias de drogas sejam tratadas como delinquentes, senão como pacientes que necessitam de cuidado médico, ou mesmo como cidadãos que não carecem de qualquer forma de controle ou atenção estatal. Assim, "a *overdose* do 'antídoto' proibicionista seria, nesse sentido, fatal para o próprio sistema de controle formal da droga" (Vargas 2011, 3) – é que "quando a incriminação de um comportamento deixa de corresponder à opinião de uma grande massa de cidadãos, desaparece a justificativa democrática para manutenção da lei" (Vargas 2008, 23).

Na Alemanha, desde a década de 1980, por exemplo, existem importantes movimentos organizados de pessoas usuárias de drogas. A ideia central defendida por essas entidades firma-se na impossibilidade do direito penal, a pretexto de tutelar a saúde pública, interferir em questões tão íntimas quanto preferências pessoais e estilo de vida (Scheerer 1993b). A pressão política exercida por esses grupos organizados se consubstanciou em um dos motivos para elaboração da "Resolução de Frankfurt" (European Cities on Drug Policy 1990) que, reconhecendo o fracasso da política de criminalização, preocupando-se com o incremento do sofrimento físico da pessoa usuária de droga, bem como de sua miséria social, passou a recomendar a adoção imediata de medidas tendentes a mitigar os danos decorrentes do consumo ilícito das substâncias psicoativas.

Desde esse mesmo período, tem atuação em Roterdã, nos Países Baixos, uma associação autodenominada de "Sindicato dos Usuários de Heroína", organizada nos mesmos moldes das congregações de trabalhadores, tendo como filosofia a autorreflexão sobre as péssimas condições de vida de seus integrantes. No intuito de divulgar sua causa, concernente à legalização das drogas, o sindicato produz um programa semanal de rádio, edita um jornal e administra um restaurante (Scheerer 1993b). Existem ainda outras agremiações estabelecidas nas principais cidades, inclusive com uma representação nacional, chamada *Federation of Dutch Junkie Leagues* (Marlatt 1996, 784), cujo ideal principal é permitir que os próprios usuários decidam quais políticas representam as melhores intervenções na questão do consumo de drogas (Wijngaart 1991). A partir da interação dessas associações com entidades governamentais, foi criado em 1984 o primeiro programa de distribuição de seringas descartáveis para o uso de drogas injetáveis (Buning 1992).

Mais recentemente, no México, ao argumento que o reconhecimento de novos direitos se estabelece pelo processo de luta, o qual, por sua vez, demanda um certo grau de organização, unidade e identidade, criou-se o coletivo denominado *Sociedad Mexicana de Autoconsumo Responsable y Tolerante (SMART)*, no intuito de defender o que seus associados entendem como direito humano de liberdade de escolha quanto ao uso recreativo da maconha. Assim, em 2013, a associação pleiteou à autoridade administrativa competente a permissão para exercer todos os direitos próprios e pressupostos ao consumo de *cannabis*, tais como plantio, cultivo, colheita, preparação, acondicionamento, posse, transporte, emprego, utilização e demais atos relacionados com o uso recreativo, excluindo-se expressamente qualquer atividade comercial.

Tendo sido negado o pleito administrativo, buscou-se o provimento jurisdicional, defendendo-se que em razão do consumo de maconha algumas pessoas projetam suas preferências e características que lhes diferenciam e singularizam, pelo que a proibição resultaria inconstitucional, porque implicaria na supressão de condutas que conferem ao indivíduo uma identidade específica, restrição que, no entender da associação, não teria justificativa, uma vez que a imposição de um único padrão de vida saudável não seria admissível em um estado liberal, que funda sua existência a partir do reconhecimento da singularidade humana e na respectiva independência. Pretensão negada em todas as instâncias judiciárias, o caso chegou à *Suprema Corte de Justicia de la Nación* na forma do *Amparo en Revisión 237/2014* (2015) que identificou no uso lúdico da maconha um aspecto do direito ao livre desenvolvimento da personalidade, incluindo-se na concepção de projeto de vida, considerando ainda desproporcional a vedação do uso, razão pela qual permitiu aos associados daquela entidade o desenvolvimento de todas as atividades relacionadas ao consumo da droga em questão. Tal direito passou a ser reconhecido *erga omnes* a partir do *Amparo en Revisión 548/2018* (2018), julgado em 31 de outubro de 2018[44].

Para atender aos grupos de pressão dessa natureza, bem como a uma parte não organizada da sociedade civil que se posiciona contra a criminalização das drogas, também desde o início da década de 1980, têm-se estabelecido, pelos mais diversos Estados soberanos, políticas públicas direcionadas à redução de danos, nas quais a prioridade da intervenção não é o combate às drogas, mas o enfrentamento das suas consequências. Como evidenciado, os países europeus têm sido pioneiros em estratégias dessa natureza, consubstanciadas na minimização dos danos decorrentes do uso abusivo de drogas. No entanto, ainda que representem uma abertura para a perspectiva de saúde pública, não significam uma renúncia às estratégias fundamentadas na coação e repressão à oferta de substâncias consideradas ilícitas.

Embora as políticas de redução de danos apresentem, em relação ao bem juridicamente protegido, a saúde pública, um efeito positivo exponencialmente maior que a estratégia desenvolvida por meio da criminalização das drogas, em decorrência de sua cogente limitação pela insistência na proibição das substâncias psicoativas, cujas consequências (impureza da substância, clandestinidade e insegurança quanto ao consumo, dentre outros problemas) incidem

---

[44] Nas duas decisões, o reconhecimento do uso recreativo da maconha como direito decorrente do livre desenvolvimento da personalidade pela *Suprema Corte de Justicia de la Nación* no México carrega elementos do transconstitucionalismo, modelo teórico elaborado por Marcelo Neves (2009). O transconstitucionalismo é o entrelaçamento de distintos ordenamentos jurídicos em torno do enfrentamento dos mesmos problemas de caráter constitucional, discutidos por tribunais de ordens diversas. Manifestação do transconstitucionalismo, formado no âmbito da construção de uma jurisprudência constitucional global, o livre desenvolvimento da personalidade se insere no conteúdo da dignidade da pessoa humana, sendo garante da construção de uma identidade efetivamente própria. Derivado dessa ideia, o uso recreativo da maconha, enquanto liberdade a ser protegida, perpassa os mais diversos ordenamentos jurídicos, inclusive estabelecendo conflito vigoroso entre os tribunais que submeteram o tema a julgamento.

diretamente na saúde da pessoa que tenha desenvolvido um padrão de uso considerado problemático, seu efeito mais marcante é tornar o usuário de drogas imune ao sistema de justiça criminal. Mesmo não sendo o principal objetivo, certamente a principal função desempenhada pelas políticas de redução de danos é, precisamente, a de afastar a tipificação de crime ou incidência de pena para as condutas relacionadas ao consumo.

Se os grupos conservadores já não se munem da força necessária para fazer prevalecer irrestritamente sua visão de mundo, no sentido de impor a criminalização das drogas tanto em relação à demanda quanto em face da comercialização, de forma a penalizar usuários e traficantes, os grupos liberais, no momento, também não reúnem o vigor político para exigir a legalização e regulamentação das substâncias psicoativas, como método a lidar eficazmente com o problema de saúde pública em questão.

Muitos ainda são os entraves políticos e sociais à legalização das drogas. A estrutura de poder montada nos mais diversos Estados e na comunidade internacional em torno da proibição é um deles. A própria burocracia da Organização das Nações Unidas (ONU) e de seu Escritório das Nações Unidas sobre Drogas e Crime (UNODC) é um sério óbice à legalização, de forma que a manutenção do proibicionismo existe também para dar sustentação (Camacho, et al. 2011) e estabilidade às agências de controle.

Não fosse o bastante, mais de um século de vigência do direito penal das drogas incutiu e reforçou o sentimento geral de que os psicotrópicos devem ser proibidos e criminalizadas quaisquer condutas no sentido de suprir sua demanda. A estigmatização, construída em torno do consumo de drogas nesse tempo, produz o efeito de bloquear as menores possibilidades de um efetivo debate público sobre o verdadeiro enfrentamento do problema de saúde pública inerente ao tema – "a demonização da droga, expressão que designa a função de bode expiatório cumprida por esta e por seus usuários como 'fonte de todos os males', torna difícil a aceitação de medidas que os tornem como objeto de intervenções fora do binômio doente-criminoso" (Reale

1997, 3). A ilegalidade, por si só, produz uma poderosa imagem negativa em torno da droga (Procópio 1999).

Uma vez que nenhum dos grupos envolvidos apresentam força suficiente para impor o reconhecimento legislativo de sua concepção acerca do problema das drogas, de um lado representada pelo imperativo de criminalização tanto do uso quanto da comercialização, do outro pela legalização de ambas as atividades, estabelece-se um certo compromisso quanto a necessidade de recrudescimento do direito penal contra o suprimento da demanda e, ao mesmo tempo, pela da despenalização, ou mesmo a descriminalização, em relação ao consumo. As expectativas dos grupos de interesses são parcialmente contempladas e, consequentemente, as pressões são arrefecidas.

Com as políticas de redução de danos, portanto, a posse de drogas para consumo próprio permanece sendo tipificada como crime ou, na melhor das hipóteses, infração administrativa – mas, em qualquer dos casos, não há uma pena privativa de liberdade a ser reivindicada pelo Estado. O direito penal, assim, é destituído de qualquer aspecto objetivo de coercitividade e, consequentemente, de instrumentalidade. Falta-lhe, em relação a proibição do consumo de substâncias psicotrópicas, além da efetividade, a própria eficácia normativa.

O desempenho da criminalização das drogas, nesses termos, encontra explicação apenas na realização de suas funções simbólicas. O compromisso em torno de seus dispositivos dirige-se a postergar a resolução do problema de saúde pública, pactuando diploma normativo de pouca instrumentalidade tanto no aspecto da eficácia normativa, no que diz respeito à aplicação da lei, como em relação ao programa finalístico que enuncia, a efetiva proteção do bem jurídico que proclama tutelar.

Essa é a função mais evidente da criminalização das drogas em sua terceira fase, a de adiar a solução do problema de saúde pública decorrente do consumo e comercialização dos psicotrópicos. Postergam-se os conflitos políticos em torno do tema, sem resolver realmente os problemas sociais subjacentes. A conciliação em torno da norma penal, que arrefece em relação ao usuário e recrudesce no que toca ao traficante, implica a manutenção do *status quo* por meio da encenação dos grupos divergentes, dirigida ao público espectador.

Por óbvio, essa encenação em torno do texto simbólico ocorre de forma pouco consciente ou, no mínimo, velada. Os grupos interessados não admitem ou revelam às contrapartes estarem procrastinando a resolução do conflito social, mas assim consentem na perspectiva de uma solução futura – a confirmação legislativa de sua ideologia no que concerne ao problema das drogas. Em resposta às pressões oriundas de ambos os lados, o Estado segue ajustando o texto normativo até atingir um certo grau de consenso que, no caso atual das drogas, coincide com a despenalização do uso e progressiva criminalização da oferta.

Não obstante os elementos subjetivos envolvidos, tais como interesses de grupos sociais em conflito (criminalização ou descriminalização), compromisso dilatório, consenso, o que caracteriza a criminalização das drogas como simbólica, na terceira fase de sua implementação, são as qualidades objetivas que lhes são próprias. O que lhe identifica como simbólica é a função que desempenha no sentido de adiar a solução dos conflitos e dos problemas relacionados às drogas.

Pelo símbolo que dela emana, esse compromisso estabiliza não só a norma penal, mas a própria opinião pública em torno do tema. É assim que atualmente, a maior parte da população segue defendendo a criminalização das drogas, a pena de prisão para os traficantes, mas a despenalização do uso. A título de exemplo, uma pesquisa realizada pelo Huffington Post (2013) em novembro de 2013, na qual foram entrevistados 1000 adultos norte-americanos, demonstrou que sua maior parte se opõe à imposição de penas privativas de liberdade às pessoas usuárias de droga. No entanto, a mesma pesquisa também demonstrou que a imensa maioria é contra a legalização das substâncias psicoativas, inclusive quanto ao consumo, e favorável às penas de prisão que se aplicam aos traficantes.

Com efeito, 86% dos entrevistados eram contra a legalização da heroína, apenas 9% a favor, mas somente 36% se mostraram a favor da aplicação de pena de prisão para os usuários. Em relação à cocaína, números semelhantes: 83% contra a legalização, 11% a favor, mas apenas 34% a favor de prisão contra os consumidores dessa droga. Quanto ao *crack*: 85% contra a legalização, 9% a favor, somente 35% favoráveis à prisão dos usuários. Nos três casos, em relação ao consumo, a maioria se posicionou no sentido que não deveria haver reprimenda legal (13%, 15% e 13%, respectivamente) ou que essa quedasse restrita à imposição de um período de provação ou tratamento (40%, 39% e 40%, respectivamente).

Esse tipo de consenso, embora inconsciente ou velado, é por vezes insinuado não só pela opinião do público em geral, mas da própria literatura especializada no tema da legalização das drogas. Ao defender uma solução para o problema da guerra às drogas e suas consequências para a América Latina, Ethan Nadelmann (2003, 94-95), por exemplo, revela em seu argumento o caráter simbólico ora denunciado:

> O caminho mais sábio para a América Latina seria a legalização. Os presidentes do México, Brasil, Bolívia e Uruguai têm reconhecido isso, mesmo que veladamente. Mas a legalização ainda é uma opção radical; é uma solução de bom-senso cujo tempo ainda não é propício. Para hoje, os países da América Latina podem mitigar os custos decorrentes, tanto das drogas como da guerra às drogas, perseguindo três estratégias: abraçar o conceito de "redução de danos", reabilitar o cultivo e a venda da coca e criar uma "coalizão de esforços" para resistir ao simplista paradigma proibicionista de Washington.[45]

Embora não tenha sido a intenção do autor, nem disso tenha se apercebido, em sua proposição estão nitidamente presentes três aspectos do direito penal simbólico, enquanto compromisso dilatório: o déficit de instrumentalidade, quanto à proteção da saúde pública; a falta de

---

[45] Ao mencionar a reabilitação do "cultivo e a venda da coca" (Nadelmann 2003, 95), o autor o faz no sentido de legalizar as atividades nativas em torno do consumo e comercialização dos derivados das folhas daquele vegetal, inclusive para fins medicinais, não no sentido de regulamentar o uso e venda da cocaína.

condições políticas para o real enfrentamento do problema – a legalização das drogas, no seu entender; e, o mais marcante, o atual compromisso em torno do adiamento da solução, por meio de uma política menos desagradável para ambos os lados, as estratégias de redução de danos. A ideia subjacente que se revela: se não há ambiente para descriminalização da atividade comercial em torno das substâncias consideradas ilícitas, ao menos pode haver um consenso para despenalizar seu consumo, deixando a legalização para um momento posterior incerto.

O mesmo se pode extrair das ideias apresentadas por Cezar Roberto Bitencourt (2002) ao reconhecer ser o tema das drogas, tanto sob o viés jurídico, ético ou social, naturalmente propício à polêmica e divergência de toda ordem, porque representado por duas correntes em constante disputa: uma pela legalização e liberação total das drogas, a outra pela criminalização (inclusive quanto ao uso pessoal). Tal quadro seria a fonte de toda a incerteza da definição e rumos que a política criminal tomará em um futuro próximo.

O que se teria para o momento, ainda segundo Cezar Roberto Bitencourt (2002, 11), seria um "caminho intermediário", que representaria "uma atitude inteligente", não significando contemporizar com o consumo de drogas, mas que reconheceria "a existência de uma sociedade pluralista", a legitimidade e o acerto das políticas sociais dirigidas aos usuários de substâncias psicoativas, sem abdicar da luta pela abstinência – a estratégia de redução de danos. Mais uma vez, presentes todos os elementos da criminalização simbólica, no aspecto do adiamento dos conflitos sociais por meio de compromissos dilatórios. Ante a presente impossibilidade de se manter a criminalização irrestrita, tampouco de mudar a estratégia para uma configuração de liberação das drogas, as políticas de redução de danos se apresentariam como uma alternativa intermediária e aceitável às duas ideias. O autor justifica essa solução em razão da falta de perspectiva de "definição e dos rumos que a política criminal adotará num futuro próximo". No entanto, essa indefinição é promovida pelas próprias políticas de redução de danos, pois seu desempenho estabelece uma fórmula procrastinatória, satisfazendo as exigências contraditórias, tornando não decididas as controvérsias, na exata definição de Harald Kindermann (1988) para legislação simbólica, enquanto compromisso dilatório.

Os elementos de ausência das condições políticas atuais para uma efetiva tomada de decisão por parte do Estado, bem como a opção por uma estratégia que represente uma solução intermediária aceitável para as duas correntes, também estão presentes nas ideias de Diva Reale (1997, 184) e Elisangela Reghelin (2002, 37), segundo as quais, no âmbito da questão das substâncias consideradas ilícitas, o debate se polariza como uma perspectiva de "tudo ou nada", ou de "êxito ou fracasso totais", impondo-se uma alternativa que represente o *virtus in medium est*, desempenhada pelas políticas de redução de danos. A mesma ideia é desenvolvida na pesquisa de Gordon Alan Marlatt (1996), ao defender que as concepções divergentes que tratam o problema do uso abusivo de substâncias psicoativas, de um lado, como uma questão moral, cujo resultado é a estratégia de guerra às drogas e, do outro, como uma doença a ser tratada, são ambas contempladas pelas políticas de redução de danos.

O mesmo discurso quanto a necessidade de se adiar a solução do problema que as drogas suscitam em relação à saúde pública faz-se presente na perspectiva abordada por Claus Roxin (2008, 46) ao defender que, quanto ao tratamento penal dado às substâncias psicoativas, a partir do discurso de proteção ao bem jurídico sob tutela, "uma solução unívoca não é, atualmente, capaz de obter o consenso social. Ela só poderá ser encontrada num exato desenvolvimento científico dos pressupostos da faculdade estatal de punir". Revelam-se, portanto, a atual ausência das condições sociais para o enfrentamento do tema e a necessidade de buscar um verdadeiro consenso em um momento posterior.

Essa dicotomia que impossibilita uma solução unívoca é também apontada por Patricia Erickson, Diane Riley, Yuet Cheung e Patrick O'Hare (1997), para os quais antes do surgimento das políticas de redução de danos, compatíveis com a abordagem de saúde pública e, também, com a política de combate às drogas, o campo era caracterizado por uma disputa acirrada entre os defensores da proibição e aqueles que advogavam a legalização de substâncias psicotrópicas consideradas ilícitas, e esse debate tendia, argumentam os autores, a obscurecer abordagens práticas e coletivas. Em outros termos, as políticas de redução de danos seriam o ponto de convergência entre os grupos discordantes, proibicionistas e defensores da legalização, e tal compromisso teria arrefecido a disputa então em curso.

A natureza intermediária e pragmática das medidas de redução de danos possibilita que suas estratégias sejam toleradas, aceitas ou mesmo incorporadas por lei, sem afetar diretamente a política punitiva contraproducente (Erickson, Riley, et al. 1997). O apoio e a cooperação da polícia em programas de intercâmbio de seringas podem ser apresentados como um dos vários exemplos da difusão de seus elementos na política de guerra às drogas (Tawil, Verster e O'Reilly 1995). Em outros termos, embora represente uma abordagem com foco na dignidade da pessoa humana, afastando o usuário do sistema de justiça criminal, esse compromisso em torno da redução de danos se fez possível porque tal política incorpora, em grande medida, a ideologia de combate às drogas, acomodando-se à legislação em vigor.

Na verdade, conforme defendem James Inciardi e Lana Harrison (2000), embora reconheçam que a criminalização das drogas não é suficiente à interrupção do uso, além de ser criminógena e marginalizar os usuários, muitos defensores da redução de danos não apoiam a ideia de legalizar as substâncias consideradas ilícitas, expressando preocupação quanto ao substancial incremento de seu uso. A redução de danos, então, passa a servir à própria criminalização das drogas. Ironicamente, seu "desafio é, portanto, fazer com que a proibição funcione melhor, mas com foco na redução das consequências negativas tanto do uso de drogas como das políticas proibicionistas" (Nadelmann 1999, 160).

Assim, o círculo se torna vicioso. As estratégias de redução de danos, apresentadas como uma saída para o impasse político em torno da legalização, rematam por cumprir a função de tornar perene o próprio impasse, porque não só adiam, mas impedem, o eficaz enfrentamento do problema, justamente porque simulam enfrentá-lo.

O discurso em torno das políticas de redução de danos também se apresenta como argumento eficiente para promover a adesão do público que mais questiona a estratégia de criminalização, a camada mais jovem da sociedade. Isso porque referidos programas garantem "uma via de contato verdadeiro (não superficial, não virtual, não idealizado) com os jovens [...]. Eles questionam, não aceitam imposições, não obedecem e não se conformam a um só modelo. Pelo contrário, estão abertos à argumentação inteligente, sentem-se únicos e exigem intervenções personalizadas" (Gorgulho 2015, 58-59). Trata-se da "locução objetiva", apresentada como "um dos maiores méritos de um programa de redução de danos" por Elisangela Reghelin (2002, 180).

Mas esse contato, embora verdadeiro (ou, talvez, porque verdadeiro), cobra o engajamento quanto a outra face da legislação de drogas, o recrudescimento da guerra contra o narcotráfico. E as intervenções personalizadas, por sua vez, são o cerne do compromisso dilatório, a fórmula pela qual logrou-se contemporizar, ao menos por enquanto, os interesses antagônicos em torno do tema da criminalização ou legalização das drogas. Há um irônico e sutil duplo sentido nisso tudo: se, por um lado, as políticas de redução de danos configuram uma notável mudança de abordagem em relação ao usuário, por outro, funcionam como a forma mais eficaz de permitir que se siga na estratégia de guerra às drogas. O resultado inequívoco é a postergação do verdadeiro enfrentamento do problema de saúde pública que as substâncias psicotrópicas suscitam.

Portanto, em sua terceira fase, a criminalização das drogas desempenha predominantemente a função de adiar a solução de conflitos sociais (efeitos latentes) em torno do real enfrentamento do problema das substâncias psicoativas, ainda que inexequível ou inefetivo quanto ao programa finalístico que anuncia, qual seja a proteção da saúde pública (função manifesta) a partir da criminalização do traficante e do cuidado dirigido ao usuário, cujo déficit de instrumentalidade é encoberto pelo próprio desempenho dessas duas abordagens. Não se pode afirmar que a criminalização das drogas tenha sido arquitetada com essa finalidade a partir da década de 1980, mas se pode demonstrar, com segurança, que tem cumprido eficazmente essa função.

# CONCLUSÃO

Tanto a eficácia como a efetividade, considerando a perspectiva em que se põe a aplicação da lei sob observação, são critérios hábeis a aferir a instrumentalidade normativa. Em sua delimitação jurídica, preenchidas as condições intrasistêmicas que a torna apta à produção dos seus efeitos jurídicos específicos, tais como aplicabilidade, exigibilidade ou executoriedade, revela-se instrumental. Quanto à sua dimensão sociológica, verificando-se a conformidade dos comportamentos ao conteúdo normativo, no que toca à observação, aplicação, imposição ou utilização, configurado estaria seu caráter instrumental. Nesses dois aspectos trata-se de uma questão de eficácia normativa. Tendo-se a efetividade por referência, por sua vez, a instrumentalidade da norma depende da demonstração da implementação de seu programa finalístico, o cumprimento dos fins enunciados, a transformação da realidade social proposta pela lei, não sendo suficiente sua mera observação, aplicação, imposição ou utilização, muito menos a simples aptidão para obra de efeitos jurídicos específicos.

Portanto, tomando-se a efetividade por referência, contrapondo-se a seu aspecto instrumental, tem-se por legislação simbólica aquela que, carecendo de condições objetivas à realização de seu programa finalístico, cumpre predominantemente o papel de concretizar realidade distinta da enunciada pela própria norma ou de meramente transmitir à coletividade determinados padrões valorativos. Sua caracterização não depende de qualquer aspecto de intencionalidade, mas da realização de funções simbólicas distintas daquelas promulgadas pela lei, iludindo instrumentalidade e efetividade, dissimulando efeitos latentes e manifestos. Dissimulação e ilusão, orientação à inefetividade, prevalência dos efeitos ocultos sobre os proclamados, portanto, são os elementos a serem observados enquanto qualidades objetivas da norma para categorizá-la como simbólica.

Considerando ser o direito penal orientado às consequências, legitimado pela efetiva proteção do bem jurídico, aquele de índole fundamental e difícil proteção por outros ramos do direito, cuja violação ou ameaça tem o potencial de lesar o livre desenvolvimento do indivíduo, a realização de seus direitos humanos ou as estruturas sociais que o garantem, identifica-se na efetividade o critério caracterizador de sua função instrumental. A norma penal incriminadora será efetiva, portanto, se apresenta aptidão para tutelar o bem jurídico; não efetiva, se não cumpre a função de proteção; antiefetiva, quando contribui à sua vulneração, em vez de resguardá-lo.

O processo de criminalização, enquanto produtor de normas penais, realiza-se em um tempo próprio, pretensamente estabelecido pelos interesses sociais, significando decidir o propício momento para utilização do aparato repressor estatal. Destina-se, segundo o discurso oficial da teoria do crime e da pena, à produção de uma estratégia jurídico-penal de proteção subsidiária dos bens individuais fundamentais. A função principal da criminalização simbólica, por sua vez, não guarda fidelidade ao discurso que proclama, produzindo precipuamente efeitos latentes distintos daqueles enunciados. Tanto a criminalização quanto a criminalização simbólica dependem do contexto temporal em que se inserem, de forma que a manutenção das respectivas normas penais que lhes são decorrentes necessitam de reiterados reforços e renovações das condições motivadoras, o que garante estabilidade à incriminação.

Inábil à proteção do bem jurídico que enuncia tutelar, porque inefetiva ou antiefetiva, a legislação penal simbólica desempenha predominantemente o papel de concretizar realidade distinta daquela prevista em seu programa finalístico, qual seja a real proteção subsidiária de bens jurídicos, dissimulando seu déficit de implementação e iludindo instrumentalidade a partir de seus efeitos colaterais, cumprindo a função de confirmar valores sociais, demonstrar a capacidade de ação do Estado ou de adiar a solução de conflitos por meio de compromissos dilatórios. Identifica-se o direito penal simbólico, portanto, concomitantemente a partir de seu déficit de instrumentalidade, predominante desempenho de funções simbólicas e da relação de dissimulação e ilusão entre funções latentes e manifestas. A criminalização simbólica se constitui no processo que o produz.

Na acepção de confirmação de valores sociais, a marca do direito penal simbólico é sua função predominante de impor padrões culturais representativos de determinado grupo, de forma a lhe conferir prestígio, em detrimento dos demais, conduzidos à estigmatização, não obstante às dificuldades de tornar concreto, efetivo, o cumprimento do modelo reconhecido pela norma. Tal fenômeno é resultado da disputa de grupos sociais em torno do texto da lei penal, na qual se busca afirmar seu estilo de vida como jurídico, reconhecido pelo Estado, e o padrão dos demais como proscrito, criminalizado. O efeito latente é a confirmação dos valores peculiares ao grupo vencedor e a marginalização do vencido, em prejuízo da efetiva tutela do bem jurídico. Para estabilização do direito penal simbólico, enquanto confirmação de valores sociais, o processo de criminalização simbólica exerce a função de adequar o texto normativo às exigências de seu tempo, fazendo permanecer, subjacente ao núcleo da incriminação, a ideia central que a motivou.

Enquanto legislação-álibi, caracteriza-se como direito penal simbólico se cumpre precipuamente a função de demonstrar a capacidade de ação do Estado, seu efeito latente, embora apresente insuperável déficit de instrumentalidade em relação ao programa que se propõe a cumprir, qual seja a tutela de bens jurídicos, sua função manifesta. Inapto a apresentar uma real solução para o problema que suscita inquietação social e, principalmente, incapaz de fornecer resultados palpáveis no curto período legislativo, o Estado produz uma legislação penal que oficialmente proclama proteger o bem jurídico reivindicado, apresentando-se à sociedade como sensível ao dilema exposto e capaz de enfrentar o problema por intermédio da norma penal incriminadora, não obstante sua incapacidade de dar cumprimento ao programa finalístico pronunciado. O efeito latente é a simulação de sua capacidade, iludindo instrumentalidade. O processo de criminalização simbólica, nessa modalidade, põe-se a reforçar as sanções e tipos penais, sempre que é revelada ao público em geral a desproteção dos bens sob tutela.

Tem-se por simbólico o direito penal, enquanto compromisso dilatório, se desempenha primordialmente a função de adiar a solução de conflitos sociais, seu efeito oculto, ainda que inexequível ou inefetivo quanto ao programa finalístico que promulga, a função manifesta de promover a proteção de bens jurídicos, em uma relação de sobreposição do encoberto sobre o declarado. Porque ainda não dispõem do vigor político necessário para impor seus interesses, os grupos em disputa por determinado direito ou categoria jurídica contemporizam em adiar a resolução do conflito, acatando diploma normativo de pouca instrumentalidade, cujo conteúdo será, em momento posterior e incerto, objeto de nova disputa, seja pela elaboração de outro texto legal ou por meio da interpretação que lhe constitua mais favorável e exequível. Esgarçado o pacto, mas ainda ausentes as condições para o verdadeiro enfrentamento do problema, o processo de criminalização simbólica atua no sentido de aprovisionar novos compromissos, a partir de outros parâmetros, tendo em perspectiva a mesma função de relegar a solução para um futuro indeterminado.

O caráter simbólico da criminalização não é óbice a uma real penalização de condutas e estigmatização de grupos e pessoas desviantes. Na verdade, esse fenômeno é consequência natural de seu desempenho, a opor realidade e aparência, confundindo manifesto com latente. A concretização da sanção prevista na norma penal simbólica estabelece no público a sensação de efetividade normativa quando o que se apresenta é apenas seu efeito colateral. As condenações e o encarceramento produzidos pelo direito penal simbólico cumprem a função de confirmar valores sociais, demonstrar a capacidade de ação do Estado ou de adiar a solução de conflitos, enquanto encobrem o déficit de instrumentalidade.

A criminalização das drogas apresenta um marcante caráter simbólico em cada uma das suas fases, denunciado pelo déficit de instrumentalidade quanto à proteção do bem jurídico que proclama tutelar, a saúde pública, afetada que seria pelo consumo abusivo de psicotrópicos. Embora seja plausível criticar a saúde pública como um bem jurídico fictício, cuja dificuldade de materialização no plano individual inviabilizaria sua proteção por mecanismos da norma penal incriminadora, tal censura não foi objeto da pesquisa ora desenvolvida, delimitada a investigar o caráter simbólico da criminalização das substâncias psicoativas a partir da teoria jurídica do crime e da pena, o discurso oficial segundo o qual a função do direito penal das drogas corresponde a proteger a saúde pública, oferecida como bem jurídico pretensamente concreto e identificável.

Os primeiros indícios do caráter simbólico da criminalização das drogas são apresentados com a investigação crítica quanto a racionalidade de seu desempenho no cumprimento das funções manifestas que enuncia, da qual se revela a inidoneidade de seu mecanismo punitivo, a desnecessidade da intervenção penal, a desproporcionalidade em sentido estrito quanto a abstrata previsão de penas e rotulação de ilicitude em desconsideração ao intrínseco potencial lesivo de cada específica substância psicoativa, além das graves e deletérias consequências sociais decorrentes de sua aplicação.

Com efeito, a história da criminalização das drogas demonstra sua completa inadequação à tutela da saúde pública. Esse déficit de instrumentalidade evidencia a inidoneidade da legislação penal que proscreve o uso e o livre comércio das substâncias psicoativas, enquanto instrumento de proteção. Isso porque, não obstante ter consumido vastos recursos financeiros e centenas de milhares de vidas humanas, além de ter promovido o encarceramento em massa, levando à prisão milhões de pessoas, a intervenção penal para o problema das drogas não reduziu a oferta de substâncias consideradas ilícitas, muito menos mitigou seu consumo ou os danos que lhes são decorrentes. O que se identificou, na verdade, foi o efeito inverso, posto que tornou o mercado criminoso mais lucrativo, a demanda mais estável e incrementou o problema de saúde pública relacionada ao uso abusivo.

Um outro aspecto da irracionalidade da criminalização das drogas diz respeito à desnecessidade da intervenção penal para o resguardo da saúde pública. Comparando-se as consequências do desempenho do direito penal das drogas com os resultados obtidos ou possíveis de serem alcançados pelos meios alternativos à disposição do Estado, já experimentados ou idealizados, pode-se afirmar, com segurança, a desnecessidade da ingerência normativa criminal, o que se constitui em violação ao princípio da subsidiariedade. As políticas públicas que lidam com o problema sob uma perspectiva diferente da criminalização, em uma abordagem humanizada, dirigida a mitigar os danos relacionados ao uso de drogas, embora ainda sejam tímidas, apresentam resultados para a saúde pública exponencialmente superiores àqueles realizados pelo desempenho da norma penal incriminadora.

Há ainda uma relação de arbitrária desproporção na rotulação das substâncias psicoativas em quadros de licitude e ilicitude e, neste caso, no estabelecimento das respectivas penas em abstrato. Quando se leva em consideração a submissão da norma penal à isonomia, verificando o tratamento jurídico conferido às atividades relacionadas com as bebidas alcoólicas e ao tabaco, em contraste com aquele dispensado ao consumo e comercialização demais substâncias psicoativas, a partir do potencial lesivo intrínseco a cada uma delas, conclui-se que a criminalização destas não atende ao critério da proporcionalidade em sentido estrito. Pesquisas científicas revelam que álcool e tabaco estão entre as substâncias mais nocivas à saúde pública, enquanto maconha e *lsd*, por exemplo, enquadram-se nas menos lesivas, mas a lógica da criminalização não se submete a esse critério.

Não fosse o bastante, a intervenção do direito penal como estratégia de enfrentamento dos problemas que as drogas suscitam, além de incrementar os danos à saúde pública, o que denota sua antiefetividade, trouxe graves consequências para a segurança pública, outro direito de índole constitucional. Da militarização do Estado, amparada no discurso de fazer cumprir a lei de drogas, decorreu a militarização do narcotráfico, tornando a sociedade, de uma forma geral, mais violenta e insegura. A ilicitude do consumo de determinadas substâncias psicoativas, não raro, conduz usuários ao crime, inclusive à traficância, como forma de financiar sua dependência. Há uma relação direta de proporcionalidade entre os recursos investidos no combate às drogas e o número de mortes violentas nos mais diversos países.

A criminalização das substâncias psicoativas, portanto, apresenta a característica de produzir mal maior do que aquele que se propôs evitar. Seus objetivos declarados correspondem a resolver ou, na pior das hipóteses, mitigar os problemas de saúde pública que as drogas suscitam. No entanto, o resultado inequívoco é o surgimento e consolidação de um contexto social ainda mais nocivo, um grave problema de segurança pública.

No desenvolvimento da pesquisa, essas conclusões foram tratadas como indícios de que a criminalização das drogas tem servido, desde a sua primeira fase, à realização de funções distintas daquela prevista no discurso oficial, qual seja a proteção da saúde pública. É que insistir em estratégia inadequada aos fins enunciados somente tem sentido prático quando a função normativa for cumprir fins não enunciados. De igual forma, optar por meio menos eficiente, além de mais danoso ao indivíduo, somente tem coerência se a função normativa é outra, não expressa, estranha ao programa finalístico enunciado, a demandar meio mais gravoso para realização de seu efeito oculto. Punir para além do razoável ou violando a isonomia, por sua vez, equivale a realizar função não autorizada na sistemática do direito penal, pois não se presta à efetiva tutela do bem jurídico, sua condição de legitimidade. O mesmo se pode afirmar quanto a permanência da criminalização, não obstante ser mais danosa do que aquilo que se pretendeu ou se pretende evitar, apontando para existência de efeitos latentes, estes sim coerentes com o mecanismo repressor criminal eleito.

No entanto, tais indícios, isoladamente, não foram suficientes à demonstração do caráter simbólico da criminalização das drogas, cuja confirmação dependeria do déficit de instrumentalidade, desempenho de funções simbólicas e da relação de ilusão e dissimulação entre funções manifestas e latentes.

Assim, demonstrou-se que o déficit de instrumentalidade é uma característica marcante da criminalização das substâncias psicoativas, presente em suas três fases. O desempenho do direito penal das drogas mostrou-se incapaz de mitigar os danos à saúde pública inerentes ao consumo abusivo das substâncias consideradas ilícitas. Não obstante o sucessivo e progressivo recrudescimento no tratamento criminal dado às atividades relacionadas às drogas, em momento algum se observou qualquer resultado positivo à saúde pública que pudesse ser creditado à política de criminalização e à estratégia de repressão. Na verdade, o efeito produzido foi o oposto, com sérios danos à saúde pública, diretamente decorrentes da atuação da lei de drogas, em um típico exemplo de antiefetividade.

Esse déficit de instrumentalidade, também nas três fases da criminalização das drogas, foi encoberto pelos efeitos colaterais de seu próprio desempenho. O encarceramento em massa dos usuários e traficantes entre metade da década de 1910 até final da década de 1960, a estratégia de guerra às drogas desempenhada em todo o mundo e o incremento no número de presos que se desenvolveu durante toda a década de 1970, o combate internacional ao narcotráfico e ao crime organizado a ele relacionado a partir da década de 1980, incrementando ainda mais o número de encarceramentos, apreensões, expropriações e intervenções militares, bem como a estigmatização dos desviantes desde o início do século passado, iludiram o público em geral quanto a instrumentalidade normativa: 'se os criminosos estão sendo presos, a lei de drogas está funcionando'. Ilude-se quanto a função manifesta, dissimulam-se as ocultas.

Se a relação de ilusão e dissimulação quanto às funções manifestas e latentes, bem como o déficit de instrumentalidade, é um traço comum à toda a história de criminalização das drogas, o desempenho de funções simbólicas guarda especificidade em cada uma delas. Na primeira fase, em que a criminalização das drogas é tida por "princípio", restou demonstrado que prevalece a função de confirmação de valores sociais. Na segunda, quando a política de penalização, bem como a estratégia de guerra as drogas que lhe é consequente, é concebida como "meio" adequado a enfrentar o problema de saúde pública que os psicotrópicos suscitam, ficou evidenciado a predominância da função simbólica de demonstrar a capacidade de ação do Estado. Na última fase, em que a legislação de drogas apresenta uma estratégia aparentemente contraditória, representada pelo recrudescimento e militarização do Estado contra o tráfico de drogas e o afastamento dos usuários do sistema de justiça criminal, sobretudo pela despenalização do uso e políticas de redução de danos, demonstrou-se a predominância da função simbólica de adiar a solução de conflitos sociais por meio de compromissos dilatórios.

Para investigar as funções simbólicas desempenhadas em cada fase da criminalização das drogas, tomou-se por parâmetro principal o processo de proscrição desenvolvido nos Estados Unidos da América e exportado, via comunidade internacional, para os demais Estados soberanos. Isso porque a guerra às substâncias psicoativas no âmbito global corresponde às estratégias promovidas naquele país, a partir do sentimento moral lá vigente. Seu método, a progressiva criminalização das atividades relacionadas aos psicotrópicos, contaminou a legislação das mais diversas nações, apresentando-se uniforme em seus respectivos ordenamentos jurídicos.

Como resultado da investigação científica ora realizada, evidenciou-se que, em seu início, inábil a cumprir o programa finalístico que enunciava, consistente na tutela da saúde pública, a criminalização das drogas foi inaugurada de forma a cumprir a função de marcar a posição de determinado grupo social, representado pelo homem do campo, pelo pretenso nativo norte-americano e pela classe média protestante. Para referida congregação, mais que os efeitos práticos decorrentes da aplicação da lei, interessava o reconhecimento de seu peculiar estilo de vida ascética, os tradicionais valores que herdaram dos antigos colonizadores, em tudo incompatíveis com o vício, a prostituição, o jogo e o uso de drogas. Tratava-se de conferir *status* social a partir da homologação de seu padrão e estigmatização do outro. Criminalizar os desviantes tinha a função de aprofundar as diferenças entre os grupos, tornando cada vez mais honorífica a abstinência e potencialmente desonroso o uso das substâncias então consideradas ilícitas.

A proibição das bebidas alcoólicas, associadas aos imigrantes católicos e aos trabalhadores urbanos, seguiu essa lógica. A proscrição do ópio, comum entre os imigrantes chineses, da cocaína, identificada principalmente com os negros do Sul, e da maconha, relacionada aos trabalhadores imigrantes mexicanos, também se enquadra nesse modelo. A posterior legalização do álcool, quando sua abstinência já não mais se traduzia em elemento de *status*, igualmente coincide com o arquétipo ora demonstrado. Nesse contexto, representativo de sua primeira fase, a criminalização das drogas, portanto, tem um caráter preponderantemente simbólico, no específico sentido de confirmação de valores sociais.

O déficit de instrumentalidade observado nesse período moveu a sociedade a pressionar o governo por uma solução definitiva para o problema de saúde pública que decorria do consumo abusivo de substâncias psicoativas. Inaugurando a segunda fase da criminalização das drogas, a resposta do Estado se consubstanciou na promulgação de normas penais mais rígidas que propiciaram uma investida ainda mais rigorosa contra o comércio ilegal e, inclusive, em desfavor dos usuários. Se o conteúdo expressivo da lei não havia sido suficiente, pregava-se que a força o seria. Outorgou-se ao direito penal, então, a missão de livrar o mundo da produção e consumo de substâncias consideradas ilícitas, estratégia que tem início no final da década de 1960, desempenha-se durante toda a década de 1970 e se desacredita no início dos anos de 1980.

A progressiva criminalização das drogas, então desenvolvida, satisfazia as expectativas dos cidadãos. Algo precisava ser feito e o Estado se apresentou como guardião da incolumidade de corpos e mentes, embora desde a apresentação de seu novo formato já não houvesse as condições de efetivação de seus pretendidos efeitos manifestos, correspondente à mitigação dos danos à saúde pública, que deveria ser alcançada pela queda na produção, comercialização e uso de substâncias psicoativas.

Não obstante tenha se configurado em uma solução inadequada ao verdadeiro enfrentamento do problema que as drogas suscitam, foi a mais conveniente para o reforço da confiança na classe política e no próprio Estado. A questão dos psicotrópicos considerados ilícitos é por demais complexa para que se resolva no curto período legislativo, o que projeta sua resolução para o longo prazo. No entanto, as expectativas da população demandavam uma solução imediata. No curto prazo, tanto seria difícil para o governo apresentar resultados palpáveis, quanto demonstrar que tais resultados, uma vez existentes, decorreriam diretamente da intervenção estatal. O recrudescimento da criminalização e sua consequente estratégia de guerra às drogas forneceram as respostas que a população 'precisava'. Demonstrava-se, com isso, a preocupação governamental em resolver o problema, seu alinhamento ao sentimento social e, principalmente, sua capacidade de agir. De palpável, o logro obtido foi o alijamento das pressões sociais por uma efetiva e verdadeira solução.

Demonstrou-se, assim, que em sua segunda fase, a criminalização das drogas evidencia caráter predominantemente simbólico, apresentando sério déficit de tutela real da saúde pública, bem jurídico sob proteção, sobressaindo-se de seu desempenho os efeitos latentes, dirigidos à demonstração da capacidade de ação do Estado, ocultos pela ilusão e dissimulação de instrumentalidade obtidos na estratégia de guerra às drogas e suas consequências.

O fracasso da estratégia de guerra evidenciado na segunda fase da criminalização das drogas implicou, ao mesmo tempo, tanto no recrudescimento do combate ao narcotráfico, inclusive equiparando-o a grupos terroristas, quanto o surgimento no mundo inteiro, principalmente no continente europeu, de políticas públicas direcionadas à redução de danos inerentes ao uso abusivo de substâncias consideradas ilícitas, tendo por princípio o cuidar da pessoa usuária de droga, que passou a ser tratada enquanto alguém que necessita de atenção, não mais como delinquente. Em uma relação de causa e efeito ilusoriamente oposta, a criminalização arrefeceu sensivelmente quanto aos usuários e recrudesceu substancialmente em relação ao comércio ilegal de drogas.

Durante toda a década de 1980, com o argumento de superar o déficit de instrumentalidade da criminalização das drogas até então desenvolvida, duas ideias concorrentes passaram a ter cada vez mais representação política e social: recrudescimento do combate às substâncias ilícitas, de um lado, legalização, do outro. O desenvolvimento das políticas de redução de danos, desde então, desempenha a função de arrefecer o debate e adiar, para um futuro incerto, o real enfrentamento do problema e resolução do conflito.

Se os grupos conservadores já não se munem da força necessária para fazer prevalecer irrestritamente sua posição, no sentido de impor a criminalização das drogas tanto em relação ao consumo quanto em razão da comercialização, de forma a penalizar usuários e traficantes, os grupos liberais, no momento, também não reúnem o vigor político para exigir a legalização e regulamentação das substâncias psicoativas ora consideradas ilícitas, como mecanismo apto a melhor tutelar a saúde pública.

Considerando que nenhuma das posições envolvidas tem a necessária representatividade para impor o reconhecimento legislativo de sua concepção em torno dos problemas que as drogas suscitam, de um lado consubstanciada no imperativo de criminalização tanto do uso quanto da comercialização, do outro pela legalização de ambas as atividades, estabelece-se um certo compromisso quanto a necessidade de recrudescimento do direito penal contra o suprimento da demanda e, ao mesmo tempo, pela despenalização, ou mesmo a descriminalização, em relação ao consumo. As expectativas dos grupos de interesses são parcialmente contempladas e, consequentemente, as pressões quedam-se mitigadas.

Com as políticas de redução de danos, portanto, a posse de drogas para consumo próprio permanece sendo tipificada como crime ou, na melhor das hipóteses, infração administrativa – mas, em qualquer dos casos, não há uma pena privativa de liberdade a ser cominada. Assim, o direito penal é destituído da coercibilidade e, consequentemente, de instrumentalidade. Em relação a proibição do consumo de substâncias psicoativas falta-lhe, além da efetividade, a própria eficácia normativa.

O desempenho da criminalização das drogas, nesses termos, encontra explicação apenas na produção de seus efeitos simbólicos. O compromisso em torno de seus dispositivos dirige-se a retardar o reconhecimento legislativo quanto a melhor estratégia para tutelar a saúde pública: legalizar as substâncias consideradas ilícitas ou ampliar o alcance da norma penal. Essa é a função mais evidente da criminalização das drogas em sua terceira fase, a de adiar o impasse sobre a solução do problema de saúde pública decorrente do consumo e comercialização dos psicotrópicos. Posterga-se a resolução dos conflitos políticos em torno do tema, sem resolver os problemas sociais subjacentes.

A conciliação em torno da norma penal, que arrefece em relação ao usuário e recrudesce no que diz respeito ao traficante, implica a manutenção do *status quo* por meio da, ainda que inconsciente, encenação dos grupos divergentes, dirigida ao público espectador. As estratégias de redução de danos, apresentadas como uma saída para o embate político em torno da legalização, cumpre a função de tornar perene o próprio impasse, porque não só adia, mas impede, o real enfrentamento do problema, justamente porque simula enfrentá-lo. Ao mesmo tempo em que configuram uma notável mudança de abordagem em relação a pessoa usuária de droga, as políticas de redução de danos funcionam como a forma mais eficaz de permitir que se siga na estratégia de guerra às drogas, justamente porque contemplam, parcialmente, os grupos que defendem a legalização.

Portanto, em sua terceira fase, a criminalização das drogas desempenha predominantemente a função de adiar a solução de conflitos sociais em torno do real enfrentamento do problema das substâncias psicoativas, por meio de um consenso que envolve a criminalização do traficante e a despenalização do usuário, resultando na desproteção do bem jurídico sob tutela, oculta pelo desempenho dessas duas abordagens. Não se pode afirmar cientificamente que tenha sido arquitetada com essa finalidade, mas se demonstrou que cumpre precipuamente, e com muita eficácia, essa função.

Das três fases da criminalização das drogas, a terceira é a única que apresenta uma ambivalência em seu significado latente. A dimensão simbólica que se extrai das políticas de redução de danos, que hoje serve ao adiamento da solução do conflito em torno da criminalização ou legalização das substâncias psicoativas, pode servir de superação ao déficit de instrumentalidade quanto a proteção de saúde pública, desde que avance substancialmente contra a proscrição das drogas. É o típico caso em que o caráter simbólico serve ao encobrimento e manipulação política dirigida à não efetividade, mas incorpora o espaço da crítica ao modelo de fachada. Embora a função hoje desempenhada seja simbólica, as diretrizes das políticas de redução de danos têm o potencial de se contrapor à criminalização.

BIBLIOGRAFIA

Abramovay, Pedro Vieira, e Vera Malaguti Batista. 2010. *Depois do grande encarceramento*. Rio de Janeiro, RJ: Revan.

Alexander, Michelle. 2012. *The New Jim Crow: Mass Incarceration in the Age of Colorblindness*. New York: The New Press.

American Film Institute. 2007. 20 de 06. Acesso em 13 de 11 de 2016. http://www.afi.com/100years/movies10.aspx.

American Psychiatric Association. 2015. *Manual Diagnóstico e Estatístico de Transtornos Mentais*. 5a. Edição. Tradução: Maria Inês Corrêa Nascimento, Paulo Henrique Machado, Regina Machado Garcez, Régis Pizzato e Sandra Maria Mallmann da Rosa. Porto Alegre: Artmed.

Amparo en Revisión 237/2014. 2015. (Suprema Corte de Justicia de la Nación de México, 04 de 11).

Amparo en Revisión 548/2018. 2018. (Suprema Corte de Justicia de la Nación de México, 31 de 10).

Andrade, Fernando Grostein, Thomaz Souto Correa, Cosmo Feilding-Mellen, Carolina Kotscho, Ricardo Setti, e Ilona Szabo. 2011. *Breaking the Taboo*. Direção: Fernando Grostein Andrade e Cosmo Feilding-Mellen. Produção: Sam Branson. Elenco: Fernando Henrique Cardoso, Jimmy Carter, Bill Clinton, Paulo Coelho, Ruth Dreifuss, Gro Harlem Brundtland, Anthony Papa e Dráuzio Varella.

Andreas, Peter, e Ethan Nadelmann. 2006. *Policing the globe: criminalization and crime control in international relations.* New York: Oxford University Press.

Argañarás, Fernando García. 1997. "Harm reduction at the supply side of the drug war: the case of Bolivia." Em *Harm reduction: a new direction for drug policies and programs*, por Patricia G. Erickson, Diane M. Riley, Yuet W. Cheung e Patrick A. O'Hare, edição: Kindle, 1927-2247. Toronto: University of Toronto Press.

Atienza Rodríguez, Manuel. 1989a. "Contribución para una teoría de la legislación." *Doxa: Cuadernos de Filosofía del Derecho*, 385-403.

Atienza Rodríguez, Manuel. 1989b. "Sociología jurídica y ciência de la legislación." Em *El Derecho y sus realidades: investigación y enseñanza de la sociología jurídica*, por Roberto Bergalli, 41-70. Barcelona: Promociones y Publicaciones Universitarias.

Austin, James, e Aaron David McVey. 1989. "The 1989 NCCD prison population forecast: the impact of the war on drugs." National Council on Crime and Delinquency, San Francisco.

Ayres, Ian, e John Braithwaite. 1992. *Responsive Regulation: transcending the deregulation debate.* New York: Oxford University Press.

Bacigalupo, Enrique. 2005. *Direito Penal: parte geral.* São Paulo: Malheiros.

Baer, Hans A., Merrill Singer, e Ida Susser. 2004. *Medical anthropology and the world system.* 2nd Edition. Westport: Praeger Publishers.

Baratta, Alessandro. 2002. *Criminologia crítica e crítica do direito penal: introdução à sociologia do direito penal.* 3a. Edição. Tradução: Juarez Cirino dos Santos. Rio de Janeiro: Revan.

Baratta, Alessandro. 2004. "Introducción a la criminología de la droga." Em *Criminología y sistema penal: compilación in memoriam*, por Alessandro Baratta, edição: Carlos Alberto Elbert e Laura Belloqui, tradução: Mauricio Martínez, 112-138. Montevideo, Buenos Aires: Editorial B de F, Euros Editores.

Baratta, Alessandro. 1994. "Funções instrumentais e simbólicas do Direito Penal. Lineamentos de uma teoria do bem jurídico." *Revista Brasileira de Ciências Criminais*, 5-24.

Batista, Nilo. 1990. "Apresentação." Em *A face oculta da droga*, por Rosa del Olmo, tradução: Teresa Ottoni. Rio de Janeiro: Revan.

Batista, Vera Malaguti. 2003a. *Difíceis ganhos fáceis: drogas e juventude pobre no Rio de Janeiro*. 2a. Edição. Rio de Janeiro: Revan.

Batista, Vera Malaguti. 2003b. "Prefácio." Em *Punir os pobres: a nova gestão da miséria nos Estados Unidos*, por Loïc Wacquant, 7-15. Rio de Janeiro: Revan.

BBC. 2014. *Mujica legaliza maconha e diz que 'viver é experimentar'*. 07 de 05. Acesso em 20 de 11 de 2016. http://www.bbc.com/portuguese/noticias/2014/05/140507_mujica_entrevista_fl.

Beccaria, Cesare Bonesana. 2001. *Dos delitos e das penas*. Ridendo Castigat Mores.

Bechara, Ana Elisa Liberatore Silva. 2014. *Bem jurídico-penal*. São Paulo: Quartier Latin.

Benson, Lee. 2015. *The Concept of Jacksonian Democracy: New York as a Test Case*. New Jersey: Princeton Legacy Library.

Bewley-Taylor, David, e Martin Jelsma. 2011. "La internacionalización de la guerra contra las drogas: las drogas ilícitas como un mal moral y un valioso enemigo." Em *Casus Belli: cómo los Estados Unidos venden la guerra*, por Martin Jelsma, Phyllis Bennis, David Sogge, Mariano Aguirre, Zia Mian, Susan George, Mike Marqusee e Walden Bello, edição: Achin Vanaik, tradução: Beatriz Martínez Ruiz. Amsterdam: Transnational Institute (Kindle).

Bitencourt, Cezar Roberto. 2002. "Prefácio." Em *Redução de danos: prevenção ou estímulo ao uso indevido de drogas injetáveis*, por Elisangela Melo Reghelin, 11-14. São Paulo: Revista dos Tribunais.

Bitencourt, Cezar Roberto. 2008. *Tratado de direito penal*. 13. Vol. I. São Paulo: Saraiva.

Boiteux, Luciana. 2017. "Modelos de controle de drogas: mapeando as estratégias de política de drogas em busca de alternativas ao modelo repressivo." Em *Drogas & sociedade contemporânea: perspectivas para além do proibicionismo*, por Regina Figueiredo, Marisa Feffermann e Rubens Adorno, 183-201. São Paulo: Instituto de Saúde.

Boiteux, Luciana. 2011. "Política Internacional de Drogas e Redução de Danos: o fim do 'Consenso de Viena'?" *Versus : Revista de Ciências Sociais Aplicadas do CCJE/UFRJ*, 04: 104-108.

Boiteux, Luciana, Ela Wiecko Volkmer de Castilho, Beatriz Vargas, Vanessa Oliveira Batista, Geraldo Luiz Mascarenhas Prado, e Carlos Eduardo Adriano Japiassu. 2009. *Série Pensando o Direito: Tráfico de Drogas e Constituição*. Vol. 1. Brasília: Ministério da Justiça - Secretaria de Assuntos Legislativos.

Bonavides, Paulo. 2004. *Curso de Direito Constitucional*. 15. São Paulo: Malheiros.

Borges, Juliana. 2018. *O que é: encarceramento em massa?* Belo Horizonte: Letramento: Justificando.

Bourdieu, Pierre, e Jean-Claude Passeron. 2011. *A reprodução: elementos para uma teoria do sistema de ensino*. 5a. Edição. Tradução: Reynaldo Bairão. Petrópolis: Vozes.

Branco, Paulo Gustavo Gonet. 2009. *Juízo de ponderação na jurisdição constitucional*. São Paulo: Saraiva.

Brasil. 1988. "Constituição da República Federativa do Brasil."

Brasil. 1921. *Decreto 4.294*. Estabelece penalidades para os contraventores na venda de cocaina, opio, morphina e seus derivados; crêa um estabelecimento especial para internação dos intoxicados pelo alcool ou substancias venenosas; estabelece as fórmas de processo e julgamento e manda abrir os creditos necessarios.

Brasil. 2004. *Decreto 5.144, de 16 de julho de 2004*. Regulamenta o Código Brasileiro de Aeronáutica, no que concerne às aeronaves hostis ou suspeitas de tráfico de substâncias entorpecentes e drogas afins.

Brasil. 1990. *Lei 8.072, de 25 de julho de 1990*. Dispõe sobre os crimes hediondos, nos termos do art. 5°, inciso XLIII, da Constituição Federal, e determina outras providências.

Brasil. 1998. *Lei 9.614, de 5 de março de 1998*. Altera o Código Brasileiro de Aeronáutica, para incluir hipótese destruição de aeronave.

Bromberg, Walter. 1934. "Marijuana intoxication: a clinical study of cannabis sativa intoxication." *The American Journal of Psychiatry*, 1 de 9: 303-330.

Bromberg, Walter, e Terry C. Rodgers. 1946. "Marijuana and aggressive crime." *The American Journal of Psychiatry*, 05: 825-827.

Bruno, Aníbal. 1984. *Direito penal: parte geral*. 4a. Edição. Vol. I. Rio de Janeiro: Forense.

Buning, E. C. 1992. "Effects of Amsterdam needle and syringe exchange." *The International journal of the addictions*, 11 de 01: 1303-1311.

Bustos Ramírez, Juan. 1995. "Necesidad de la pena, función simbólica y bien jurídico medio ambiente." Em *Pena y estado: función simbólica de la pena*, por Juan Bustos Ramírez, 101-110. Santiago de Chile: ConoSur.

Callegari, André Luís, e Maiquel Ângelo Dezordi Wermuth. 2010. *Sistema penal e política criminal*. Porto Alegre: Livraria do Advogado.

Camacho, Carlos Bula, Augusto Bonilla Motaña, Alberto Rueda, Carlos Ernesto Lucio, Nicolás Valencia, Fabio Lozano, Pedro Alfredo Díaz, et al. 2011. "Propuesta sobre la despenalización de las drogas presentada ao II Congresso Nacional del Polo Democrático Alternativo (PDA)." Em *Narcotráfico: guerra insensata. Despenalización*, por Carlos Bula Camacho, 27-60. Bogotá: Ediciones Aurora.

Canotilho, José Joaquim Gomes. 1998. *Direito constitucional e teoria da Constituição*. 4a. Edição. Coimbra: Almedina.

Cardoso, Fernando Henrique. 2011. "Prefácio à edição portuguesa." Em *Política da Droga em Portugal: os benefícios da descriminalização do consumo de drogas*, por Artur Domosławski, tradução: Nuno Portugal Capaz. Warsaw: Open Society Foundations.

Carter, Jimmy. 2011. "Call off the global drug war." *The New York Times*.

Carvalho Netto, Menelick de. 2003. "A hermenêutica constitucional e os desafios postos aos direitos constitucionais." Em *Jurisdição Constitucional e Direitos Fundamentais*, por José Adécio Leite Sampaio, 141-163. Belo Horizonte: Del Rey.

Carvalho, Ivan Lira de. 1996. "O direito penal como instrumento inibidor da violência." *Revista de Informação Legislativa*, 123-128.

Cassirer, Ernst. 2012. *Ensaio sobre o homem: introdução a uma filosofia da cultura humana*. Tradução: Tomás Rosa Bueno. São Paulo: WMF Martins Fontes.

Castilho, Ela Wiecko Volkmer de. 2007. "Execução da pena privativa de liberdade para mulheres: a urgência de regime especial." *Justitia*, 37-45.

Cavalcanti, Eduardo Medeiros. 2005. *Crime e sociedade complexa: uma abordagem interdisciplinar sobre o processo de criminalização*. Campinas: LZN.

Chaloult, Louis. 1971. "Une nouvelle classification dês drogues tòxicomanogenes." *Revue Toxicomanies*, 371-375.

Cirino dos Santos, Juarez. 2017. *Direito Penal: Parte Geral*. 7a. Edição. Revista, atualizada e ampliada. Florianópolis: Empório do Direito.

Cirino dos Santos, Juarez. 2014. "Os discursos sobre crime e criminalidade." Em *Escritos Transdisciplinares de Criminologia, Direito e Processo Penal: homenagem aos Mestres Vera Malaguti e Nilo Batista*, por Márcia Adriana Fernandes e Roberta Duboc Pedrinha, 561-574. Rio de Janeiro: Revan.

Cockburn, Alexander, e Jeffrey St. Clair. 1998. *Whiteout: The CIA, Drugs & the Press*. London: Verso.

Comissão Global de Políticas sobre Drogas. 2016. "Avanços na reforma de políticas sobre drogas: uma nova abordagem à descriminalização."

Comissão Global de Políticas sobre Drogas. 2011. "Guerra às Drogas: Relatório da Comissão Global de Políticas sobre Drogas."

Commission of the European Communities. 2009. "A Report on Global Illicit Drug Markets 1998-2007." European Communities, Amsterdam, 69.

Comprehensive Drug Abuse Prevention and Control Act. 1970. Public Law 91-513, 84 Stat. 1236 (27 de 10).

Cook, Dee, e Barbara Hudson. 1993. *Racism and criminology*. London: Sage Publications.

Copeland, Lewis Campbell. 1939. *The Negro as a contrast conception*. Portion of Thesis (Ph. D.), Duke University, Durham: Duke University Press.

Costa Júnior, Eduardo Carone. 2011. *A legislação simbólica como fator de envenenamento do ordenamento jurídico brasileiro: direito e política*. Belo Horizonte: Fórum.

Costa, Antônio Maria. 2008. "Making drug control 'fit for purpose': Building on the UNGASS Decade." Report by the Executive Director of the United Nations Office on Drugs and Crime as a contribution to the review of the twentieth special session of the General Assembly, Commission on Narcotic Drugs, Viena.

Courtwright, David T. 2002. *Forces of habit: drugs and the making of the modern world.* 3rd Edition. Edição: Kindle. Cambridge: Havard University Press.

Cox, James. 2018. *Two Chinese meth dealers sentenced to death on a sports ground in front of 300 schoolkids before being executed.* 28 de 06. Acesso em 02 de 07 de 2018. https://www.thesun.co.uk/news/6644102/china-death-sentence-death-row-meth/.

Cuello Contreras, Joaquín. 1996. *El derecho penal español. Curso de iniciación: parte general.* 2a. Edición. Vol. 1. Madrid: Civitas.

Dabney, Virginius. 1970. *Dry messiah;: The life of Bishop Cannon.* Westport: Greenwood Press.

Darrow, Clarence. 1922. *Crime: its cause and treatment.* New York: Thomas Y. Crowell.

Davis, Angela Yvonne, e Cassandra Shaylor. 2001. "Race, gender, and the Prison Industrial Complex: California and beyond." *Meridians*, 1-25.

Davoli, Marina, Roland Simon, e Paul Griffiths. 2010. "Current and future perspectives on harm reduction in the European Union." Em *Harm reduction: evidence, impacts and challenges*, por European Monitoring Centre for Drugs and Drug Addiction EMCDDA, 437-446. Luxembourg: Publications Office of the European Union.

De Roos, Theo. 2013. *Grimmig spiegelbeeld: ontwikkelingen in de strafwetgeving in de laatste decennia.* Tilburg: Tilburg University Press.

DEPEN. 2016. "Levantamento nacional de informações penitenciárias." INFOPEN - Atualização Junho de 2016, Departamento Penintenciário Nacional, Brasil. Ministério da Justiça e Segurança Pública, Brasília.

Díez Ripollés, José Luis. 2002. "El derecho penal simbólico y los efectos de la pena." *Boletín Mexicano de Derecho Comparado*, enero - abril: 409-447.

Díez Ripollés, José Luis. 2001. "Presupuestos de un modelo racional de legislación penal." *Doxa: Cuadernos de Filosofía del Derecho*, 485-523.

Díez Ripollés, José Luis. 1997. "El bien jurídico protegido en un derecho penal garantista." *Jueces para la Democracia*, 11: 10-19.

Dimoulis, Dimitri, e Leonardo Martins. 2011. *Teoria geral dos direitos fundamentais*. 3a. Edição. São Paulo: Revista dos Tribunais.

Domosławski, Artur. 2011. *Política da Droga em Portugal: os benefícios da descriminalização do consumo de drogas*. Tradução: Nuno Portugal Capaz. Warsaw: Open Society Foundations.

Dreifuss, Ruth. 2016. "Carta da Presidente." Em *Avanços na reforma de políticas sobre drogas: uma nova abordagem à descriminalização*, por Comissão Global de Políticas sobre Drogas. Relatório.

Dufton, Emily. 2006. "The War on Drugs: How President Nixon Tied Addiction to Crime." *The Atlantic*.

Dwyer, John P. 1990. "The Pathology of Symbolic Legislation." *Ecology Law Quarterly*, 03: 233-316.

Edelman, Murray. 1960. "Symbols and political quiescence." *American Political Science Review*, 695-704.

Einstein, Albert. 2007. "Some Notes on my American Impressions." Em *The World As I See It*, por Albert Einstein, tradução: Alan Harris, 37-41. San Diego: The Book Tree.

Eldredge, Dirk Chase. 2000. *Ending the war on drugs: a solution for America.* Edição: Kindle. New York: Bridgeworks.

EMCDDA. 2010. *Harm reduction: evidence, impacts and challenges.* Edição: European Monitoring Centre for Drugs and Drug Addiction. Luxembourg: Publications Office of the European Union.

Engisch, Karl. 2008. *Introdução ao pensamento jurídico.* Tradução: J. Baptista Machado. Lisboa: Fundação Calouste Gulbenkian.

Erickson, Patricia G., Diane M. Riley, Yuet W. Cheung, e Patrick A. O'Hare. 1997. *Harm reduction: a new direction for drug policies and programs.* Edição: Kindle. Toronto: University of Toronto Press.

Erickson, Patricia G., Edward M. Adlaf, Reginald G. Smart, e Glenn F. Murray. 1994. *The Steel Drug: Cocaine and Crack in Perspective.* 2nd Edition. New York: Lexington Books.

Escohotado, Antonio. 2002. *Historia general de las drogas.* 5a. Edición. Barcelona: Espasa.

Escudero Moratalla, José Francisco, e Joaquin Frígola Vallina. 1996. "Enfoque criminológico de la drogodependencia y otros conceptos penitenciários." *Cuadernos Jurídicos*, 06. Acesso em 02 de 08 de 2016. http://noticias.juridicas.com/articulos/55-Derecho%20Penal/200108-8551727610152071.html.

European Cities on Drug Policy. 1990. "Frankfurt Resolution." Frankfurt.

Fahey, David M., e Jon S. Miller. 2013. *Alcohol and drugs in North America: a historical encyclopedia.* Vol. 1. 2 vols. Santa Barbara: ABC-CLIO.

Ferrajoli, Luigi. 2006. *Direito e razão: teoria do garantismo penal.* 3a. Edição. Tradução: Ana Paula Zomer Sica. São Paulo: Revista dos Tribunais.

Ferrajoli, Luigi. 1993. "Per un programma de diritto penale minimo." Em *La riforma del diritto penale: garanzie ed effettività delle tecniche di tutela*, edição: Livio Pepino. Milano: Franco Angeli.

Ferreira, Susana. 2017. *Portugal's radical drugs policy is working. Why hasn't the world copied it?* 05 de 12. Acesso em 25 de 04 de 2018. https://www.theguardian.com/news/2017/dec/05/portugals-radical-drugs-policy-is-working-why-hasnt-the-world-copied-it.

Fischer, Benedikt. 1995. "Drugs, Communities, and "Harm Reduction" in Germany: The New Relevance of "Public Health" Principles in Local Responses." *Journal of Public Health Policy*, 389-411.

Fort, Joel. 1981. *La sociedad adicta: un panorama sobre la droga, la búsqueda de placer y el castigo*. Barcelona: Laia.

Fort, Joel. 1970. *The pleasure seekers;: The drug crisis, youth, and society*. New York: Grove Press.

Foucault, Michel. 2004. *Vigiar e punir: nascimento da prisão*. 29a. Edição. Tradução: Raquel Ramalhete. Petrópolis: Vozes.

Franco, Alberto Silva. 2007. *Crimes hediondos*. 6a. Edição. São Paulo: Revista dos Tribunais.

Franco, Marielle. 2014. *UPP – A redução da favela a três letras: uma análise da política de segurança pública do Estado do Rio de Janeiro*. Dissertação, Programa de Pós-Graduação em Administração da Faculdade de Administração, Ciências Contábeis e Turismo da Universidade Federal Fluminense, Universidade Federal Fluminense, Rio de Janeiro: Orientadora Professora Doutora Joana D'Arc Fernandes Ferraz, 136.

French, Laurence, e Magdaleno Manzanárez. 2004. *NAFTA and neocolonialism: comparative criminal, human and social justice*. Lanham: University Press of America.

Freud, Sigmund. 1884. "Über Coca." *Therapie*, 07: 289-314.

Frister, Helmut. 2015. *Strafrecht Allgemeiner Teil: ein Studienbuch.* 7. Auflage. München: Beck.

Frye, Stephen. 2012. *Monumental Fiasco. Our drug war: twenty five reasons to end it.* Kindle.

Geertz, Clifford. 1973. *The interpretation of cultures.* New York: Basic Books.

Gerber, Rudolph Joseph. 2004. *Legalizing marijuana: drug policy reform and prohibition politics.* Westport: Greenwood Publishing Group.

Gomes, Mariângela Gama de Magalhães. 2003. *Princípio da Proporcionalidade no Direito Penal.* São Paulo: Revista dos Tribunais.

Gootenberg, Paul. 1999. *Cocaine: global histories.* Abingdon: Routledge.

Gorgulho, Mônica. 2015. *Abordagens educacionais diante do uso de drogas: guerra às drogas X redução de danos e riscos.* Vol. 3, em *Prevenção ao Uso Indevido de Drogas (PREVINA)*, por Elisaldo Luiz de Araújo Carlini, 49-60. São Paulo: Universidade Aberta do Brasil/Universidade Federal de São Paulo (UNIFESP).

Gouverneur, Cédric. 2018. "Heroína com receita médica." *Le Monde Diplomatique Brasil* 12 (135): 28-29.

Gray, Mike. 1998. *Drug crazy: how we got into this mess and how we can get out.* New York: Random House.

Gusfield, Joseph R. 1986. *Symbolic Crusade: Status Politics and the American Temperance Movement.* 2nd Edition. Urbana, Chicago: University of Illinois Press.

Hagen, Bernard. 2002. *The war on drugs: the Reagan, Bush and Clinton Administracion - a comparative analysis.* New Orleans: University of New Orleans.

Hamilton, Olavo. 2016. "Legalizando as drogas: uma abordagem conforme a regulação responsiva." *Revista de Direito Setorial e Regulatório - Journal of Law and Regulation*, 10: 139-160.

Hanson, Glen R., Peter J. Venturelli, e Annette E. Fleckenstein. 2012. *Drugs and society*. 17. New York: Jones&Bartlett.

Harrison Narcotics Tax Act . 1914. Ch. 1, 38 Stat. 785 (17 de 12).

Hartz, Louis. 1955. *The liberal tradition in America: an interpretation of American political thought since the Revolution.* New York: Harcourt Brace & Company.

Hassemer, Winfried. 1997. *Crítica del derecho penal de hoy.* Edição: Kindle. Tradução: Patricia S. Ziffer. Bogotá: Universidad Externado de Colombia.

Hassemer, Winfried. 1995. "Derecho penal simbólico y protección de bienes jurídicos." Em *Pena y estado: función simbólica de la pena*, por Juan Bustos Ramírez, tradução: Mauricio Martínez Sánchez, 23-36. Santiago de Chile: ConoSur.

Hassemer, Winfried. 2007. *Direito penal libertário.* Tradução: Regina Greve. Belo Horizonte: Del Rey.

Hassemer, Winfried. 1984. *Fundamentos del Derecho Penal.* Tradução: Francisco Muñoz Conde e Luis Arroyo Sapatero. Barcelona: Bosch.

Hawkins, Darnell F. 1995. *Ethnicity, race, and crime: perspectives across time and place.* Albany: State University of New York Press.

Herer, Jack. 2010. *The Emperor Wears No Clothes: Hemp and the Marijuana Conspiracy.* 12th Edition. Edição: Leslie Cabarga, Jeannie Herer e Roland A. Duby. Van Nuys: Ah Ha Publishing.

Hill, Hermann. 1982. *Einführung in die Gesetzgebungslehre.* Heidelberg: C.F. Müller Juristischer Verlag.

Hofstadter, Richard. 1955. "The Pseudo-Conservative Revolt." *The American Scholar*, 9-27.

Hommerding, Adalberto Narciso, e José Francisco Dias da Costa Lyra. 2014. *Racionalidade das leis penais e legislação penal simbólica*. Rio de Janeiro: Mundo Jurídico.

Horton, Donald. 1943. "The functions of alcohol in primitive societies: a cross-cultural study." *Quartely Journal of Studies on Alcohol*, 9: 199-320.

Huffington Post. 2013. "Drug Penalties." *Poll*. YouGov, 23-24 de 11.

Hughes, Caitlin Elizabeth, e Alex Stevens. 2010. "What Can We Learn from the Portuguese Decriminalization of Illicit Drugs?" *British Journal of Criminology*, 21 de 07: 999-1022.

Husak, Douglas. 2009. *Overcriminalization: the limits of the criminal law*. New York: Oxford University Press.

Inciardi, James A., e Lana D. Harrison. 2000. "Introduction: the concept of harm reduction ." Em *Harm reduction: national and international perspectives*, por James A. Inciardi e Lana D. Harrison. London: Sage Publications.

Iversen, Leslie L. 2016. *Drugs: a very short introduction*. 2nd Edition. Oxford: Oxford University Press.

Jakobs, Gunther. 2012. "Direito penal do cidadão e direito penal do inimigo." Em *Direito penal do inimigo: noções e críticas*, por Gunther Jakobs e Manuel Cancio Meliá, edição: Kindle, tradução: André Luís Callegari e Nereu José Giacomolli. Porto Alegre: Livraria do Advogado.

Jannuzzi, Paulo de Martino, Wilmer Lázaro Miranda, e Daniela Santos Gomes Silva. 2009. "Análise multicritério e tomada de decisão em políticas públicas: aspectos metodológicos, aplicativo operacional e aplicações." *Revista Informática Pública*, 69-87.

Jay, Mike. 2012. *Emperors of Dreams: Drugs in the Nineteenth Century*. 2nd Edition. London: Dedalus.

Jelsma, Martin, Phyllis Bennis, David Sogge, Mariano Aguirre, Zia Mian, Susan George, Mike Marqusee, e Walden Bello. 2011. *Casus Belli: Cómo los Estados Unidos venden la guerra*.

Edição: Achin Vanaik. Tradução: Beatriz Martínez Ruiz. Amsterdam: Transnational Institute (Kindle).

Johnson, Harry Morton. 1960. *Sociology: A Systematic Introduction*. New York: Harcourt Brace & Company.

Karam, Maria Lúcia. 2009. *Proibições, riscos, danos e enganos: as drogas tornadas ilícitas*. Rio de Janeiro: Lumen Juris.

Khan, Riaz, Yasser Khazaal, Gabriel Thorens, Daniele Zullino, e Ambros Uchtenhagen. 2014. "Understanding Swiss drug policy change and the introduction of heroin maintenance treatment." *European Addiction Research*, 200-207.

Killias, Martin, e Marcelo F. Aebi. 2000. "The impact of heroin prescription on heroin markets in Switzerland." *Crime Prevention Studies*, 83-99.

Kindermann, Harald. 1989. "Alibigesetzgebung als symbolische Gesetzgebung." Em *Symbole der Politik, Politik der Symbole*, edição: Rüdiger Voigt, 257–273. Opladen: Lese Verlag & Budrich.

Kindermann, Harald. 1988. *Symbolische Gesetzgebung*. Vol. 13, em *Gesetzgebungstheorie und Rechtspolitik (Jahrbuch für Rechtssoziologie und Rechtstheorie)*, por Dieter Grimm e Werner Maihofer, 222-245. Opladen: Westdeutscher Verlag.

Klotter, Jule. 2001. "War on Drugs." *Townsend Letter for Doctors and Patients*, 07: 59.

Kozel, Nicholas, e Edgar Adams. 1986. "Epidemiology of drug abuse: an overview." *Science*, 21 de 11: 970-974.

Labrousse, Alain. 2011. *Géopolitique des drogues*. 3e Édition. Paris: Presses Universitaires de France.

Lamo de Espinosa, Emilio. 1983. "Contra la nueva prohibición: los limites del Derecho Penal en materia de consumo y tráfico de estupefacientes." Boletín de Información del Ministerio de Justicia, Gobierno de España. Ministerio de Justicia, Madrid.

Lee, Martin A. 2013. *Smoke signals: a social history of marijuana - medical, recreational and scientific.* New York: Scribner.

Levitt, Steven D, e Stephen J Dubner. 2005. *Freakonomics: o lado oculto e inesperado de tudo que nos afeta.* Tradução: Regina Lyra. Rio de Janeiro: Elsevier.

Lima, Rita de Cássia Cavalcante. 2009. "Uma história das drogas e do seu proibicionismo transnacional: relações Brasil-Estados Unidos e os organismos internacionais." Rio de Janeiro.

Linhares, Paulo Afonso. 2015. *Legislação e Comportamento do Usuário de Drogas.* Vol. 3, em *Prevenção ao Uso Indevido de Drogas (PREVINA)*, por Elisaldo Luiz de Araújo Carlini, 166-182. São Paulo: Universidade Aberta do Brasil/Universidade Federal de São Paulo (UNIFESP).

Liszt, Franz von. 2003. *Tratado de direito penal alemão.* Tradução: José Hygino Duarte Pereira. Vol. 1. Campinas: Russell.

Luhmann, Niklas. 2009. *Introdução à teoria dos sistemas.* Petrópolis: Vozes.

Luhmann, Niklas. 2007. *La Sociedad de la Sociedad.* Tradução: Javier Torres Nafarrate. Mexico: Herder.

Luisi, Luiz. 1998. "Bens constitucionais e criminalização." *Revista do Centro de Estudos Judiciários*, jan./abr.: 89-97.

Luker, Kristin. 1984. *Abortion: the politics of motherhood.* Berkley: University of California Press.

Machado, Sulamita Crespo Carrilho. 2005. "O direito enquanto instrumento de propagação memética." *Revista Eletrônica de Direito do Centro Universitário Newton Paiva*, 1-45.

Malinowska-Sempruch, Kasia. 2011. "Prefácio." Em *Política da Droga em Portugal: os benefícios da descriminalização do consumo de drogas*, por Artur Domosławski, tradução: Nuno Portugal Capaz. Warsaw: Open Society Foundations.

Mannheim, Karl. 1940. *Man and society in an age of reconstruction.* Tradução: Edward Shils. London: Routledge and Kegan Paul.

Marihuana Tax Act. 1937. Public Law 238, 50 Stat. 551 (02 de 08).

Marlatt, Gordon Alan. 1996. "Harm reduction: come as you are." *Addictive Behaviors*, 779-788.

McAllister, William Balmer. 2000. *Drug diplomacy in the Twentieth Century: an international history.* London: Routledge.

McDonald, Tommy. 2018. *Experts React to Trump's Plan to Escalate Drug War and Impose Death Penalty for Drug Offenses.* 19 de 03. Acesso em 2 de 7 de 2018. http://www.drugpolicy.org/press-release/2018/03/experts-react-trumps-plan-escalate-drug-war-and-impose-death-penalty-drug?spMailingID=33693715&spUserID=NTY4MTY1MjA1NjM1S0&spJobID=1243769963&spReportId=MTI0Mzc2OTk2MwS2.

McGovern, Patrick E, Donald L Glusker, Lawrence J Exner, e Mary M Voigt. 1996. "Neolithic resinated wine." *Nature*, 6 de 6: 480-481.

Melossi, Dario. 1995. "Ideología y derecho penal: ¿el garantismo jurídico y la criminología crítica como nuevas ideologías subalternas?" Em *Pena y estado: función simbólica de la pena*, por Juan Bustos Ramírez, 57-66. Santiago de Chile: ConoSur.

Millar, Tim, Andrew Jones, Michael Donmall, e Malcolm Roxburgh. 2008. "Changes in offending following prescribing treatment for drug misuse." National Treatment Agency for Substance Misuse, London.

Mir Puig, Santiago. 2002. "Valoraciones, normas y antijuridicidad penal." Em *La ciencia del derecho penal ante el nuevo siglo : libro homenaje al profesor doctor don José Cerezo Mir*, por José Luis Díez Ripollés, 73-92. Madrid: Tecnos.

Miron, Jeffrey A. 2004. *Drug war crimes: the consequences of Prohibition.* Edição: Kindle. Oakland: Independent Institute.

Miron, Jeffrey A. 2014. "Why all drugs should be legal. (Yes, even heroin.)." *The Weekly Wonk*, 28 de 07.

Montalbán, Manuel Vázquez, Carlos Monsivais, Lola Ferreira, e Joaquín Díez-Canedo Flores. 1977. *Imágenes y recuerdos, 1919-1930: la rebelión de las masas.* Barcelona: Difusora Internacional.

Mosher, Clayton, e Thaj Alexander Mahon-Haft. 2012. *Drugs and politics.* Vol. 2, em *The Oxford Companion to American Politics*, por David Coates, edição: Kathy Smith e C. William Walldorf Junior, 283-292. New York: Oxford University Press.

Nadelmann, Ethan Avram. 1999. "Commonsense Drug Policy." Em *The drug legalization debate*, por James A. Inciardi, 157-172. London: Sage Publications.

Nadelmann, Ethan Avram. 1993. *Cops across borders: the internationalization of U.S. criminal law enforcement.* Penn State University Press.

Nadelmann, Ethan Avram. 2003. "Addicted to Failure." *Foreign Policy*, Jul. - Aug.: 94-95.

Nadelmann, Ethan Avram. 1991. "Drug Prohibition in the United States: Costs, Consequences, and Alternatives." *Notre Dame Journal of Law, Ethics & Public Policy*, 783-808.

Nadelmann, Ethan Avram, Jennifer McNeely, e Ernest Drucker. 1997. "International perspectives." Em *Substance abuse: a comprehensive textbook*, por Joyce H. Lowinson, Pedro Ruiz, Robert B. Millman e John G. Langrod, 22-39. Baltimore: Williams and Wilkins.

Narcotics Control Act. 1956. ch. 629, 70 Stat. 567

Narcotics Control Trade Act. 1974. Public Law 93-618, 88 Stat. 1978

National Commission on Law Observance and Enforcement. 1931. "Report on the Enforcement of the Prohibition Laws of the United States." National Commission on Law Observance and Enforcement, Washington.

National Prohibition Act. 1919. Public Law 66, 66 Stat. 305, 323 (28 de 10).

Netherlands National Drug Monitor. 2011. *NDM Annual Report 2010.* Netherlands Institute of Mental Health and Addiction, Utrecht: Trimbos-instituut.

Neves, Marcelo. 2011. *A constitucionalização simbólica.* São Paulo: WMF Martins Fontes.

Neves, Marcelo. 2014. *Entre Hidra e Hércules.* 2a. ed. São Paulo: WMF Martins Fontes.

Neves, Marcelo. 2005. "A força simbólica dos direitos humanos." *Revista Eletrônica de Direito do Estado.*

Neves, Marcelo. 2009. *Transconstitucionalismo.* São Paulo: WMF Martins Fontes.

Niemann, Albert. 1860. "Ueber eine neue organische Base in den Cocablättern." *Archiv der Pharmacie*, 129–155.

Noll, Peter. 1973. *Gesetzgebungslehre.* Hamburg: Rowohlt.

Nutt, David. 2012. *Drugs - Without the Hot Air: Minimising the Harms of Legal and Illegal Drugs.* Cambridge: UIT Cambridge Ltd.

Nutt, David, Leslie King, e Lawrence Phillips. 2010. "Drug harms in the UK: a multicriteria decision analysis." *The Lancet*, 1 de November: 1558-1565.

Olmo, Rosa del. 1990. *A face oculta da droga.* Tradução: Teresa Ottoni. Rio de Janeiro: Revan.

ONU. 2007. "Programa de prevenção às drogas e HIV/AIDS." Escritório das Nações Unidas contra Drogas e Crimes (UNODC), Organização das Nações Unidas, Brasília.

Passetti, Edson. 2017. "Guerra sem fim?" Em *Política e drogas nas Américas: uma genealogia do narcotráfico*, por Thiago Rodrigues, 7-18. São Paulo: Desatino.

Paul, Wolf. 1995. "Megacriminalidad ecológica y derecho ambiental simbólico: una intervención iusfilosófica en el sistema de la organizada irresponsabilidad." Em *Pena y estado: función simbólica de la pena*, por Juan Bustos Ramírez, 111-122. Santiago de Chile: ConoSur.

Pedra, Anderson Sant'Ana. 2006. *O controle da proporcionalidade dos atos legislativos: a hermenêutica constitucional como instrumento*. Belo Horizonte: Del Rey.

Petters Melo, Milena. 2014. "Modernidade Jurídica: do Direito Natural aos Direitos Humanos e Fundamentais." *FURB - Revista Jurídica*, 21-36.

Pizano, Ernesto Samper. 2013. *Drogas: prohibición o legalización*. Edição: iBooks. Debate.

Polaino Navarrete, Miguel. 2005. "Funciones dogmáticas del derecho penal y legitimación material del sistema punitivo." *Derecho Penal y Criminología*, 77-97.

Poort, Lonneke. 2013. *Consensus & controversies in animal biotechnology: an interactive legislative approach to animal biotechnology in Denmark, Switzerland, and the Netherlands*. Den Haag: Eleven International Publishing.

Poort, Lonneke, Britta Van Beers, e Bart Van Klink. 2016. *Introduction: Symbolic Dimensions of Biolaw*. Vol. 4, em *Symbolic Legislation Theory and Developments in Biolaw (Legisprudence Library)*, edição: Lonneke Poort, Britta Van Beers e Bart Van Klink, 1-15. Switzerland: Springer.

Portugal. 2000. *Lei 030 de 29 de novembro de 2000*. Define o regime jurídico aplicável ao consumo de estupefacientes e substancias psicotrópicas, bem como a proteção sanitária e social das pessoas que consomem tais substancias sem prescrição médica.

Prado, Luiz Regis. 1997. *Bem jurídico-penal e Constituição*. 2a. Edição. São Paulo: Revista dos Tribunais.

Procópio, Argemiro. 1999. *O Brasil no mundo das drogas*. Petrópolis: Vozes.

Provine, Doris Marie. 2007. *Unequal under law: race in the war on drugs*. Chicago: University Of Chicago Press.

Public Law 221. 1909. U.S. 60th Congress

Pure Food and Drug Act. 1906. Public Law 59-384, 34 Stat. 768 (30 de 06).

Queiroz, Nana. 2015. *Presos que menstruam: a brutal vida das mulheres - tratadas como homens - nas prisões brasileiras*. Rio de Janeiro: Record.

Rahtz, Howard. 2012. *Drugs, Crime and Violence: From Trafficking to Treatment*. Lanham: Hamilton Books.

Reale, Diva. 1997. "O caminho da redução de danos associados ao uso de drogas: do estigma à solidariedade." Dissertação de Mestrado em Medicina Preventiva, Faculdade de Medicina, Universidade de São Paulo, São Paulo, 212.

Reefer Madness. 1936. Direção: Louis J. Gasnier. Produção: Dwain Esper, Rose Lam Waddell e George A. Hirliman. Elenco: Dorothy Short, Kenneth Craig, Lillian Miles, Dave O'Brien, Thelma White, Carleton Young, Warren McCollum, Patricia Royale, Joseph Forte e Harry Harvey Jr.

Reghelin, Elisangela Melo. 2002. *Redução de danos: prevenção ou estímulo ao uso indevido de drogas injetáveis*. São Paulo: Revista dos Tribunais.

Rehma, Jürgen, Robin Room, Maristela Monteiro, Gerhard Gmel, Kathryn Graham, Nina Rehn, Christopher T. Sempos, e David Jernigan. 2003. "Alcohol as a risk factor for global burden of disease." *European Addiction Research*.

Ribeiro, Maurides de Melo. 2013. *Drogas e redução de danos: os direitos das pessoas que usam drogas*. São Paulo: Saraiva.

Robinson, Matthew B, e Renee G Scherlen. 2007. *Lies, Damned Lies, and Drug War Statistics: A Critical Analysis of Claims Made by the Office of National Drug Control Policy*. New York: State University of New York Press.

Rodrigues, Thiago. 2017. *Política e drogas nas Américas: uma genealogia do narcotráfico*. São Paulo: Desatino.

Rowe, Thomas C. 2006. *Federal narcotics laws and the war on drugs: money down a rat hole*. Edição: Kindle. New York: Routledge.

Roxin, Claus. 2016. *El concepto de bien jurídico como instrumento de crítica legislativa sometido a examen: acerca de la ratio del privilegio del desistimiento en derecho penal*. Edição: Kindle. Tradução: Robynson David Cueva. Quito: Ediciones Cueva Carrión.

Roxin, Claus. 2008. "Que comportamentos pode o Estado proibir sob ameaça de pena? Sobre a legitimação das proibições penais." Em *Estudos de direito penal*, por Claus Roxin, tradução: Luís Greco, 31-53. Rio de Janeiro: Renovar.

Roxin, Claus. 2001. "Tem futuro o direito penal?" *Revista dos Tribunais*, 08.

Santos Júnior, Rosivaldo Toscano dos. 2016. *A guerra ao crime e os crimes da guerra: uma crítica descolonial às políticas beligerantes no sistema de justiça criminal brasileiro*. Florianópolis: Empório do Direito.

Schönke, Adolf, e Horst Schröder. 2014. *Strafgesetzbuch: Kommentar*. 29. München: C.H. Beck.

Scheerer, Sebastian, entrevista feita por Denise Paro. 2012. *Droga não é assunto do Direito Penal*. Edição: Gazeta do Povo. Curitiba, (01 de 08).

Scheerer, Sebastian. 1993a. "Estabelecendo o controle sobre a cocaína (1910-1920)." Em *Drogas, é legal?: um debate autorizado*, por

Francisco Inácio Bastos e Odair Dias Gonçalves, tradução: Francisco Inácio Bastos, 169-194. Rio de Janeiro: Imago.

Scheerer, Sebastian. 1993b. "Reflexões acerca de algumas tendências recentes no discurso sobre as drogas na Alemanha." Em *Drogas, é legal?: um debate autorizado*, por Francisco Inácio Bastos e Odair Dias Gonçalves, tradução: Francisco Inácio Bastos, 142-149. Rio de Janeiro: Imago.

Schwitters, Rob. 2016. *How Law Matters: Sociological Reflections on the Symbolic Dimension of Legislation.* Vol. 4, em *Symbolic Legislation Theory and Developments in Biolaw (Legisprudence Library)*, edição: Lonneke Poort, Britta Van Beers e Bart Van Klink, 55-69. Switzerland: Springer.

Seevers, Maurice. 1958. "Drug Addictions." Em *Pharmacology in medicine: a collaborative textbook*, edição: Victor Alexander Drill, 236-252. New York: McGraw-Hill.

Shecaira, Sérgio Salomão. 2014. *Criminologia.* 6a. Edição. São Paulo: Revista dos Tribunais.

Silva Júnior, Walter Nunes da. 2015. *Curso de direito processual penal: teoria (constitucional) do processo penal.* 2a. Edição. Natal: OWL.

Silva Sánchez, Jesús María. 2010. *Aproximación al Derecho penal contemporáneo.* 2a. Edición. Montevideo: Editorial B de F.

Silva, Virgílio Afonso da. 2002. "O proporcional e o razoável." *Revista dos Tribunais*, 04: 23-50.

Sinclair, Andrew. 1964. *Era of Excess: A Social History of the Prohibition Movement.* New York: Harper.

Sirin, Cigdem V. 2011. "From Nixon's War on Drugs to Obama's Drug Policies Today: Presidential Progress in Addressing Racial Injustices and Disparities." *Race, Gender & Class*, 82-99.

Soares, Luiz Eduardo. 1993. "A política de 'drogas' na agenda democrática do século XXI." Em *Drogas, é legal?: um debate autorizado*, por Francisco Inácio Bastos e Odair Dias Gonçalves, 125-141. Rio de Janeiro: Imago.

Soares, Milena Karla, e Cristina Maria Zackseski. 2016. "Proibicionismo e poder regulatório: uma pesquisa documental sobre o processo administrativo de classificação das drogas." *Cadernos Ibero-americanos de Direito Sanitário*, 135-156.

Stöver, Heino. 2013. "Multi-agency approach to drug policy on a local level: 'The Frankfurt Way'. Briefing paper for 2013 International Conference on Drug Policy and Policing (in Open Society Foundation, Frankfurt)." *Open Society Foundation.* 14 de 11. Acesso em 28 de 04 de 2018. https://www.opensocietyfoundations.org/sites/default/files/The_Frankfurt_Way.pdf.

Straight, Benjamin Aaron. 2005. *The two finger diet: how the media has duped women into hating themselves.* Lincoln: iUniverse Inc.

Streck, Lenio Luiz. 2001. *Tribunal do Júri: símbolos & rituais.* 4a. Edição. Porto Alegre: Livraria do Advogado.

Stumm, Raquel Denize. 1995. *Princípio da proporcionalidade no direito constitucional brasileiro.* Porto Alegre: Livraria do Advogado.

Sunstein, Cass Robert. 1996. "On the expressive function of law." *University of Pennsylvania Law Review*, 05: 2021-2053.

Szasz, Thomas. 1996. *Our Right to Drugs: The Case for a Free Market.* New York: Syracuse University Press.

Tavares, Juarez Estevam Xavier. 1998. *A crescente legislação penal e os discursos de emergência. Discursos Sediciosos.* Vol. 04. Rio de Janeiro: Revan.

Tavares, Juarez Estevam Xavier. 2007. *Os objetos simbólicos da proibição: o que se desvenda a partir da presunção de evidência.* Vol. 1, em *Direito e Psicanálise. Interseções a partir de "O Processo" de Kafka.*, por Jacinto Nelson de Miranda Coutinho, 43-56. Rio de Janeiro: Lumen Juris Editora.

Tavares, Juarez Estevam Xavier. 1992. "Critério de seleção de crimes e cominação de penas." *Revista Brasileira de Ciências Criminais*, 75-87.

Tavares, Juarez Estevam Xavier. 2002. *Teoria do injusto penal.* 2a. Edição. Belo Horizonte: Del Rey.

Tawil, O., A. Verster, e K. R. O'Reilly. 1995. "Enabling approaches for HIV/AIDS prevention: can we modify the environment and minimize the risk?" *AIDS*, 12: 1299-306.

Terradillos Basoco, Juan. 1995. "Función simbólica y objeto de protección del derecho penal." Em *Pena y estado: función simbólica de la pena*, por Juan Bustos Ramírez, 9-22. Santiago de Chile: ConoSur.

The Drug Policy Alliance. 2017. *A Brief History of the Drug War.* Acesso em 16 de 06 de 2017. http://www.drugpolicy.org/facts/new-solutions-drug-policy/brief-history-drug-war-0.

Thomas, William I., e Dorothy Swaine Thomas. 1970. "Situations defined as real are real in their consequences." Em *Social Psychology through symbolic interactions*, por Gregory Prentice Stone e Harvey A. Farberman, 154-155. Waltham: Xerox College Publishing.

Toledo, Francisco de Assis. 1994. *Princípios básicos de direito penal.* 5a. Edição. São Paulo: Saraiva.

Tonry, Michael. 1997. *Ethnicity, crime and immigration: comparative and cross national perspective.* Chicago: University of Chicago Press.

Tyler, Tom R., e Renee Weber. 1982. "Support for the death penalty; instrumental response to crime, or symbolic attitude?" *Law & Society Review*, 21-46.

Uniform State Narcotic Drug Act. 1934. Public Law 488, 46 Stat. 585

UNODC. 2015. "World Drug Report 2015." United Nations Office on Drugs and Crime, New York.

Uruguay. 2013. *Ley 19.172*. Marihuana y sus derivados – control y regulación del estado de la importación, producción, adquisición, almacenamiento, comercialización y distribución.

Uruguay. 2015. "VI Encuesta Nacional en Hogares sobre Consumo de Drogas." Junta Nacional de Drogas, Presidencia de la República, Montevideo.

US Constitution, amend. 18. 1919. (United States Constitution, 16 de 01).

US Constitution, amend. 21. 1933. (United States Constitution, 05 de 12).

US President. 1989. "First National Drug Control Strategy." Washington: The White House, 05 de 09.

Van Amsterdam, Jan, Antoon Opperhuizena, Maarten Koeter, e Wim van den Brink. 2010. "Ranking the harm of alcohol, tobacco and illicit drugs for the individual and the population." *European Addiction Research*, 2 de July: 203-207.

Van der Burg, Wibren, e Frans W.A. Brom. 2000. "Legislation on ethical issues: towards an interactive paradigm." *Ethical Theory and Moral Practise*, 57–75.

Van Klink, Bart. 1998. *De wet als symbool. Over wettelijke communicatie en de Wet gelijke behan- deling van mannen en vrouwen bij de arbeid (diss. Tilburg)*. Deventer: W.E.J. Tjeenk Willink.

Van Klink, Bart. 2016. *Symbolic Legislation: An Essentially Political Concept*. Vol. 4, em *Symbolic Legislation Theory and Developments in Biolaw (Legisprudence Library)*, edição: Lonneke Poort, Britta Van Beers e Bart Van Klink, 19-34. Switzerland: Springer.

Vargas, Beatriz. 2011. *A ilusão do Proibicionismo: estudo sobre a criminalização secundária do tráfico de drogas no Distrito Federal*. Tese de doutoramento para obtenção do grau de Doutor em Direito, Estado e Constituição, Programa de Pós-

Graduação da Faculdade de Direito, Universidade de Brasília, Brasília: Orientadora Professora Doutora Ela Wiecko Volkmer de Castilho, 148.

Vargas, Beatriz. 2008. "O superdireito penal não é direito." *Correio Braziliense, Caderno Opinião* 23-23.

Voss, Monika. 1989. *Symbolische Gesetzgebung: Fragen zur Rationalität von Strafgesetzgebungsakten*. Ebelsbach: Verlag Rolf Gremer.

Wacquant, Loïc. 2003. *Punir os pobres: a nova gestão da miséria nos Estados Unidos*. Rio de Janeiro: Revan.

Weber, Max. 2003. *A política como vocação*. Brasília: UnB.

Welch, Claude. 2003. *Protestant Thought in the Nineteenth Century (1870-1914)*. Vol. 2. Eugene: Wipf & Stock Pub.

Welles, Orson. 1941. *Citizen Kane*. Direção: Orson Welles. Produção: Orson Welles. Elenco: Orson Welles, Joseph Cotten, Dorothy Comingore e Agnes Moorehead.

Wendel, Travis, Geert Dhondt, Ric Curtis, e Jay Hamilton. 2016. "'More drugs, less crime': why crime dropped in New York City, 1985–2007." *Dialect Anthropol*, 2 de 3: 319–339.

Werb, Dan, Greg Rowell, Gordon Guyatt, Thomas Kerr, Julio Montaner, e Evan Wood. 2010. "Effect of Drug Law Enforcement on Drug-related Violence: Evidence from a Scientific Review." International Centre for Science in Drug Policy, Vancouver.

WHO. 1981. *5th Review of psychoactive substances for international control*. World Health Organization, Geneva: WHO Press.

WHO. 2011. *WHO report on the global tobacco epidemic, 2011: warning about the dangers of tobacco*. World Health Organization, Geneva: WHO Press.

WHO, UNODC, e UNAIDS. 2012. *WHO, UNODC, UNAIDS technical guide for countries to set targets for universal access to HIV prevention, treatment and care for injecting drug users – 2012 revision*. World Health Organization; United Nations Of ce on Drugs and Crime; United Nations Programme on HIV/AIDS, Geneva: WHO Press.

Wijngaart, G.F. van de. 1991. *Competing perspectives on drug use: the dutch experience*. Amsterdam: Swets & Zeitlinger.

Will, George Frederick. 2009. "A reality check on drug use." *Washington Post*.

Wissler, Albert. 1931. "Die opiumfrage: eine Studie zur weltwirtschaftlichen und weltpolitischen Lage der Gegenwart." *Jena: Verlag von Gustav Fischer*, 01 de 07: 2-28.

Witteveen, Willem. 1991. "De jacht op de wet." Em *Wat maakt de wet symbolisch?*, edição: W. Witteveen, P. van Seters e G. van Roermund, 115–136. Zwolle: W.E.J. Tjeenk Willink.

Woodiwiss, Michael. 2005. *Gangster Capitalism: The United States and the Globalization of Organized Crime*. New York: Carroll & Graf Publisher.

Yacobucci, Guillermo. 2002. *El sentido de los principios penales*. Buenos Aires: Editorial Ábaco de Rodolfo Depalma.

Zackseski, Cristina Maria, Bruno Amaral Machado, e Gabriela Moreira de Azevedo Soares. 2017. "O encarceramento em massa no Brasil: uma proposta metodológica de análise." *Critica Penal Y Poder*, 03: 269-289.

Zaffaroni, Eugenio Raúl. 1991. *Em busca das penas perdidas: a perda da legitimidade do sistema penal*. Rio de Janeiro: Revan.

Zaffaroni, Eugenio Raúl, e José Henrique Pierangeli. 1997. *Manual de direito penal brasileiro: parte geral*. São Paulo: Revista dos Tribunais.

Zaffaroni, Eugênio Raul, Nilo Batista, Alejandro Alagia, e Alejandro Slokar. 2011. *Direito penal brasileiro: teoria geral do direito penal*. 4a. Edição. Vol. I. Rio de Janeiro: Revan.

Zizek, Slavoj. 2014. *Violência: seis reflexões laterais*. Tradução: Miguel Serras Pereira. São Paulo: Boitempo.

www.ingramcontent.com/pod-product-compliance
Lightning Source LLC
Chambersburg PA
CBHW021810170526
45157CB00007B/2533